AF829522

Organentnahmen bei hirntoten Schwangeren

Recht und Medizin

Herausgegeben von den Professoren
Dr. Erwin Deutsch, Dr. Bernd-Rüdiger Kern, Dr. Adolf Laufs, Dr. Hans Lilie,
Dr. Andreas Spickhoff, Dr. Hans-Ludwig Schreiber

Bd./Vol. 113

PL ACADEMIC RESEARCH

Sebastian T. Vogel

Organentnahmen bei hirntoten Schwangeren

Oder: Sterbehilfe am Lebensanfang?

PL ACADEMIC RESEARCH

Bibliografische Information der Deutschen Nationalbibliothek
Die Deutsche Nationalbibliothek verzeichnet diese Publikation in der Deutschen Nationalbibliografie; detaillierte bibliografische Daten sind im Internet über http://dnb.d-nb.de abrufbar.

Zugl.: Halle-Wittenberg, Univ., Diss., 2012

Umschlaggestaltung:
© Olaf Glöckler, Atelier Platen, Friedberg

3
ISSN 0172-116X
ISBN 978-3-631-63898-9

© Peter Lang GmbH
Internationaler Verlag der Wissenschaften
Frankfurt am Main 2013
Alle Rechte vorbehalten.
PL Academic Research ist ein Imprint der Peter Lang GmbH

Das Werk einschließlich aller seiner Teile ist urheberrechtlich geschützt. Jede Verwertung außerhalb der engen Grenzen des Urheberrechtsgesetzes ist ohne Zustimmung des Verlages unzulässig und strafbar. Das gilt insbesondere für Vervielfältigungen, Übersetzungen, Mikroverfilmungen und die Einspeicherung und Verarbeitung in elektronischen Systemen.

www.peterlang.de

Meinem Opa Gerth

„Der Mutige zaudert.“

Vorwort

Diese Arbeit befasst sich mit einem ernsten Thema. Sehr ernst. Und gar nicht heiter. Drum sei wenigstens das Vorwort vor allem eins: heiter. Möge der kritische Leser mir meine Heiterkeit nachsehen; der Ernst des Lebens (und der Lektüre) kommt noch früh genug.

Es ist dies ein Buch, das ich für viele Interessengruppen geschrieben habe. Juristen können es lesen – und sich ärgern, was ich da nur wieder geschrieben habe. Meine Familie, der ich an dieser Stelle zugleich meinen Dank für die tolle Unterstützung jedweder Art aussprechen möchte, kann es lesen – und sich freuen, was ihr Sohn oder Enkel da nur wieder geschrieben hat. Meine geschätzten Kollegen vom Zentrum Medizin-Ethik-Recht und vom Lehrstuhl Lilie können es lesen – und sich überzeugen, dass ich doch nicht immer nur geschlafen hab im Büro. Meine Freundin Lysann Hennig kann es lesen – aber muss sie gar nicht; sie hat es ja schon dankenswerterweise Korrektur gelesen. Auch Herr Prof. Lilie und Herr Prof. Krüger, denen ich für die Erstattung von Erst- bzw. Zweitgutachten danke, haben die Bürde des Lesenmüssens schon hinter sich. Zwei fehlen aber noch, für die ich dieses Buch auch geschrieben habe. Der eine bin ganz uneitel ich. Nachdem ich schon Gedichte, Kurzgeschichten, Zeitungsartikel und juristische Fachbeiträge publiziert habe, habe ich mir hiermit bewiesen: Ich kann auch Buch! Und die anderen, für die dieses Buch auch und gerade sein soll, sind die Ärzte und Mediziner, die mit solchen Fällen zu tun haben. Sie halten hier nicht nur die bisher größte (zumindest deutschsprachige) Sammlung von Fällen hirntoter Schwangerer in Händen mit Verweisen auf die wichtigsten internationalen Fachartikel; dieses Buch bietet Medizinern zusätzlich eine praktikable Handlungsanweisung, wie mit solchen Fällen zu verfahren ist. Zu oft wähnten sich Mediziner – auch in Deutschland – in einem rechtsfreien Raum, den es de facto aber gar nicht gibt. Diese Mär kann mit diesem Buch endlich ad acta gelegt werden, denn mit den aufgezeigten und für Mediziner relevanten spezifischen Fallgruppen wird Jura plötzlich und ganz konkret handhabbar.

Bleibt mir nur noch, allen Lesern viel Spaß und viele neue Erkenntnisse zu wünschen. Und all denen, die am Gelingen dieser Arbeit Anteil hatten, gebührt das letzte Wort: danke.

Dr. iur. Sebastian T. Vogel, im Oktober 2012

Inhaltsverzeichnis

Abkürzungsverzeichnis

a. A.	andere Ansicht
a. a. O.	am angegebenen Ort
Abb.	Abbildung
Abs.	Absatz
a. E.	am Ende
a. F.	alte Fassung
AG	Amtsgericht
a. M.	am Main
AMG	Gesetz über den Verkehr mit Arzneimitteln
Am J Perinatol	American Journal of Perinatology
Anm.	Anmerkung
AnwK-BGB	Anwaltkommentar, BGB, hrsg. v. Dagmar Kaiser, Klaus Schnitzler, Peter Friederici
Arch Gynecol	Archives of Gynecology
Arch Gynecol Obstet	Archives of Gynecology and Obstetrics
ARSP	Archiv für Rechts- und Sozialphilosophie
Art.	Artikel
AT	Allgemeiner Teil
A/W	Arzt/Weber
BayObLG	Bayerisches Oberstes Landesgericht
Bd.	Band
Begr.	Begründer
Beschl.	Beschluss
Best Pract Res Clin Obstet Gynaecol	Best Practice & Research Clinical Obstetrics & Gynaecology
BGB	Bürgerliches Gesetzbuch
BGH	Bundesgerichtshof
BGHSt	Entscheidungen des Bundesgerichtshofes in Strafsachen

BGHZ	Entscheidungen des Bundesgerichtshofes in Zivilsachen
BMJ	British Medical Journal
Br J Obstet Gynaecol.	British Journal of Obstetrics and Gynaecology
bspw.	beispielsweise
BT	Besonderer Teil
BT-Drs.	Bundestagsdrucksache
BVerfG	Bundesverfassungsgericht
BVerfGE	Entscheidungen des Bundesverfassungsgerichts
bzw.	beziehungsweise
CLIN PEDIATR	Clinical Pediatrics
Crit Care Med	Critical Care Medicine
Crit Care Nurs Clin N Am	Critical Care Nursing Clinics of North America
CT	Computertomografie
DÄBl.	Deutsches Ärzteblatt
ders.	derselbe
d. h.	das heißt
DSO	Deutsche Stiftung Organtransplantation
EEG	Elektro-Enzephalogramm
et al.	und andere
etc.	et cetera
Ethik Med	Ethik in der Medizin
e. V.	eingetragener Verein
f., ff.	folgende, fortfolgende
FA Medizinrecht	Handbuch des Fachanwalts / Medizinrecht
FamRZ	Zeitschrift für das Gesamte Familienrecht mit Betreuungsrecht, Erbrecht, Verfahrensrecht, Öffentlichem Recht
Fn.	Fußnote

FS	Festschrift
g	Gramm
GA	Goltdammer's Archiv für Strafrecht
GenDG	Gendiagnostikgesetz
GG	Grundgesetz für die Bundesrepublik Deutschland v. 23.05.1949 (BGBl. 1; III 100-1)
ggf.	gegebenenfalls
Halbs.	Halbsatz
Hrsg., hrsg.	Herausgeber, herausgegeben
HStR	Handbuch des Staatsrechts der Bundesrepublik Deutschland (hrsg. von Josef Isensee und Paul Kirchhof)
i. e. S.	im engeren Sinne
insbes.	insbesondere
Int J Gynaecol Obstet.	International Journal of Gynecology & Obstetrics
Ir J Med Sci	Irish Journal of Medical Science
IQ	Intelligenzquotient
i. V. m.	in Verbindung mit
JAMA	Journal of the American Medical Association
J Clin Ethics	Journal of Clinical Ethics
J Korean Med Sci	Journal of Korean Medical Science
JPEN	Journal of Parenteral and Enteral Nutrition
JR	Juristische Rundschau
J Transpl Coord	Journal of Transplant Coordination
JuS	Juristische Schulung
JZ	Juristenzeitung
k. A.	keine Angabe

LS.	Leitsatz
Med.L.Rev	Medical Law Review
MedR	Medizinrecht
Minerva Anestesiol	Minerva anestesiologica
mmHg	Millimeter Quecksilbersäule
MüKo	Münchener Kommentar
m. w. N.	mit weiteren Nachweisen
Neurocrit. Care	Neurocritical Care
NJW	Neue Juristische Wochenschrift
NK	Nomos Kommentar
No.	Number [Nummer]
Nr.	Nummer
Nutr Hosp.	Nutrición Hospitalaria
o. Ä.	oder Ähnliches
Obstet Gynecol	Obstetrics & Gynecology
Obstet Gynecol Surv.	Obstetrical & gynecological survey
OGH	Oberster Gerichtshof
Pediatr	Pediatrics
PEG	perkutane endoskopische Gastrostomie
PWW	BGB, Kommentar, hrsg. v. Hanns Prütting, Gerhard Wegen, Gerd Weinreich
RegE	Regierungsentwurf
Rev Med Chil	Revista médica de Chile
RGSt	Entscheidungen des Reichsgerichts in Strafsachen
Rn.	Randnummer(n)
S. (bei Gesetzesangaben)	Satz
S. (bei Literaturangaben)	Seite

SGB	Sozialgesetzbuch
SK	Systematischer Kommentar
sog.	so genannte/r/s
SSW	Schwangerschaftswoche
SSW-StGB	Strafgesetzbuch, Kommentar, hrsg. v. Helmut Satzger, Bertram Schmitt, Gunter Widmaier
StGB	Strafgesetzbuch
StÄG	Strafrechtsänderungsgesetz
StrRG	Gesetz zur Reform des Strafrechts
TPG	Transplantationsgesetz
Tx	Transplantation
Twin Res	Twin Research
u. a.	unter anderem
u. Ä.	und Ähnliches
u. U.	unter Umständen
v.	von, vom
Verf.	Verfasser
vgl.	vergleiche
Vol.	Volume [Band]
Vorbem.	Vorbemerkung
vs.	versus
ZfL	Zeitschrift für Lebensrecht
zit.	zitiert
ZJS	Zeitschrift für das Juristische Studium
zust.	zustimmend
ZStW	Zeitschrift für die gesamte Strafrechtswissenschaft

1. Kapitel: Einführung

Fast größer noch als die öffentliche Empörung waren die Schlagzeilen anno 1992, als in Erlangen der ärztliche Versuch unternommen wurde, eine Hirntote und zugleich Schwangere quasi posthum zur Mutter eines lebenden Säuglings zu machen.[1] Die journalistische Wortakrobatik schwankte zwischen kreativem Schreiben und pervertierender, pietät- und intelligenzarmer Sensationspresse.[2] Von „Menschenversuch“, „Schwangerschaftsmaschine“ und „Degradierung der Mutter zur Nährlösung“ war zu lesen. „Ihr Ärzte seid pervers“ titelte die Boulevard„presse“.[3] Die „Frau als Brutkasten“ oder „der weibliche Körper als Objekt männlicher Experimentierfreude“ waren ebensolche journalistischen Auswüchse wie die Rede von „menschen- und frauenverachtendem Vorgehen“. Nicht zuletzt schrieb man vom „Terror der Medizin“ und „schwer erträglicher Perversion von Menschlichkeit“.[4] Die Beschimpfungen, die den beteiligten Ärzten mit der Tagespost zugingen – darunter Vergleiche mit der NS-Ärzteschaft –, sollen hier nicht wiedergegeben werden.[5]

Folgendes war geschehen: Nach einem Verkehrsunfall am 5. Oktober 1992 wurde die damals 18-jährige Marion Ploch schwer verletzt in die Chirurgische Universitätsklinik Erlangen gebracht. Es ward eine „massive Hirnverletzung mit sehr schlechter Prognose“ festgestellt, jedoch ergab die neurologische Untersuchung, dass die Patientin noch lebte.[6] Indessen hatten die Eltern den Ärzten mitgeteilt, dass Marion Ploch zu diesem Zeitpunkt schwanger war. Der Gynäkologe, der die erste Ultraschalluntersuchung vornahm, bezifferte das Stadium der (noch intakten) Schwangerschaft auf die 13. bis 14. Woche.[7] Im Mittelpunkt der ärztlichen Bemühungen stand seinerzeit freilich das Leben der Mutter.[8] Sie wurde maschinell beatmet, der Kreislauf war stabil. Am 8. Oktober 1992 dann zeitigten die täglich

---

1 Die Frage, ob das Kind bei der Geburt dann überhaupt eine Mutter hätte, führte zu der Kuriosität, dass sich der zuständige Standesbeamte trotz eines für die Gestorbene eingereichten Totenscheins weigerte, den Tod zu beurkunden, „mit der Begründung, er stehe sonst später vor der Notwendigkeit, die Geburt eines Kindes zu beurkunden, das keine Mutter habe“, vgl. die Mitteilung des Rechtsmediziners *Wuermeling*, in: Bockenheimer-Lucius/Seidler, Hirntod und Schwangerschaft, S. 21.

2 Ähnlich auch *Furger*, Christliche Sozialethik in pluraler Gesellschaft, S. 276.

3 Titelseite der „Bild“ vom 16.10.1992, zit. nach *Heinemann*, Frau und Fötus, S. 277 (Fn. 219).

4 Vgl. die Zitate und Nachweise bei *Beckmann*, MedR 1993, 121 (Fn. 1); *Hilgendorf*, JuS 1993, 97 (Fn. 9); *Furger*, Christliche Sozialethik in pluraler Gesellschaft, S. 276; siehe auch die Pressedokumentation „Das Experiment der Erlanger Klinik“ Oktober / November 1992 des Archivs für Sozialpolitik e. V.

5 Siehe die Nachweise bei *Anstötz*, Bioethics 1993 (Vol. 7 No. 4), 340, 343 (Fn. 9).

6 *Kiesecker*, Die Schwangerschaft einer Toten, S. 27 f.

7 *Scheele*, in: Bockenheimer-Lucius/Seidler, Hirntod und Schwangerschaft, S. 20.

8 *Kiesecker*, Die Schwangerschaft einer Toten, S. 28.

vorgenommenen Untersuchungen zur Hirntoddiagnostik keine der geforderten Reflexe mehr. Der Hirntod wurde festgestellt. Nunmehr wurde darüber debattiert, entweder durch Abstellen der Beatmungsgeräte den Fötus abzutöten oder durch Fortführung der Behandlung einen Versuch zur Rettung des Fötus zu unternehmen. Folgende Überlegungen wurden angestellt und Ergebnisse erzielt. Die Schwangerschaft war intakt. Literaturrecherchen ergaben, dass Schwangerschaften Hirntoter durchaus solange aufrechterhalten werden konnten, bis der Fötus auch außerhalb der Gebärmutter lebensfähig war. Zudem kamen in den bisher dokumentierten Fällen stets physisch wie psychisch unversehrte Kinder zur Welt. So entschieden sich die Ärzte am 12. Oktober 1992 dafür, die auf Ende 14./Anfang 15. Schwangerschaftswoche datierte Schwangerschaft[9] fortzuführen. In der Nacht vom 15. auf den 16. November 1992 kam es schließlich zu einem Spontanabort, der die Fortsetzung der Beatmung und Behandlungsmaßnahmen bei Marion Ploch obsolet werden ließ. Der Versuch, die Schwangerschaft bis zur externen Lebensfähigkeit aufrecht zu erhalten, misslang.[10]

Der emotionalen öffentlichen Entrüstung folgte alsbald die nüchterne juristische Aufarbeitung. Noch während der Behandlung und gleichsam kurz darauf wähnten sich die unmittelbar Beteiligten bzw. damit Befassten „in einem Raum, der [rechtlich] weitgehend frei war."[11] Doch die juristische Literatur folgte ihnen nicht ausnahmslos. *Hilgendorf*[12] und *Beckmann*[13] kamen schon 1993 zu dem Ergebnis, dass das Vorgehen der Ärzte nicht strafbar war, sich die behandelnden Mediziner jedoch nach § 218 StGB wegen Schwangerschaftsabbruchs strafbar gemacht hätten, hätten sie den Versuch zur Rettung des Fötus nicht unternommen und die Beatmungsmaschinen nach Feststellung des Hirntodes abgestellt. Auch *Kiesecker*[14] kam in ihrer 1996 erschienenen Dissertation zu eben jenem Ergebnis. Dass die Frage der Strafbarkeit in diesen Fällen freilich noch nicht unumstößlich beantwortet wurde, zeigen die abweichenden Meinungen, die bis heute geäußert

---

9 *Scheele*, in: Bockenheimer-Lucius/Seidler, Hirntod und Schwangerschaft, S. 20.

10 Vorgeschichte, Behandlungsverlauf und Entscheidungsfindung sind detailgenau dargestellt in: *Kiesecker*, Die Schwangerschaft einer Toten, S. 27 ff.; Die behandelnden Ärzte, in: Medizinische Ethik, Hirntod und Schwangerschaft, Abschließende Pressemitteilung der Chirurgischen Klinik mit Poliklinik und des Institutes für Anästhesiologie der Universität Erlangen-Nürnberg, Sonderbeilage Ärzteblatt Baden-Württemberg 1/93, S. 1 ff.; *Scheele*, in: Bockenheimer-Lucius/Seidler, Hirntod und Schwangerschaft, S. 11 ff.

11 *Würmeling*, in: Bockenheimer-Lucius/Seidler, Hirntod und Schwangerschaft, S. 23 f.; *Frommel*, a. a. O., S. 117, 119; *Scheele*, a. a. O., S. 120. Die Frage, ob der Raum moralisch frei war, soll hier indes nicht isoliert beantwortet werden. Vgl. nur hierzu zwei dem Erlanger Fall zeitnah gefolgte Beiträge: pro moralisch freier Raum *Bayertz/Schmidt*, Blätter für deutsche und internationale Politik 1992, 1495; contra *Frommel*, Blätter für deutsche und internationale Politik 1993, 739.

12 *Hilgendorf*, JuS 1993, 97, 98 ff.

13 *Beckmann*, MedR 1993, 121 ff.

14 *Kiesecker*, Die Schwangerschaft einer Toten.

wurden und auf die an geeigneter Stelle späterhin eingegangen werden soll. Dabei ist Rechtssicherheit gerade in Bereichen, in denen es für die Beteiligten um Leben und Tod gehen kann, ein fundamentales Gut. Das gilt auch und gerade dann, wenn es sich um solche „Tabuthemen“[15] handelt wie Tod und Schwangerschaft im Allgemeinen sowie Hirntod und Schwangerschaftsabbruch im Besonderen.

Im Übrigen hat die Konstellation, wie sie in Erlangen auftrat, nichts an Aktualität verloren. Neben den von *Kiesecker* geschilderten Fällen aus dem In-[16] und Ausland[17] lassen sich auch neuere Beispiele finden, die vereinzelt durch die Presse gingen und wohl nur die Spitze des Eisberges sind. Zum Jahreswechsel 1999/2000 kam in Spanien das Kind einer hirntoten Frau zur Welt, das zwei Monate lang „ein Waise im Mutterleib“ war. Die Mutter war mit Hepatitis B und C infiziert und drogenabhängig. Das Kind, ein Frühgeborenes von 1290 Gramm, kam selbstständig atmend auf die Welt.[18] Gar drei Monate (13 Wochen) lang wurde eine hirntote Amerikanerin weiterhin versorgt, bis das Mädchen, keine 900 Gramm schwer, das Licht der Welt erblicken konnte.[19] Allerdings starb das Baby sechs Wochen später.[20] Der erste Fall einer solchen Geburt in Italien ereignete sich 2006, als zweieinhalb Monate nach dem Hirntod der Mutter ein Mädchen, Gewicht 713 Gramm, per Kaiserschnitt geboren wurde.[21] Anfang 2009 wurde in Großbritannien zwei Tage nach dem Tod der Mutter ein 950 Gramm leichtes Baby per Kaiserschnitt zur Welt gebracht.[22] Dass auch in Deutschland wieder solch ein Fall auftreten wird, ist wahrscheinlich. So beziffert eine wenn auch höchst vage, so doch gleichwohl nicht un-

---

15 *Bockenheimer-Lucius/Seidler*, Hirntod und Schwangerschaft, S. 4; *Thews*, in: Bockenheimer-Lucius/Seidler, Hirntod und Schwangerschaft, S. 9. Was *Bockenheimer-Lucius* und *Seidler* sowie *Thews* anno 1992 als „Tabuthemen“ bezeichneten, sind heute nicht minder heiße Eisen.

16 Siehe neben dem Erlanger Fall vor allem den Stuttgarter Schwangerschaftsfall von 1991, als „eine Hirntote Schwangere 12 Wochen weiterbeatmet und behandelt worden war und nach 85 Tagen ein lebensfähiges, gesundes Kind zur Welt gebracht wurde.“, vgl. *Kiesecker*, Die Schwangerschaft einer Toten, S. 66 ff.

17 *Kiesecker*, Die Schwangerschaft einer Toten, S. 75 ff.

18 *Wüsthof*, Viva España, Die Zeit, 3/2000, 12.01.2000.

19 Ärzte entbinden hirntote Frau von Baby, Spiegel Online, 03.08.2005, abrufbar im Internet: http://www.spiegel.de/panorama/gesellschaft/ 0,1518,368074,00.html (Stand: 29.11.2010); Gehirntote Frau bringt Baby auf die Welt, Stuttgarter Zeitung, 04.08.2005. Auffallend ist, dass alle Artikel zwar von „Hirntod“ sprechen, aber gleichsam davon die Rede ist, dass die Mutter drei Monate lang künstlich „am Leben“ erhalten wurde.

20 Von hirntoter Frau entbundenes Baby ist tot, Spiegel Online, 12.09.2005 (online abrufbar unter: https://www.spiegel.de/panorama/ 0,1518,374360,00.html).

21 *Eder*, Als das Baby geboren war, ließen die Ärzte die Mutter sterben, Welt Online, 18.06.2006.

22 *Schlichter*, Hirntote Mutter bringt gesundes Kind zur Welt, Südkurier, 14.01.2009.

realistische Schätzung die Zahl hirntoter Schwangerer weltweit auf 1.060 Fälle pro Jahr.[23]

Schon diese Konstellation ist komplex. Wo das Hirntodkonzept in Rede steht und man die Frage nach einem Schwangerschaftsabbruch stellt, dringt man in medizinische, ethische, rechtliche Grenzbereiche vor. Ist eine Hirntote, die einen lebendigen Embryo oder Fötus in sich trägt, wirklich tot? Wie sind die widerstreitenden Interessen zu gewichten, wie abzuwägen: der (unbekannte) Wille der toten Frau, die Interessenlagen der Angehörigen, das Lebensrecht des Ungeborenen, die Interessen von Ärzten und Pflegepersonal, die Interessen potentiell von einer ähnlichen Behandlung zukünftig Betroffener?[24] Man stelle sich vor, zu diesen „Tabuthemen" und Abwägungsfragen käme noch die zuweilen als heikel betrachtete Materie Organspende hinzu. Im Erlanger Fall stellte sich die Frage einer eventuellen Organspende nicht, da die Ärzte von der ablehnenden Haltung Marion Plochs gegenüber Organtransplantationen erfuhren.[25] Doch gesetzt den Fall, die Hirntote stand Organspenden positiv gegenüber und Angehörige sowie Ärzte wären sich einig, die Organe zu Transplantationszwecken zu entnehmen und damit den in der 15. Schwangerschaftswoche befindlichen Fötus abzutöten – machten sich die Ärzte dann gemäß § 218 StGB strafbar, selbst wenn durch die Transplantation sechs Menschen ein besseres oder neues Leben geschenkt würde? Zu den widerstreitenden Interessen, die es abzuwägen gälte, kämen die der potentiellen Organempfänger hinzu. Die Konstellation würde noch komplexer, das anzufassende Eisen noch heißer. *Heuermann*[26] mochte dieses heiße Eisen, „obwohl [es] einige Fragen aufwirft", 1994 nicht antasten und stellte nur fest, dass „das Begehren der Organentnahme die Absicht dokumentiert [hätte], den Ungeborenen nach dem (Hirn)tod der Mutter zu töten."[27] Glücklicherweise eine nur theoretische Fallkonstellation? Mitnichten!

Nach Auskunft der Deutschen Stiftung Organtransplantation (DSO) verstarb im Januar 2009 eine 22-jährige Frau an einer intrazerebralen Hirnblutung. Der Hirntod wurde festgestellt; die Frau befand sich zu diesem Zeitpunkt in der 13. bis 14. Schwangerschaftswoche. Der (zu Lebzeiten mündlich geäußerte) Wille der

---

23 *Souza/Oliveira-Neto/Surita/Cecatti/Amaral/Pinto e Silva*, Reproductive Health 2006, 3:3. Da dies vorliegend keine rein juristische, sondern eher interdisziplinäre Arbeit ist, soll entgegen aller juristischen Eitelkeiten die international-medizinische Zitierweise beibehalten werden. Überdies erleichtert dieses Vorgehen die Recherche der angegebenen Literatur.

24 *Honecker*, in: Bockenheimer-Lucius/Seidler, Hirntod und Schwangerschaft, S. 66.

25 Die behandelnden Ärzte, in: Medizinische Ethik, Hirntod und Schwangerschaft, Abschließende Pressemitteilung der Chirurgischen Klinik mit Poliklinik und des Institutes für Anästhesiologie der Universität Erlangen-Nürnberg, Sonderbeilage Ärzteblatt Baden-Württemberg 1/93, S. 1; *Scheele*, in: Bockenheimer-Lucius/Seidler, Hirntod und Schwangerschaft, S. 13.

26 *Heuermann*, JZ 1994, 133, 136 (Fn. 32).

27 *Heuermann*, JZ 1994, 133, 136 (Fn. 33).

Verstorbenen zur Organspende war bekannt, und auch die Eltern sowie der Lebensgefährte der Frau stimmten unter den gegebenen Umständen – also selbst angesichts der vorliegenden Schwangerschaft – einer Organspende zu. Daraufhin wurde eine Mehrorganentnahme durchgeführt. Der Fötus starb dabei.

‚Wo kein Kläger, da kein Richter' mag der praktisch veranlagte Leser einwenden. ‚Wenn in dem geschilderten Fall kein Staatsanwalt die Frage nach einer eventuellen Strafbarkeit nach § 218 Abs. 1 StGB gestellt hat, warum lohnte dann überhaupt eine strafrechtliche Betrachtung dieser Fallkonstellation? ' Die Antwort darauf lautet schlicht: Rechtssicherheit. Die folgenden Überlegungen sollen Licht bringen in die momentane Grauzone zwischen Fortführung der Schwangerschaft und Abbruch durch Organentnahme. Die Anzahl der Fälle, in denen ein Embryo oder Fötus den Tod fand durch eine vorgenommene Organentnahme bei seiner hirntoten Mutter, mag den einen überschreiten, der oben dokumentiert ist. Die Dunkelziffer an Fällen, in denen aus Unwissen über die Rechtslage von einer möglichen Organentnahme abgesehen wurde – trotz Vorliegen aller Voraussetzungen –, ohne dass später ein lebender Mensch das Licht der Welt erblickte, wird wohl noch höher sein. In letzteren Fällen hätte die Angst vor Bestrafung durchschnittlich drei Organe je Fall gekostet[28] – drei Organe, drei Menschenleben.

Anliegen dieser Untersuchung also ist zu klären, ob und wann die Organentnahme bei einer hirntoten Schwangeren eine Strafbarkeit wegen Schwangerschaftsabbruchs gemäß § 218 StGB nach sich zieht.[29] Da seit dem Erlanger Schwangerschaftsfall anno 1992 bereits eine lange Zeit vergangen ist, sei überdies dort, wo es angebracht ist, ein umfassender Blick über die bis heute dazu auf dem Tisch liegenden Argumente erlaubt. Dass der Einbezug der Organentnahme in die juristische Betrachtung aber die rechtliche Würdigung im Vergleich zum Erlanger Babyfall noch um Einiges komplizierter macht, ist anhand der vielen widerstreitenden Interessen zu erahnen. Somit ist diese Arbeit weit mehr als nur eine neue Strukturierung alter Argumente. Das folgend kurz zusammengefasste Arbeitsprogramm gibt einen ersten Einblick.

Obgleich der Schwerpunkt der Überlegungen juristischer Natur ist, wird ein medizinischer Teil noch vor die Klammer gezogen. Denn die hier angestellte Rechtsbetrachtung ist keine Begutachtung eines singulären Falles. Es geht darum, Ärzten und den sie beratenden Juristen eine Handreichung zu geben, wie Einzelfälle anhand abstrakter Kriterien mehr oder minder rechtssicher beurteilt werden kön-

---

28 Laut DSO-Jahresbericht 2008 (S. 17) lag die Zahl der entnommenen und transplantierten Organe pro Spender durchschnittlich bei 3,3.

29 Auch in anderen Ländern wird und wurde dieses Thema diskutiert, vgl. z. B. die rechtlichen und ethischen Erwägungen in den USA und Kanada bei *Sperling*, American Journal of Law & Medicine, 30 (2004): 453-500, sowie ebensolche Erwägungen bzgl. England bei *Peart/Campbell/Manara/Renowden/Stirrat*, Med.L.Rev., 8, Autumn 2000, pp. 275-299. Für weitere internationale Sichtweisen siehe die einzelnen im 2. Kapitel unter B. genannten dokumentierten Fälle.

nen. Dabei lässt sich aber die Frage, wie mit einer hirntoten Schwangeren, die gleichsam als potentielle Organspenderin in Frage kommt, zu verfahren ist, nicht im luftleeren juristischen Raum beantworten. Vielmehr setzt die Medizin wichtige Maßstäbe bei der Beantwortung rechtlicher Fragen. Diese allgemeinen Maßstäbe lassen sich wiederum nur aus den Einzelfällen hirntoter Schwangerer ableiten, die bisher in der (medizinischen) Fachliteratur dokumentiert sind. So schließt sich also der Kreis: vom Speziellen zum Allgemeinen und wieder zum Speziellen. Im Folgenden wird deshalb zunächst ein möglichst umfängliches Gesamtbild gezeichnet von der Kasuistik, wie sie bezüglich hirntoter Schwangerer bis dato (2010) vorliegt. Nur so lassen sich später wichtige juristische Hürden überhaupt überwinden. Sodann soll unmittelbar eingestiegen werden in den juristischen Teil, der einzig § 218 StGB thematisieren wird.

Eingangs der Prüfung des objektiven Tatbestandes wird zunächst die Frage stehen, ob § 218 StGB bei einer hirntoten Schwangeren überhaupt anwendbar ist, oder sich die Ärzte doch, wie 1992 angenommen, in einem rechtsfreien Raum bewegen. Sogleich werden Abbruchserfolg und -handlung unter die Lupe genommen und geklärt werden, ob es sich um ein aktives Tun oder ein Unterlassen handelt. Hier wird zum ersten Mal auch das Grundsatzurteil zur Sterbehilfe, das der BGH am 25. Juni 2010 gefällt hat,[30] eine Rolle spielen: Wird zwar vordergründig die Organentnahme bei der hirntoten Mutter thematisiert, so kommt man dennoch nicht umhin, dass die Organentnahme nichts anderes ist als ein Abbruch der Behandlung des Nasciturus. Somit ist man prompt bei der aktuellen Diskussion um eine mögliche Sterbehilfe, namentlich für die Leibesfrucht. Dies soll, nachdem kurz noch die Kausalität und ein möglicher Tatbestandsausschluss nach § 218a Abs. 1 StGB abgearbeitet werden, dann auch ein erster großer Schwerpunkt der Arbeit werden: die Frage, ob und ggf. wann eine (pränatale) Sterbehilfe schon am Lebensanfang möglich ist. Dabei soll das Urteil des BGHs durchaus kritisch gewürdigt werden, auch wenn am Ende der Arbeit ein Ergebnis stehen muss, das den handelnden Ärzten sowie den damit befassten Juristen legale Entscheidungsmuster nach der geltenden Rechtslage und Auffassung der Rechtsprechung aufzeigen soll. Gleichwohl soll hinterfragt werden, ob nicht, entgegen des BGH-Urteils, schon der Tatbestand und nicht erst die Rechtswidrigkeit der richtige Ort ist, um einen Behandlungsabbruch rechtlich zu würdigen. Sodann wird die hier untersuchte Situation der hirntoten Schwangeren unter die Sterbehilfevoraussetzungen subsumiert, wobei diverse Fallgruppen gebildet werden sollen, die eine eindeutige Entscheidung im Einzelfall erleichtern. Somit zeichnet sich schon am Ende der Tatbestandsprüfung ein Bild ab, wonach nicht wenige Entscheidungen zum Schwangerschaftsabbruch durch eine Organentnahme nicht strafbar, sondern vielmehr erlaubt sind.

---

30 BGH, Urteil vom 25. Juni 2010 – 2 StR 454/09; abgedruckt in FamRZ 2010, 1551; im Folgenden zitiert nach den Rn. der Entscheidung.

Spannend und dogmatisch anspruchsvoll wird anschließend ferner die Problematik sein, ob auf Rechtswidrigkeitsebene § 218a Abs. 2 StGB in Ansatz gebracht werden kann, obgleich die Mutter schon tot ist. Unabhängig davon, zu welchem Ergebnis wir hierbei kommen, fragt sich schließlich noch, ob § 218a Abs. 2 StGB abschließend ist oder auch die allgemeinen Rechtfertigungsgründe unter Umständen noch greifen können. Sollte dies der Fall sein, bietet sich § 34 StGB an, dessen Schwerpunkt zum einen das Problem sein wird, ob der allgemeine Organmangel eine Notstandslage im Sinne des § 34 StGB begründet. Zum anderen wird die Interessenabwägung ein komplexes Unterfangen sein: Kollidiert hier auf beiden Seiten das Rechtsgut Leben miteinander oder spielt das Stadium der Schwangerschaft auch in diesem Punkt eine Rolle? So wird schließlich eine Antwort auf die Frage gegeben werden können, ob sich Ärzte in jedem Fall wegen Schwangerschaftsabbruchs strafbar machen, wenn sie die Organe einer hirntoten Schwangeren entnehmen – trotz Vorliegen aller Voraussetzungen nach §§ 3, 4 TPG –, oder ob hier differenziert werden muss.

Neben dem positiven Prüfprogramm, also dem, was hier abzuarbeiten ist, soll auch das negative kurz dargestellt werden: was diese Untersuchung nicht ansprechen wird. Das Hirntodkonzept wird vorliegend nicht in Frage gestellt werden. Die vordem gestellte Frage, ob eine Hirntote, die einen lebendigen Embryo oder Fötus in sich trägt, wirklich tot ist, wird schlicht und mit voller Überzeugung mit ja beantwortet.[31] Hierauf baut diese Arbeit auf. Gleichwohl sei diesbezüglich, fernab von Glauben und Überzeugung, auch eine argumentative Begründung angeführt. Das Argument, eine Frau, die ein lebendiges Kind in sich trägt, könne nicht tot sein, ist nur unter einer Bedingung richtig: nämlich wenn eine intakte Schwangerschaft stets eine lebende Mutter voraussetzt. Dies aber ist nicht der Fall, wie ein Experiment zeigt, in dem einer „schwangeren“ Ziege die Gebärmutter explantiert, diese weiterversorgt und schließlich die Schwangerschaft gänzlich ohne Mutter zu einem erfolgreichen Ende geführt wurde;[32] einer lebenden Mutter bedarf es also nicht.

Ebenfalls nicht explizit, das heißt in einem separaten Kapitel, angesprochen werden rein ethische Erwägungen. Zwar werden ethische Fragen zwangsläufig tangiert, gleichwohl handelt es sich um eine primär juristische Abhandlung. Es soll geklärt werden, was gesetzlich, nicht was moralisch erlaubt ist. Dass insbesondere bei den Fragen der Abwägung dann doch wieder ethische Momente quasi „subkutan“ einfließen werden, liegt schlicht daran, dass die Juristerei nicht „steril“, sondern vom und für den Menschen gemacht ist und in solchen Grenzbereichen wie dem vorliegenden nur interdisziplinär abgehandelt zu werden vermag. Es sei

31 Vgl. zu dieser Frage *Koch*, Štěpán-FS, S. 187, 189 f.

32 Hirntod und Organentnahme. Gibt es neue Erkenntnisse zum Ende des menschlichen Lebens?, Forum Bioethik, 21. März 2012, Simultanmitschrift im Internet abrufbar unter: http://www.ethikrat.org/dateien/pdf/forum-bioethik-2012-03-21-simultanmitschrift.pdf/ (Stand: 05.10.2012).

indes schon jetzt darauf hingewiesen, dass der folgende Text zuweilen, nichtsdestoweniger, juristisch nüchtern, emotionslos und dadurch kalt wirken wird. Ein so emotionales Thema aber kann einzig dann einem annehmbaren Ergebnis zugeführt werden, wenn Argumente dominieren, fernab jeglicher Emotion.

2. Kapitel: Zusammenschau dokumentierter Fälle

A. Einführung

Ausgehend von amerikanischem Datenmaterial und Schätzungen, wonach im Jahre 2005 ca. 2 %, also 53 der 2.642 postmortalen Organspenderinnen in den USA zum Zeitpunkt der Organentnahme schwanger waren, rechnen *Souza et al.* hoch, dass es weltweit jährlich 1.060 Fälle von hirntoten Schwangeren geben muss, jedenfalls geben könnte.[33] Gleichwohl sind keine 30 Fälle in der Fachliteratur dokumentiert – für den Zeitraum der vergangenen 30 Jahre. Es mag dies zum einen Indiz für die hohe Brisanz des Themas sein, wenn viele solcher Fälle gar nicht erst an die Öffentlichkeit gebracht werden. Zum anderen muss auch die Tatsache verwundern, dass unter den wenigen dokumentierten Fällen die große Mehrzahl erfolgreich verlief, was angesichts der medizinisch sehr diffizilen Behandlung im Einzelfall den Schluss nahe legt, dass eher die erfolglosen Versuche keiner wissenschaftlichen Erörterung zugänglich gemacht wurden.[34]

Im Folgenden wird zunächst die Kasuistik hinsichtlich aller dokumentierten Fälle hirntoter Schwangerer, geordnet aufsteigend nach dem Stadium der Schwangerschaft zum Zeitpunkt des Hirntodes, dargestellt. Zu relativieren ist indes, dass *alle* dokumentierten Fälle hier sicher nicht beschrieben sind. Dies ist auf Grund der Unübersichtlichkeit der Fachliteratur und der Verschiedenartigkeit der Quellen, ganz zu schweigen von der Internationalität der Fälle und Veröffentlichungen, unmöglich. Obgleich also ein Anspruch auf Vollständigkeit nicht erhoben werden kann, sei zufrieden angemerkt, dass die Recherche sowohl von Fach- als auch von Medienartikeln eine Fülle von Fällen zu Tage gebracht hat, wie sie so bisher nur selten zusammengetragen wurde. Aufgelistet sind ferner (wenn auch wenige) erfolglose Versuche sowie Fälle, in denen auch eine Organentnahme durchgeführt wurde, jedenfalls in Rede stand. Dass nicht alle medizinischen Fakten hier detailliert aufgelistet sind, ist der Schwerpunktsetzung geschuldet, die auf dem juristischen Teil der Untersuchung liegt; die Medienartikel sind hinsichtlich der wissenschaftlichen Genauigkeit ohnehin nur bedingt aussagekräftig. Für Mediziner aber bieten die angegebenen Fundstellen zumindest gute Recherchehilfen.

---

33 Souza/Oliveira-Neto/Surita/Cecatti/Amaral/Pinto e Silva, Reproductive Health 2006, 3:3. Eine andere Statistik weist auf eine einzelne Organbeschaffungsorganisation in den USA hin, die in sechs Jahren unter 252 gemeldeten hirntoten Frauen sieben Schwangere (2,8 %) im Alter von 15 bis 45 Jahren identifizierte, vgl. hierzu Powner/Bernstein, Crit Care Med 2003; 31:1241–1249, m. w. N. Zu bedenken ist, dass weltweit nur ein (von Land zu Land verschiedener) Bruchteil der Hirntoten auch tatsächlich gemeldet wird, der Anteil hirntoter Schwangerer also höher sein könnte.

34 *Farragher/Laffey*, Neurocrit. Care 2005;3:99, 100; zweifelnd auch *Bush/Nagy/Berkowitz/Gaddipati*, Obstet Gynecol Surv. 2003 Nov;58(11):738-48 (747).

B. Dokumentierte Fälle

I. 14. Schwangerschaftswoche (Galway, Irland, 2004)[35]

Im irischen Galway kam eine 26-jährige Frau mit Kopfschmerz und Bewusstseinsstörungen ins Krankenhaus. Das Stadium ihrer Schwangerschaft ließ sich auf 13 Wochen datieren.[36] Die durchgeführte Computertomographie (CT) zeigte im Nativbild eine große Läsion unbekannter Ursache des linken frontalen Hirnlappens. Am ersten Tag nach Aufnahme im Krankenhaus verschlechterte sich der Zustand der Patientin. Nach anschließender Sedierung, Luftröhrenintubation und maschineller Beatmung wurden bei einer weiteren CT schwere Hirnschädigungen (Hirnblutung, Ödem) festgestellt. Am zweiten Morgen stellte sich eine neuerliche Verschlechterung ein. Nachdem eine zweite Serie von Hirnstammtests durchgeführt wurde, wurde sie für hirntot erklärt. Eine Ultraschalluntersuchung ergab, dass der 13 Wochen alte Fötus noch lebte. Dies führte zu der Frage, ob kreislauferhaltende Maßnahmen fortgesetzt werden sollten, um die Überlebensfähigkeit des Fötus zu erreichen. Auf breiter Basis wurde ein Diskussionsprozess in Gang gesetzt, der die unmittelbaren Familienangehörigen der Mutter sowie den Vater des Ungeborenen[37], die Justiziare der lokalen Gesundheitsbehörden sowie externe Medizin- und Rechtsexperten einbezog. Es war nicht möglich, mit Sicherheit zu bestimmen, ob die Schwangerschaft geplant war, gleichwohl stellte sich heraus, dass die Mutter zu Lebzeiten die Schwangerschaft fortsetzen wollte. Demgemäß wurden alle Körper- und Kreislauffunktionen – mit Zustimmung der Familie der Mutter – mit Blick auf den Fötus aufrechterhalten. Dies beinhaltete u. a. maschinelle Beatmung, pharmakologische Unterstützung des Herz-Kreislauf-Systems und enterale Ernährung. Es

---

35 *Lane/Westbrook/Grady/O'Connor/Counihan/Marsh/Laffey*, Intensive Care Med, 2004, 1484 ff.; *Battles*, Second brain dead mother 'kept alive', Sunday Times, 29.01.2006.

36 Das Stadium der Schwangerschaft wird in medizinischer Fachliteratur, so auch in der folgend dargestellten, grundsätzlich post menstruationem (p. m.), also vom ersten Tag der letzten Regelblutung an, angegeben. (Die Terminologie Schwangerschaftswoche deutet auf die medizinische Berechnungsmethode hin; ist im Folgenden der Arbeit also von Schwangerschaftswochen die Rede, ist stets p. m. gemeint.) Das Gesetz aber lässt seine Fristen mit der Empfängnis (post conceptionem, p. c.) beginnen. Da der Eisprung und mithin die Befruchtung regelmäßig in der Mitte zweier Zyklen stattfinden, ergibt sich damit eine Differenz von zwei Wochen zwischen medizinischer und juristischer Berechnungsmethode. Ist also von einem Schwangerschaftsalter von 14 Wochen die Rede, sind im Regelfall 12 Wochen seit der Empfängnis vergangen. Vgl. hierzu z. B. LK[11]-*Kröger*, StGB, Vor §§ 218ff, Rn. 45; Schönke/Schröder/*Eser*, StGB, § 218, Rn. 15. Bei SSW-StGB/*Momsen*, § 218a, Rn. 5, findet sich freilich der (selbstverständliche) Hinweis, dass dann, wenn genauere Hinweise auf den Zeitpunkt der Empfängnis vorliegen, diese zur Bestimmung heranzuziehen sind.

37 Es sei darauf hingewiesen, dass die Begriffe Nasciturus, Ungeborenes, Embryo/Fötus (je nach Schwangerschaftsstadium) u. Ä. im Folgenden synonym verwendet werden. Damit ist keinerlei inhaltliche Unterscheidung oder Wertung vorgenommen; dies ist einzig der besseren Lesbarkeit geschuldet, damit nicht ein und derselbe Begriff stets und ständig Verwendung findet.

traten einige Komplikationen auf wie bspw. Diabetes insipidus und eine Lungenentzündung. Tägliche Ultraschalluntersuchungen wurden durchgeführt, um den Herzschlag des Fötus festzustellen. Am achten Tage nach Feststellung des Hirntodes der Mutter hörte das Herz des Fötus auf zu schlagen. Die somatischen Funktionen der Mutter indes waren weiterhin stabil; weder eine offenkundige Sepsis konnte diagnostiziert werden noch eine maßgebliche Herz-, Nieren- oder Leberdysfunktion. Vom nächsten Angehörigen der Mutter wurde deshalb die Zustimmung zur Organentnahme eingeholt, welche schließlich auch durchgeführt wurde.

II. 14./15. Schwangerschaftswoche (Erlangen, Deutschland, 1992)[38]

In der als Erlanger Schwangerschaftsfall bekannt gewordenen Konstellation wurde die 18-jährige Marion Ploch am 5. Oktober 1992 bei einem Verkehrsunfall schwer verletzt und in die Chirurgische Universitätsklinik Erlangen eingeliefert. Zu diesem Zeitpunkt war sie in der 13.-14. Woche schwanger. Sie trug eine schwere Schädel-Hirn-Verletzung davon, die als massive Hirnverletzung mit sehr schlechter Prognose diagnostiziert wurde. Ein hinzugezogener Gynäkologe stellte indes keine Indizien für eine Gefährdung der Schwangerschaft oder eine Verletzung des Fötus fest. Im Mittelpunkt der ärztlichen Bemühungen aber stand die Gesundheit der Mutter, welche fortan maschinell beatmet und über Infusionen mit einem Beruhigungsmittel versorgt wurde. Kreislaufunterstützende Medikamente waren nicht erforderlich; weder gab es Kreislaufprobleme oder gravierende Temperaturschwankungen noch Hinweise auf eine Sepsis oder Infektionen. Gleichwohl verschlechterte sich der Zustand der Patientin zunehmend, bis am vierten Behandlungstage schließlich der Hirntod festgestellt wurde. Das Stadium der Schwangerschaft ließ sich zu diesem Zeitpunkt auf Ende der 14., Anfang der 15. Schwangerschaftswoche datieren. Eine sonographische Untersuchung (mit Hilfe von Ultraschallwellen) ergab, dass die Schwangerschaft weiterhin intakt war, und da ferner keine Anzeichen vorhanden waren, dass das Kind eventuell schwer geschädigt zur Welt kommen würde, entschied man sich nach einer gewissen Bedenkzeit am 12.10.1992 dafür, die Behandlung mit Fokus auf das Ungeborene fortzusetzen. Ein Konsilium aus Vertretern der Gynäkologie, Pädiatrie, medizinischen Ethik und Rechtsmedizin legte unter anderem fest, dass die apparative Unterstützung der Hirntoten auf maschinelle Beatmung beschränkt und die medikamentöse Unterstützung nicht ausgeweitet werden sollte. In den gesamten Entscheidungsprozess wurden die Eltern der Hirntoten, die von einem Gericht auch zu Pflegern für die Interessen des Ungeborenen bestellt wurden, einbezogen, nicht aber der Vater des Kindes, von dem sich die Tote offenbar getrennt hatte. In der Folgezeit wurde die Hirntote wie eine komatöse Patientin behandelt und auch der Fötus ward in das Zentrum der pflegerischen Bemühungen gerückt: krankengymnastische Behandlung der Frau, Geräusche und Musik für eine

38 *Kiesecker*, Die Schwangerschaft einer Toten, S. 27 ff.; *Scheele*, in: Bockenheimer-Lucius/Seidler, Hirntod und Schwangerschaft, S. 12 ff.

embryoübliche Erfahrungswelt. Schließlich aber zeitigte die Behandlung keinen Erfolg. Obzwar in den folgenden fast sechs Behandlungswochen ein normales Wachstum und Verhalten des Ungeborenen diagnostiziert wurden, kam es in der Nacht vom 15. auf den 16. November 1992 zu Temperaturveränderungen und letztendlich einem Spontanabort, dessen Ursache nicht endgültig feststellbar war.

III. 15. Schwangerschaftswoche (Waterford, Irland, 2001)[39]

Bereits drei Jahre vor dem unter I. dokumentierten Fall wurde gleichsam in Irland bei einer Britin, als sie bereits 14 Wochen schwanger war, im Waterford Regional Hospital der Hirntod diagnostiziert. Obgleich der Ehemann der Hirntoten dagegen war, entschied sich die rechtsberatende Gesundheitsbehörde für eine Aufrechterhaltung der den Kreislauf erhaltenden Maßnahmen. Der Fötus überlebte für gerade einmal zwei Wochen.

IV. 15. Schwangerschaftswoche (Turin (?), Italien, 1992)[40]

Bei einer 25-Jährigen, die zu Beginn der 15. Schwangerschaftswoche stand, traten schwere intrakranielle Blutungen auf, die zum Hirntod führten. Die Schwangerschaft aber wurde fortgeführt. Während der weiteren Behandlung traten Instabilitäten hinsichtlich Hämodynamik und Körpertemperatur auf, eine Unterfunktion der Hirnanhangdrüse, Anämie (Blutarmut), Überzuckerung sowie eine Harn- und eine Lungeninfektion. Nach 49 Tagen schließlich kam es zum intrauterinen Tod des Feten.

V. 16. Schwangerschaftswoche (USA, 1976)[41]

Ein sehr früher Fall, der aber nur vage und stichpunktartig beschrieben ist, datiert aus dem Jahre 1976. Nach 48 Stunden sei ein Versuch, die Körperfunktionen einer Frau, die sich in der 16. Schwangerschaftswoche befand, aufrechtzuerhalten, als „unproduktiv" abgebrochen worden.

---

39 *Battles*, Second brain dead mother 'kept alive', Sunday Times, 29.01.2006.

40 *Antonini/Alleva/Campailla/Pelosi/Valle/Verrua/Zamponi/Blanda/Gambaro*, Minerva Anestesiol 1992; 58: 1247-52.

41 *Kiesecker*, Die Schwangerschaft einer Toten, S. 76, nach einem Bericht von *Dillon/Lee/Tronolone/Buckwald/Foote*, JAMA 1982;248(9): 1089-1091, die aber lediglich auf Zeitungsberichte der Washington Post rekurrieren. Versuche des *Verf.*, dies heute zu recherchieren, waren nicht erfolgreich.

VI. 16./17. Schwangerschaftswoche (Arlington, Virginia, USA, 2005)[42]

Am 7. Mai 2005 erlitt die 26-jährige Amerikanerin Susan M. Torres, schon Mutter eines Sohnes, einen Hirnschlag und wurde bewusstlos und komatös in ein Krankenhaus eingeliefert. Dem vorausgegangen waren eine zweiwöchige Phase, in der sie über Müdigkeit und zeitweilige Übelkeit klagte, sowie sieben Tage lang Kopfschmerzen. Die Krankengeschichte der Patientin umfasste ferner ein Hautkrebsleiden am Oberarm, das neun Jahre zuvor auftrat und damals sowie noch fünf Jahre nach dieser ersten Ektomie endgültig kuriert schien, nun aber doch wieder in Gestalt von Metastasen im Gehirn auftrat. Kurze Zeit nach ihrer Aufnahme im Krankenhaus erklärten die Ärzte sie für hirntot infolge des auf den Krebs zurückzuführenden Hirnschlags. Da die Medien- und wissenschaftlichen Berichte das Stadium der Schwangerschaft unterschiedlich beziffern, soll hier 16 Wochen als Mittelwert angenommen werden. In Absprache mit den Familienangehörigen schlossen die behandelnden Ärzte die Frau an Geräte an, die ihren Kreislauf aufrechterhalten und dem Embryo eine Chance zur weiteren Entwicklung geben würden. Problematisch war, dass zu dem ohnehin medizinisch prekären Fall einer hirntoten Schwangeren hinzukam, dass der Krebs ein sehr aggressiver war und sich rapide auf Lymphknoten, Lunge, Leber und andere Organe ausbreitete. Zwar gab es auch andernorts schon erfolgreiche Schwangerschaften trotz ähnlicher Krebsleiden, jedoch nie in einem Falle, in dem die Mutter hirntot war. Mithin stieg stetig die Gefahr, dass der Krebs auch auf die Gebärmutter übergreifen und es zu Infektionen beim Fötus kommen könnte. Zum frühesten Zeitpunkt, den die Ärzte für sicher hielten, wurde denn auch der Kaiserschnitt durchgeführt: Es handelte sich um die 28. Schwangerschaftswoche (27 Wochen und ein Tag). Nachdem die den Kreislauf erhaltenden Maßnahmen also für ca. zwölf Wochen (88 Tage) aufrechterhalten wurden, kam am 2. August 2005 ein 812-820 Gramm schwerer und 35 Zentimeter großer Säugling auf die Welt. Dem Kind ging es den Medienberichten zufolge den Umständen seiner Frühgeburt entsprechend gut. Fünf Wochen nach der Geburt aber, am 11. September 2005, starb der Säugling, nachdem sich sein Zustand rapide verschlechtert hatte: Als eine Folge seiner Frühgeburt kam es zu einer Darmerkran-

---

42 Ärzte entbinden hirntote Frau von Baby, Spiegel Online, 03.08.2005, abrufbar im Internet: http://www.spiegel.de/panorama/gesellschaft/ 0,1518,368074,00.html (Stand: 29.11.2010); *Ertelt*, Brain Dead Woman Susan Torres Gives Birth to Baby Girl, LifeNews.com, 03.08.2005; Gehirntote Frau wird Mutter – Dramatischer Wettlauf gegen die Zeit, 03.08.2005, abrufbar im Internet: http://www.journalmed.de/newsview.php?id=9570 (Stand: 29.11.2010); Gehirntote Frau bringt Baby auf die Welt, Stuttgarter Zeitung, 04.08.2005; Von hirntoter Frau entbundenes Baby ist tot, Spiegel Online, 12.09.2005, abrufbar im Internet: http://www.spiegel.de/panorama/a-374360.html (Stand: 29.11.2010); Baby girl born to brain-dead woman dies, 12.09.2005, abrufbar im Internet: http://www.msnbc.msn.com/id/9314586/ (Stand: 29.11.2010); *Yeung Jr./McManus/Tchabo*, The Journal of Maternal-Fetal and Neonatal Medicine, July 2008; 21(7): 509–511.

kung sowie einer Infektion, die den gesamten Körper angriff. Eine eilig anberaumte Notoperation blieb erfolglos, sodass die kleine Susan Anne Catherine Torres schließlich im Children's National Medical Center in Washington an Herzversagen starb. Ob sich die Melanome während der Schwangerschaft auf das Kind übertrugen, das Kind also selbst Krebs hatte, konnte indes nicht geklärt werden, da der Vater eine Obduktion des toten Babys ablehnte.

VII. 16./17. Schwangerschaftswoche (USA, ca. 1999)[43]

Bei einer 20-Jährigen, die in der 16./17. Woche schwanger war, wurde nach einer intrakraniellen Blutung der Hirntod festgestellt. 100 Tage dann wurde der Herz-Blut-Kreislauf aufrechterhalten, während denen die Ärzte mit Panhypopituitarismus (Mangel oder Ausfall der endokrinen Funktion der Hypophyse), Diabetes insipidus, Temperaturschwankungen und Hypotonie zu kämpfen hatten. Als der Ultraschall in der 31./32. Schwangerschaftswoche Auffälligkeiten im Hinblick auf die Plazenta offenbarte, entschieden sich die Ärzte zu einem Kaiserschnitt. Geboren wurde ein 1.440 Gramm schwerer Junge.

VIII. 16./17. Schwangerschaftswoche (Burlington, Vermont, USA, 1988)[44]

Der Fall, in dem eine hirntote Schwangere am längsten kreislauferhaltenden Maßnahmen unterzogen wurde, ist wohl der der Amerikanerin Connie Hilliker. Die 30-Jährige erlitt massive Hirnverletzungen in Folge eines Motorradunfalls zu einem Zeitpunkt, da sie sich in der 15. Schwangerschaftswoche befand. Nachdem Zeichen erhöhten Hirndrucks auftraten, wurde sie daraufhin intubiert und behandelt; jedoch stellten sich zudem eine Lungenentzündung sowie ein erhöhter Blutdruck und Herzrhythmusstörungen ein. Am zehnten Behandlungstage schließlich stellte sich in Folge des Ausfalls der Spontanatmung und der Verschlechterung der neurologischen Funktionen der Hirntod ein. Connie H. war damals in der 16. bis 17. Schwangerschaftswoche. Die nächsten insgesamt 107 Tage wurde sie daraufhin weiter behandelt mit dem Ziel, das Ungeborene lebend zur Welt zu bringen. Dem vorausgegangen war eine dahingehend positive Entscheidung der Familienangehörigen, die sich endlich auszahlen sollte. Die hirntote Schwangere wurde mit Hormonen behandelt, künstlich beatmet und ernährt sowie gelegentlich Bluttransfusionen unterzogen. Um die Intensivpflege des Neugeborenen sicherstellen zu können, wurde sie in der 25. Schwangerschaftswoche in ein Universitätskrankenhaus ver-

---

43 Da die Primärquelle *Spike*, J Clin Ethics 1999, 10:57-65, nicht verfügbar war, entstammen die folgenden Angaben der Review von *Esmaeilzadeh et al.*, BMC Medicine 2010, 8:74.

44 *Kiesecker*, Die Schwangerschaft einer Toten, S. 80; *Battles*, Second brain dead mother 'kept alive', Sunday Times, 29.01.2006; beide nach einem Bericht von *Bernstein/Watson/Simmons/Catalano/Davis/Collins*, Obstet Gynecol 1989, 74:434-437.

legt. Dort traten in der 32. Schwangerschaftswoche Spontanwehen ein. Da sich gleichsam der Herzschlag des Fötus verlangsamte, wurde die Entscheidung zum Kaiserschnitt getroffen. Das Baby hatte ein Gewicht von 1.555 Gramm; Komplikationen traten nicht auf. Auch nach elf Monaten wurde eine normale Entwicklung des Kindes konstatiert.

IX. 17. Schwangerschaftswoche (Oakland, Kalifornien, 1993)[45]

Fünf Jahre, nachdem in Vermont eine hirntote Frau 107 Tage lang behandelt wurde, kam es in Oakland/Kalifornien zu einem ähnlichen Fall. Die 28-jährige Trisha Marshall wurde infolge eines Kopfschusses in ein Krankenhaus gebracht, wo der Hirntod festgestellt wurde. Zu diesem Zeitpunkt war sie in der 17. Woche schwanger. Sowohl die Familie der Toten als auch der Mann, der der Vater des ungeborenen Kindes zu sein behauptete, ersuchten die Ärzte, den Fötus am Leben zu erhalten. Während der folgenden drei Monate erhielt die hirntote Mutter von den Intensivschwestern eine Rund-um-die-Uhr-Behandlung, die eine Flüssigernährung, regelmäßiges Waschen und emotionale Sorge um den Fötus beinhaltete. Nach insgesamt 104 Behandlungstagen wurde schließlich die Einleitung der Geburt erforderlich, da die Mutter einen hohen Blutdruck aufwies und die Ärzte befürchteten, das Baby könnte Schaden nehmen. Vier Wochen zu früh kam ein Junge von 2.140 Gramm auf die Welt, der zwar leichte Probleme mit der Atmung aufwies, ansonsten jedoch voll und gut entwickelt war. Sodann wurde das Baby in ein nahes Kinderkrankenhaus gebracht.

X. 17./18. Schwangerschaftswoche (Buenos Aires, Argentinien, 2008)[46]

Eine 29-Jährige, die in der 17. Woche ihrer ersten Schwangerschaft war, wurde mit vier Tage währenden und sich jüngst verschlimmernden Kopfschmerzen im Krankenhaus vorstellig. Zuvor hatte sie eine Ohrenentzündung, die mit Antibiotika behandelt wurde. Noch während des Arztbesuchs wurde sie ohnmächtig und fiel in ein Koma. Die Pupillen reagierten nicht mehr auf Lichtreize; das CT zeigte eine Kleinhirnblutung. Wenige Stunden später wurde sie für hirntot erklärt. Der Fötus aber schien gesund zu sein. In den Folgetagen verschlechterte sich der Gesundheitszustand der Schwangeren zunehmend; es traten eine Polyurie (krankhaft erhöhte Urinausscheidung) infolge eines Diabetes insipidus, eine eitrige Ohrenentzündung und eine Unterfunktion der Hirnanhangdrüse auf, die allesamt behandelt

---

45 Brain-Dead Woman Has Healthy Baby, Los Angeles Times, 04.08.1993, abrufbar im Internet: http://articles.latimes.com/1993-08-04/news/mn-20341_1_baby-boy (Stand: 29.11.2010).

46 *Mejía/Badariotti/de Diego/Ridruejo/O'Flaherty*, MEDICINA (Buenos Aires) 2008; 68: 447-452.

wurden. Am 21. Behandlungstage wurde die Patientin auf Grund einer Infektion fiebrig; nachdem das Fieber unter Kontrolle gebracht werden konnte, trat es am 45. Tage erneut auf. Am 56. Behandlungstage (25. Schwangerschaftswoche) kam es zu einer Hypotonie und schließlich zum Herzstillstand. Ein Kaiserschnitt wurde durchgeführt und ein 450 g leichtes Neugeborenes kam zur Welt. Nach 30 Tagen aber starb das Baby an diversen auf die Frühgeburt zurückzuführenden Komplikationen.

XI. 17./18. Schwangerschaftswoche (Mailand, Italien, 2006)[47]

Der erste erfolgreiche Fall in Italien wurde 2006 dokumentiert. Eine plötzliche Gehirnblutung beendete am 24. März das Leben einer 37-Jährigen aus Mailand (Vorname: Cristina), die morgens, bevor sie sich auf den Weg zur Arbeit machen wollte, zu Hause zusammensackte. In ein Krankenhaus gebracht, konnten dort schon keine Gehirnströme mehr gemessen werden. Der 17 Wochen alte Fötus in ihrem Uterus aber lebte. Der Vater des Kindes wie auch die Familie der Toten entschieden im Einvernehmen mit den Ärzten, dass die Schwangerschaft nach Möglichkeit aufrechterhalten werden sollte. So wurde die hirntote Schwangere auf die Intensivstation eines anderen Krankenhauses verlegt, von Frauenärzten, Reanimationsspezialisten, Physiotherapeuten und Ernährungsexperten betreut, sowie regelmäßig von ihren Familienangehörigen besucht, die den Bauch der Schwangeren streichelten und zu dem Fötus sprachen. Als sich in der 29. Schwangerschaftswoche der Zustand der hirntoten Mutter verschlechterte, entschieden sich die Ärzte für einen Kaiserschnitt. Die kleine Cristina Nicole wog im Zeitpunkt ihrer Geburt lediglich 715 Gramm und verbrachte die nächste Zeit im Inkubator (Brutkasten); sie war zudem bis 24 Stunden nach der Geburt intubiert. Sie konnte die mit der Frühgeburt verbundenen Probleme der ersten Tage aber meistern und entwickelte sich fortwährend gut, sodass zusätzlicher Sauerstoff bald nicht mehr zugeführt werden musste. Nach einem Jahr zeigte sich eine in Bezug auf Statur, motorische und geistige Fähigkeiten normale Entwicklung.

XII. 18. Schwangerschaftswoche (Buffalo, USA, 1980)[48]

Der erste weltweit etwas ausführlicher dokumentierte Fall stammt aus dem Jahre 1980 und ereignete sich in Buffalo. Eine 30-Jährige wurde zu einem Zeitpunkt, da sie sich in der 18. Schwangerschaftswoche befand, in ein Krankenhaus eingeliefert. Ehedem litt sie für einen Zeitraum von drei Wochen unter Fieber, Halsschmerzen und Durchfall, konnte bei ihrer Einlieferung zeitweilig nicht sprechen und war sehr

---

47 *Merati*, Journal of Medicine and The Person, 2007; 5(4): 178-180; *Eder*, Als das Baby geboren war, ließen die Ärzte die Mutter sterben, Welt Online vom 18.06.2006.

48 *Kiesecker*, Die Schwangerschaft einer Toten, S. 76, nach einem Bericht von *Dillon/Lee/Tronolone/Buckwald/Foote*, JAMA 1982;248(9): 1089-1091.

schwach. Ihr Zustand verschlechterte sich, es traten Anfälle (am dritten Behandlungstag) und Entzündungen der Hirnblutgefäße (fünfter Behandlungstag) auf, ehe sie schließlich am zehnten Tage für hirntot erklärt wurde. Der Fötus indes lebte weiter. Jedoch entschieden sich Mediziner und Familienangehörige gegen die Aufrechterhaltung des Kreislaufs der Mutter und mithin für einen Behandlungsabbruch.

XIII. 18. Schwangerschaftswoche (Chile, ca. 1998)[49]

In Chile ereignete sich ein Fall um eine 26-Jährige, die auf Grund einer intrakranialen Blutung starb; der Fötus indes lebte weiter. Nach fünf Tagen starb die Leibesfrucht. Es scheint, als sei die Schwangerschaft aus Respekt vor der (wohl ablehnenden) Entscheidung der Angehörigen, der Würde des Ungeborenen und unter Rekurs auf den experimentellen Charakter der Behandlung abgebrochen worden.[50]

XIV. 18. Schwangerschaftswoche (Stuttgart, Deutschland, 1991)[51]

Der erste dokumentierte Fall Deutschlands ist der so genannte Stuttgarter Schwangerschaftsfall. Am 04.07.1991 brach die 33-jährige Gabriele Siegel auf offener Straße aus nie geklärter Ursache zusammen. Es wurden umgehend Wiederbelebungsmaßnahmen ergriffen und die Frau wurde mit Sauerstoffmangel und Herzrhythmusstörungen in ein Stuttgarter Krankenhaus auf die Intensivstation gebracht. Zu diesem Zeitpunkt befand sie sich in der 16. Schwangerschaftswoche. Es wurden Infusionen gelegt und sie musste künstlich beatmet werden. Am nächsten Tage wurde ein Mittelhirnsyndrom unklarer Genese festgestellt. Obzwar die Ärzte eine forcierte Behandlung zu Gunsten der Mutter (und eventuell zu Lasten des Fötus) favorisierten, drängte der Vater des Ungeborenen darauf hin, dass bei der Auswahl der Therapie Mutter und Kind gleichsam Ziel der ärztlichen Anstrengungen sein sollten, sodass die Ärzte die Medikation darauf abstimmten. Etwaige körperliche wie geistige Behinderungen des Kindes nahm der Vater, rekurrierend auch auf den ehedem geäußerten Willen seiner Frau, die ein behindertes Kind nach eigenem Bekunden hätte annehmen wollen, in Kauf. Zu diesem Zeitpunkt, am 08.07.1991, jedoch wurde eine zunächst intakte Schwangerschaft festgestellt. Nach zehn Tagen Klinikaufenthalt, in denen die Patientin teilweise noch selbstständig hatte atmen können, verschlechterte sich ihr Gesundheitszustand rapide. Es kam zu akuten Atem- und Kreislaufproblemen sowie einer Hypotonie. Auch zeigte sie keine neurologischen Reflexe mehr. Die Diagnose Hirntod wurde schließlich am 17.07.1991

---

49 *Beca/Wells/Rubio*, Rev Med Chil 1998, 126:450-450 (nur Abstract verfügbar), zit. auch von *Esmaeilzadeh et al.*, BMC Medicine 2010, 8:74.

50 Der Originalaufsatz konnte nicht eingesehen werden; das Abstract weist aber auf dieses Ergebnis hin.

51 *Kiesecker*, Die Schwangerschaft einer Toten, S. 66 ff., m. w. N.

Gewissheit, wobei ein Apnoetest allerdings wohl nicht durchgeführt wurde. Es war die 18. Woche der Schwangerschaft, welche indes weiterhin intakt war. Dies sowie die Einschätzung der Ärzte, dass geistige oder körperliche Schäden beim Kind weniger wahrscheinlich waren als ein Spontanabort, brachte die Mediziner im Verbund mit dem Vater des ungeborenen Kindes zu der Entscheidung, die intensivmedizinische Behandlung der Mutter zu Gunsten des Feten fortzusetzen. Gabriele Siegel wurde weiterhin künstlich beatmet, mit Antibiotika zur Infektionsbehandlung sowie mit Hormonen versorgt; ferner wurde ihr Kreislauf medikamentös (Isoptin, Katecholaminen, Magnesium) stabilisiert. Nach Verlegung in eine Klinik in Esslingen wurde verstärkt auch Wert auf eine mit normalen Schwangerschaften vergleichbare Geräuschkulisse gelegt, weshalb die hirntote Mutter und mithin der Fötus akustische Eindrücke wie Sprache, Musik und Klänge erfuhren. Mit zunehmender Dauer der Behandlung verkomplizierte sich jedoch die Situation. Das Herz-Kreislauf-Verhalten wurde zunehmend labiler, bis schließlich am 26.09. starke Blutdruckniedrigphasen und Kreislaufinstabilitäten auftraten, die einen Kaiserschnitt erforderlich machten. Das Stadium der Schwangerschaft hatte mittlerweile die 29. Woche erreicht. Es wurde ein 1.165 Gramm schwerer und 38 Zentimeter langer Junge geboren, der umgehend auf eine Intensivstation für Neugeborene gebracht wurde. Am 13. Dezember, keine drei Monate später, konnte er gesund entlassen werden.[52]

XV. 20. Schwangerschaftswoche (Genf, Schweiz, vor 1993)[53]

1993 wurde ein Fall dokumentiert, der sich schon ein paar Jahre zuvor in Genf ereignet hatte. Eine 20-Jährige, die in der 20. Woche schwanger war, wurde nach einem Verkehrsunfall ins Krankenhaus eingeliefert. Es wurden eine diffuse Blutung und ein intrazerebrales Ödem festgestellt, die letztlich zum Hirntod führten. Weder der Vater des Ungeborenen noch die Angehörigen der Toten konnten ermittelt bzw. erreicht werden. Es stellte sich nunmehr die Frage, ob die Behandlung zu Gunsten des Fötus fortgesetzt oder abgebrochen werden sollte und letzterenfalls die Organe entnommen werden können. Während sich noch das Ethikkomitee des Hospitals mit dieser Frage auseinandersetzte, kam es drei Tage nach Einlieferung der Patientin zu einem Spontanabort. Nach dem Tod des Feten führte man, auch ohne formelles Einverständnis der Angehörigen, die Organentnahme auf Grundlage der entsprechenden gesetzlichen Regelung durch.

52 Am 21. Oktober 2009 im Übrigen war der mittlerweile 18-jährige Maximilian Siegel sogar mit seinem Vater Karl-Eugen Gast bei Stern TV.

53 *Béguin*, Arch Gynecol Obstet 1993; 253 (Suppl): S1-3.

XVI. 20. Schwangerschaftswoche (USA, 1977)[54]

Ein (nur unzureichend beschriebener) Fall soll sich 1977 zugetragen haben, als eine 27-jährige Hirntote mit einem Fötus von 20 Wochen für zwei Wochen lang weiterbehandelt wurde. Dann aber hätten ihre Körperorgane aufgehört zu funktionieren, ohne dass ein lebendes Kind hätte geboren werden können. Nähere Einzelheiten sind nicht überliefert.

XVII. 20. Schwangerschaftswoche (San Luis Potosí, Mexiko, 2007)[55]

Eine 19-Jährige erlitt infolge eines suizidalen Kopfschusses den Hirntod zu einem Zeitpunkt, in dem das Stadium der Schwangerschaft 19,6[56] Wochen betrug. Die Familie der Patientin ersuchte die Ärzte, die kreislauferhaltenden Maßnahmen zu Gunsten des Fötus aufrechtzuerhalten, und wies ferner darauf hin, dass die Frau als mögliche Organspenderin in Betracht zu ziehen sei. Das Ethikkomitee der Klinik entschied sich, die Behandlung fortzusetzen. Erstrebt wurde, die Behandlung bis zu einem Schwangerschaftsalter von mindestens 24 bis 26 Wochen fortzuführen, um extrauterines Leben zu ermöglichen. Während der nächsten 22 Tage auf der Intensivstation konnten alle Werte auf einem normalen Niveau gehalten werden. Am 23. Behandlungstage aber (Stadium der Schwangerschaft: 22,4 Wochen) trat plötzlich eine hypertensive Krise (Fehlregulation des Blutdrucks) mit uteriner Aktivität und transvaginaler Blutung auf, wodurch es letztlich zum Tod des Feten kam. Nachdem die Behandlung fehlgeschlagen war, wurden zumindest noch die Organe zu Transplantationszwecken entnommen. Bei der Autopsie wurde ein 450 g schwerer Fötus festgestellt, der keine Fehlbildungen aufwies.

XVIII. 22. Schwangerschaftswoche (Oulu, Finnland, 1984)[57]

Ein Fall, bei dem der Hirntod nie festgestellt wurde, der jedoch gleichsam stets als Fall einer hirntoten Schwangeren benannt ist,[58] ereignete sich 1984 in Finnland. Die Patientin war eine 31-jährige mehrfache Mutter ohne neurologische Vorerkrankungen, deren drei bisherige Schwangerschaften allesamt ohne Komplikationen verliefen. Auch die in Rede stehende Schwangerschaft verlief unkompliziert,

---

54 *Kiesecker*, Die Schwangerschaft einer Toten, S. 76, nach einem Bericht von *Dillon/Lee/Tronolone/Buckwald/Foote*, JAMA 1982;248(9): 1089-1091, die aber lediglich auf Zeitungsberichte der Washington Post rekurrieren. Versuche des *Verf.*, dies heute zu recherchieren, waren nicht erfolgreich.

55 *Hurtado Torres/Zarazúa Juárez/Sandoval Munro/Mendoza Huerta*, Nutr Hosp. 2007;22(4):503-6.

56 Diese ungewöhnliche Darstellung wurde aus dem Originalartikel übernommen.

57 *Heikkinen/Rinne/Alahuhta/Lumme/Koivisto/Kirkinen/Sotaniemi/Nuuti-nen/Järvinen*, BMJ 1985;290:1237–1238.

58 Vgl. *Feldman/Borgida/Rodis/Campbell*, Obstet Gynecol Surv. 2000 Nov;55(11):708-14; *Kiesecker*, Die Schwangerschaft einer Toten, S. 77 f.

bis schwere Kopfschmerzen und Übelkeit zu Beginn der 21. Schwangerschaftswoche auftraten. Nach einigen Stunden verlor die Patientin das Bewusstsein, welches sie nie wieder erlangte. Im Rettungswagen musste sie, nachdem die Spontanatmung aussetzte, manuell beatmet werden, ehe sie nach 40 Minuten intubiert und an einen Respirator angeschlossen werden konnte. Während ihres Transports war ihr Puls zwar normal, ihr Blutdruck aber niedrig. Bei Aufnahme ins Krankenhaus war sie tief bewusstlos und reagierte nicht auf Schmerz; ferner hatte sie eine schlaffe Tetraplegie (Lähmung aller vier Gliedmaßen). Ihre Pupillen waren maximal geweitet, Pupillenreflexe nicht vorhanden. Eine Computertomographie des Gehirns zeigte bilaterale intraventrikuläre Blutungen, eine große intrazerebrale Blutung und auch bilaterale kleine Hämatome. Eine operative Behandlung war nicht mehr möglich. Die Körpertemperatur stabilisierte sich alsbald bei 35°C, und nachdem zunächst noch Lidreflexe bei starken Reizen auftraten, waren ab dem vierten Tage keine Hirnstammreflexe mehr feststellbar. Ein Apnoe-Test wurde des Fötus wegen nicht durchgeführt. Das EEG am vierten Tage war isoelektrisch, zeigte also keine messbaren Hirnströme mehr. Eine Woche später aber wurde eine geringfügige Aktivität in der rechten äußeren Gehirnregion aufgezeichnet, die bis zum Tage nach dem Kaiserschnitt erkennbar blieb. Obgleich die Situation der Patientin hoffnungslos war und sie keinerlei Spontanatmung aufwies, wurde sie weiterhin künstlich beatmet und intensivmedizinisch versorgt. Diese Entscheidung wurde zusammen mit dem Ehemann der Schwangeren getroffen, der sich dabei des Risikos bewusst war, dass auch der Fötus unter dem niedrigen Blutdruck und dem langen Ausfall der Atmung der Mutter gelitten haben könnte. Die Patientin wurde künstlich ernährt und ihre bald auftretende Lungenentzündung behandelt; außerdem erhielt sie wöchentlich Bluttransfusionen. Auch mussten diverse Komplikationen (z. B. Diabetes insipidus, zeitweilige Hypotonie) behandelt werden. Der Fötus zeigte in dieser Zeit eine normale Entwicklung und Bewegung im Mutterleib. Als die Schwangerschaft mittlerweile 31 Wochen und einen Tag andauerte, begann der Blutdruck der Mutter zu schwanken und teilweise für längere Zeit abzufallen, ohne dass er sich durch die üblichen Medikationen (Dopamin) wieder stabilisieren ließ. Es wurde sodann ein Kaiserschnitt durchgeführt, der zur Geburt eines Jungen von 1.600 Gramm führte. Das Baby schien normal entwickelt zu sein, krabbelte mit sieben Monaten und konnte mit acht Monaten sitzen. Bei einer im Alter von acht Monaten durchgeführten Untersuchung war das Kind lebhaft; Abnormitäten konnten nicht festgestellt werden. Auch waren Seh- und Hörvermögen normal. Das EEG zeigte eine normale Hirnfunktion. Die Mutter wurde indes nach der Geburt noch weiter beatmet, jedoch stoppte der Herzschlag zwei Tage nach Vornahme des Kaiserschnitts. Bei der Autopsie wurde festgestellt, dass das Hirn vollständig abgestorben war.

XIX. 22./23. Schwangerschaftswoche (Gijón, Spanien, 1999)[59]

Mitte November des Jahres 1999 begann ein Fall in Spanien, der am Silvestertag zu einem guten Ende kommen sollte. Am 13.11. wurde bei einer 34-jährigen[60] Spanierin – drogenabhängig, mit Hepatitis B und C infiziert – kurz nach ihrer Einlieferung der Hirntod diagnostiziert: Bakterien wucherten an ihren Herzklappen, Gerinnsel streuten von dort und verstopften Blutgefäße im Gehirn, was letztlich den Ausfall der Hirnfunktionen verursachte. Ihr letzter Wunsch, bevor sie das Bewusstsein endgültig verlor, war es gewesen, das Kind, da sie in der 22. bis 23. Woche schwanger war, zu retten. Ein Ethikkomitee gab diesem letzten Wunsch statt. Sieben Wochen später wurde ein 1.290 Gramm schwerer Junge per Kaiserschnitt auf die Welt gebracht. Zwar hatte er Probleme mit der Atmung, vermochte aber doch selbstständig Luft zu holen. In einem Brutkasten sollte er die nötigen Kräfte sammeln.

XX. 22./23. Schwangerschaftswoche (San Francisco, USA, 1983)[61]

Am 24. Januar 1983 traten bei einer 27-Jährigen neurologische Symptome gefolgt von Krämpfen und Atemstillstand auf. Zuvor schon hatte sie über einen fünf Tage währenden Kopfschmerz in Kombination mit Erbrechen und fortschreitender Orientierungslosigkeit geklagt. Sie wurde wiederbelebt und an eine Beatmungsmaschine angeschlossen. Gehirnaktivitäten aber wurden nicht mehr bei ihr festgestellt, sodass sie nach 48 Stunden für hirntot erklärt wurde. Da sie indes einen 22 Wochen alten Fötus in sich trug und die Ärzte nur eine sehr geringe Überlebenschance für ihn sahen, hätte man sofort einen Kaiserschnitt durchgeführt und den Fötus geholt, entschieden sich die Mediziner mit Unterstützung der Familie für die Aufrechterhaltung des Herz-Kreislauf-Systems der Mutter. Nach zwei Wochen auf der Intensivstation wurde sie auf die Perinatalstation eines anderen Krankenhauses verlegt. Dort wurde sie weiterhin künstlich beatmet und intravenös mit Vitaminen, Zucker etc. ernährt sowie mit Antibiotika behandelt. Auch musste die Körpertemperatur mit speziellen Decken manuell geregelt werden. Gleichsam bemühten sich die Krankenschwestern und -pfleger, durch Musik und Gespräche eine annähernd normale Umwelt zu simulieren. Als Untersuchungen ergaben, dass der Fötus nach 31 Schwangerschaftswochen nicht mehr wuchs, entschieden die Ärzte, einen Kaiserschnitt durchzuführen. Nachdem die hirntote Mutter fast neun Wochen (61 Tage

---

59 *Bosch*, The Lancet, Vol. 354, No. 9196 (December 18/25, 1999), S. 2145; Baby born to dead mother, BBC News, 01.01.2000, abrufbar im Internet: http://news.bbc.co.uk/2/hi/7824462.stm (Stand: 29.11.2010); *Wüsthof*, Viva España, Die Zeit, 3/2000, Ausgabe vom 12.01.2000.

60 Die zuvor angegebene Literatur ist hinsichtlich des Alters uneinheitlich: BBC News beziffert das Alter auf 30, *Bosch* auf 34.

61 *Shrader*, The Hasting Center Report, Vol. 16, No. 1 (Feb. 1986), S. 12-17; *Field/Gates/Creasy/Jonsen/Laros*, JAMA 1988;260(6): 816-822.

seit dem festgestellten Hirntod) lang an die Apparaturen angeschlossen war, erblickte am 29. März 1983 ein 1.440 Gramm schwerer Junge das Licht der Welt. Obzwar er noch Probleme mit der Atmung hatte und deshalb für ein paar Tage an eine Beatmungsmaschine angeschlossen werden musste, gab es keine größeren Komplikationen. Auch nach weiteren 18 Monaten wurden seine Entwicklung und sein Wachstum für normal befunden.

XXI. 25. Schwangerschaftswoche (Oxford, England, 2009)[62]

In der 25. Woche schwanger war die ehemalige Eiskunstläuferin Jayne Soliman (41), als sie nach starken Kopfschmerzen zusammenbrach. Sie litt unerkannt an einem aggressiven Tumor, der schließlich die todbringende Hirnblutung auslöste. 48 Stunden lang aber erhielten die Ärzte ihren Herzschlag noch aufrecht und brachten die kleine Aya Jayne per Kaiserschnitt zur Welt. Das Mädchen, das lediglich 950 Gramm wog und zunächst auf der Intensivstation betreut wurde, machte so gute Fortschritte, dass es alsbald nach der Geburt auf eine normale Station verlegt werden konnte.

XXII. 25. Schwangerschaftswoche (Buffalo, New York, USA, 1981)[63]

Einer der früheren dokumentierten Fälle stammt aus dem Jahre 1981 und hat eine 24-jährige unverheiratete Frau zum Mittelpunkt, die mit einem protrahierten epileptischen Anfall und einer Hirnschwellung ins Krankenhaus aufgenommen wurde. Nach Feststellung des Hirntodes wurde ihr Herz-Kreislauf-System noch fünf Tage aufrechterhalten, bis ein Kaiserschnitt den mittlerweile 26 Wochen alten Fötus auf die Welt brachte. Schon damals übrigens wurde die Mutter von den Medizinern mit einem Brutkasten verglichen. Als problematisch wurde zuvor angesehen, dass aus dreierlei Gründen Geburtsdefekte nicht ausgeschlossen werden konnten: Zum Ersten nahm die Mutter Medikamente (gegen ihre Epilepsie), zum Zweiten bestand die Möglichkeit, dass der Fötus während des lang anhaltenden Anfalls der Mutter nur unzureichend mit Sauerstoff versorgt wurde, und drittens war noch immer unklar, warum genau es zum Hirntod der Mutter überhaupt kam. Den Ärzten indes wurde für das Ob und Wie der Behandlung von der Mutter der Hirntoten freie Hand gelas-

62 Hirntote Mutter bringt gesundes Kind zur Welt, Südkurier, 13.01.2009; *Wardrop*, Husband of woman who gave birth after death tells of heartbreak, Telegraph.co.uk, 13.01.2009.

63 Pittsburgh Press, Brain-Dead Woman Gives Birth, 03.09.1982, abrufbar im Internet: http://news.google.com/newspapers?id=GY4cAAAAIBAJ&sjid=9V4EAAAAIBAJ&pg=7046%2C971339 (Stand: 29.11.2010); *Russel*, Doctors keep brain-dead pregnant woman alive to save baby, St. Petersburg Times, 03.09.1982; Baby delivered from brain-dead woman, Times Daily, 04.09.1982, abrufbar im Internet: http://news.google.com/newspapers?nid=1842&dat=19820904&id=BhUsAAAAIBAJ&sjid=q8gEAAAAIBAJ&pg=4015,820855 (Stand: 15.10.2012); alle nach einem Bericht von *Dillon/Lee/Tronolone/Buckwald/Foote*, JAMA 1982;248(9):1089-1091.

sen. Nach eigener Aussage handelten sie nach dem mutmaßlichen Willen der Mutter wie auch des Ungeborenen. Das Kind, ein Mädchen mit einem Körpergewicht von ca. 1.000 Gramm, kam schließlich selbstständig atmend (und schreiend) zur Welt. Es folgte eine zunächst heikle Zeit (intensiv-) medizinischer Behandlung, die jedoch nach drei Monaten mit der Entlassung des Kindes aus dem Krankenhaus endete. Das Mädchen, des Todes seiner Mutter wegen Waise, wurde adoptiert und entwickelte sich nach Angaben der Ärzte normal.

XXIII. 25. Schwangerschaftswoche (São Paulo, Brasilien, 2005)[64]

Ein Fall, der die Themen Organentnahme und Schwangerschaft verbindet – kumulativ, nicht alternativ – trug sich 2005 in Brasilien zu. Eine 40-jährige Sozialarbeiterin wurde auf der Geburtshilfeabteilung aufgenommen, um ihr Arzneiregime zur Blutgerinnungshemmung einzustellen. Sie war in der 25. Schwangerschaftswoche und hatte schon einmal eine Fehlgeburt; außerdem hatte sie eine metallische Mitralklappenprothese als Folge rheumatischen Fiebers während ihrer Kindheit. Mit Ausnahme ihrer Herzkrankheit, die indes unter Kontrolle war, führte sie ein normales Leben. Dass sie schwanger war, entdeckte sie im ersten Drittel der Schwangerschaft, und ohne ihren Arzt zu konsultieren, setzte sie daraufhin ihre Mittel zur Blutgerinnungshemmung ab. Überdies begann sie verspätet mit der vorgeburtlichen Fürsorge und wurde demzufolge auch zu spät an eine entsprechende Klinik überwiesen. In der Klinik wurden ihr 10.000 Einheiten Heparin, zwei Mal täglich zur Blutgerinnungshemmung einzunehmen, verschrieben, wobei die Dosis späterhin auf 12.000 Einheiten erhöht werden musste. In ihrer dritten Nacht im Krankenhaus entwickelten sich Kopfschmerzen, Übelkeit, Erbrechen und Geistesverwirrung. Zudem wurde eine Genickstarre festgestellt, jedoch keine neurologischen Defizite (die Pupillen reagierten auf Licht etc.). Auch Blutdruck und Puls blieben konstant. Ein CT-Scan ergab ein intraparenchymatöses Hämatom mit einem Verschluss der Hirnventrikel. Es wurde eine neurochirurgische Drainage der Läsion durchgeführt und die Patientin auf die geburtshilfliche Intensivstation verlegt, wo sie postoperativ versorgt und ihre Beatmung unterstützt wurde. Während der folgenden Stunden verschlechterte sich ihr neurologischer Zustand fortwährend, bis am nächsten Tage dann der Hirntod festgestellt wurde. Zu diesem Zeitpunkt hatte der Fötus ein geschätztes Gewicht von 660 Gramm. Die Situation wurde nunmehr mit den Familienangehörigen der Frau besprochen, die darauf hinwiesen, dass die Verstorbene ihren Wunsch zur Organspende zu Lebzeiten hat registrieren lassen. In Anbetracht dessen wie auch angesichts des Zustands des Feten entschieden sich die Ärzte zu dem Versuch, den Kreislauf der Frau aufrechtzuerhalten und dem Fötus eine Chance auf Wachstum im Mutterleib zu gewähren. Sie wurde weiterhin künstlich beatmet und ernährt, um den täglichen Kalorienbedarf zu decken; auch gegen eine drohende Unterkühlung wurden Maßnahmen (Lufterhit-

---

64 *Souza/Oliveira-Neto/Surita/Cecatti/Amaral/Pinto e Silva*, Reproductive Health 2006, 3:3.

zer, Decken) ergriffen, um die Körpertemperatur bei über 36°C zu halten. Nach zehn Tagen trat eine mit der Beatmung verbundene Lungenentzündung auf, die behandelt werden musste. Insgesamt für 25 Tage blieb der Organismus der Mutter seit Eintritt des Hirntodes stabil. In der letzten Woche jedoch wurden ein Oligohydramnion, ein Mangel an Fruchtwasser, sowie der „brain sparring effect" beim Fötus festgestellt, was den ärztlichen Entschluss bestärkte, umgehend einen Kaiserschnitt durchzuführen. Ein Junge von 815 Gramm wurde geboren, der sofort auf die Neugeborenenintensivstation verlegt wurde, allerdings selbstständig atmete und keine Komplikationen aufwies. Kurze Zeit später wurden im Übrigen auch die Organe der Frau zur Organtransplantation entnommen. 40 Tage nach der Geburt wurde das Baby mit einem Gewicht von 1.850 Gramm aus dem Krankenhaus entlassen. Bei einer Folgeuntersuchung weitere 50 Tage später konnten eine normale Entwicklung sowie keine Spätfolgen konstatiert werden.

XXIV. 25. Schwangerschaftswoche (Santa Clara, Kalifornien, USA, 1986)[65]

Zeitweilig vor Gericht landete ein Fall in Kalifornien. Am 4. Juni 1986 kollabierte die 34-jährige Marie Odette Henderson in Folge eines Hirntumors und wurde drei Tage später nach einem Hirninfarkt für tot erklärt. Zu diesem Zeitpunkt war sie sechs Monate schwanger, was ca. die 25. Schwangerschaftswoche bedeutete. Bei der Frage der Weiterbehandlung gab es einen Streit, der schließlich sogar ein Gericht beschäftigte, zwischen dem Vater des Ungeborenen und Verlobten der Hirntoten, Derrick Poole, sowie den Eltern der Toten auf der anderen Seite. Während die Eltern die Apparaturen nach Feststellung des Hirntodes abstellen lassen wollten, drängte der Verlobte darauf, die Behandlung zu Gunsten des Fötus fortzusetzen. Per Gerichtsbeschluss wurde zunächst festgelegt, dass der Kreislauf der Frau weiterhin aufrechterhalten werden sollte. Schließlich dann kam es zu einem Vergleich zwischen den Parteien, in dem zugestanden wurde, die Frau so lange weiter zu behandeln, bis der Fötus eine höhere Überlebenswahrscheinlichkeit außerhalb des mütterlichen Körpers hatte. Nach insgesamt siebeneinhalb Wochen wurde ein Kaiserschnitt durchgeführt, der die 2.140 Gramm schwere Michelle Odette Poole schließlich das Licht der Welt erblicken ließ. Die Schnittgeburt, die ca. in der 32./33. Schwangerschaftswoche durchgeführt wurde, verlief ohne Komplikationen und das Baby war in einem guten Zustand. Selbstständig atmend, wurde es auf eine Intensivstation verlegt.

65 Brain-Dead Woman Gives Birth to Healthy Daughter, Los Angeles Times, 30.07.1986, abrufbar im Internet: http://articles.latimes.com/1986-07-30/news/mn-18847_1_brain-dead-woman (Stand: 29.11.2010).

XXV. 25./26. Schwangerschaftswoche (San Diego, Kalifornien, USA, 1995)[66]

Eine 25-jährige Schwangere wurde im Mai 1995 – das Stadium der Schwangerschaft betrug zu diesem Zeitpunkt 25 Wochen – in ein örtliches Krankenhaus transportiert. Sie wies massive intrakraniale Blutungen, mütterliche hämodynamische Instabilität sowie Hypoxämie (Sauerstoffmangel im Blut) auf. Zu Hause hatten sich heftige Kopfschmerzen entwickelt, die nunmehr zu einem komatösen Zustand bei ihr führten. Im OP dann wurde sie intubiert und beatmet. Ein CT-Scan sowie eine Untersuchung durch einen Neurochirurgen ergaben die Diagnose, dass die Hirnblutung inoperabel war. Die Familie bat darum, alles zu unternehmen, was der Überlebensfähigkeit des Fötus nützen würde. Sodann wurde die hirntote Schwangere in das Sharp Memorial Hospital von San Diego zur perinatalen Behandlung geflogen. Dort wurde schließlich der Hirntod der Frau festgestellt. Die Ultraschalluntersuchung ergab eine normale Entwicklung des Fötus, dessen Gewicht zu diesem Zeitpunkt rund 850 Gramm betragen haben muss. Zusammen mit den Familienangehörigen, die ihrem Wunsch, das Baby zu retten, Ausdruck verliehen, wurden Alternativen der Weiterbehandlung eruiert: sofortige Einleitung der Geburt oder Aufrechterhaltung des Kreislaufs der Mutter, um Zeit für eine Entwicklung in utero zu gewinnen. Die zweite Lösung wurde nach reichlicher Abwägung schließlich realisiert. Hierbei kamen auch Tokolytika, also die Wehentätigkeit hemmende Wirkstoffe zur Anwendung. Ferner wurde die hirntote Frau beatmet und ernährt, ihre Temperaturschwankungen wurden reguliert sowie Antibiotika gegeben. Ihr Gewicht blieb während des gesamten Krankenhausaufenthaltes stabil. Am 25. Tage der Behandlung dann musste das Baby nach einer Veränderung des Gesundheitszustandes seiner hirntoten Mutter per Kaiserschnitt geholt werden. Der Junge wog 1.315 Gramm und war zunächst auf eine Beatmungsmaschine sowie hämodynamische Unterstützung angewiesen. Am achten Tage konnte er endlich extubiert werden; sämtliche neurologischen Untersuchungen verliefen normal. Nach 34 Tagen wurde er in gutem Gesundheitszustand nach Hause entlassen.

XXVI. 25./26. Schwangerschaftswoche (USA, ca. 1997)[67]

Bei einer 20-Jährigen, die in der 25./26. Schwangerschaftswoche war, kam es infolge einer Subarachnoidalblutung zum Hirntod. Sie wurde alsdann 54 Tage künstlich weiterversorgt; währenddessen kam es bei ihr zu niedrigem Blutdruck, einer Bakteriämie, also einem zeitweiligen Vorhandensein von Bakterien im Blut, und sie entwickelte einen Diabetes insipidus. Als die Ärzte eine ausreichende Lungen-

---

66 *Catanzarite/Willms/Holdy/Gardner/Ludwig/Cousins*, Am J Perinatol 1997;7:431–434.

67 Da die Primärquelle *Lewis/Vidovich*, J Transpl Coord 1997, 7:103-105, nicht verfügbar war, entstammen die folgenden Angaben der Review von *Esmaeilzadeh et al.*, BMC Medicine 2010, 8:74.

reife bei dem Fötus feststellten, wurde nach einer Schwangerschaftsdauer von 32 Wochen ein Kaiserschnitt durchgeführt. Das Kind lebte und auch nach einem Jahr gab es keine Komplikationen. Überdies wurde nach der Geburt eine Organentnahme durchgeführt.

XXVII. 26./27. Schwangerschaftswoche (Barrow-in-Furness, England, ca. 2003)[68]

Eine 33-Jährige wurde auf die Intensivstation aufgenommen mit Verdacht auf massive intrakraniale Blutungen. Das Stadium ihrer Schwangerschaft betrug zu diesem Zeitpunkt 26 Wochen. Sie wurde intubiert, sediert und paralysiert sowie medikamentös behandelt (mit Dexamethasone und Mannitol). Nach 48 Stunden wurde die Sedierung gestoppt, da mittlerweile der Hirntod eingetreten war. Von diesem Zeitpunkt an änderte sich der Fokus der Ärzte von der Frau hin zu dem noch lebenden Fötus. Die alternativen Methoden der Weiterbehandlung, sofortige Einleitung der Geburt oder Aufrechterhaltung des Herz-Kreislauf-Systems der Mutter, um dem Fötus die Chance zur Fortentwicklung im Mutterleib zu geben, wurden mit der Familie der Toten diskutiert; einvernehmlich entschied man sich für die zweite Alternative. Das Blutvolumen der Mutter wurde aufrechterhalten und die Anämie mit Bluttransfusionen behandelt. Ferner erhielt sie Heparin. Ihr kardiovaskuläres System indes war instabil, mit zeitweiligem Bluthochdruck und Bradykardie; auch ein plötzlicher Abfall ihres systolischen Blutdrucks auf der rechten Seite trat auf. Am fünften Tage nach ihrer Einlieferung stellten sich Fieber und ein eitriger Auswurf ein. Jedoch konnten all diese Erscheinungen kuriert oder jedenfalls behandelt werden. Ernährt werden musste sie parenteral, wodurch ihr Albumin- und Proteinspiegel aufrechterhalten werden konnten. Einzig eine Überzuckerung (Hyperglykämie) musste mit Insulin bekämpft werden. Eine spezielle Decke verhinderte Veränderungen ihrer Körpertemperatur. Drei Tage nach ihrer Einlieferung kam es zu Geburtswehen, die medikamentös gestoppt wurden. Ab dem zehnten Tage wurde zudem ein fortschreitender Mangel an Fruchtwasser (Oligohydramnion) festgestellt, der schließlich am 14. Behandlungstag (zu einem Zeitpunkt, als sie 28 Wochen schwanger war) zur Geburt per Kaiserschnitt führen musste. Der Junge wog 1.285 Gramm und musste auf Grund von Atembeschwerden für drei Tage beatmet werden. Gleichwohl kam es sukzessive zu einer Verbesserung und Gesundung seines Zustandes, sodass er schließlich extubiert werden konnte. Eine Folgeuntersuchung, die er im Alter von zwei Jahren durchlief, zeigte keine Entwicklungsstörungen, weder physisch noch in Bezug auf seine Sprachentwicklung.

---

68 *Hussein/Govenden/Grant/Said*, BJOG 2006; 113:120-122.

XXVIII. 27./28. Schwangerschaftswoche (Barcelona, Spanien, ca. 1993)[69]

Eine ehedem gesunde Frau im Alter von 36 Jahren kam mit einem Krankheitsbild von 24-stündigem Kopfschmerz zuzüglich Erbrechen und Fieber in ein lokales Krankenhaus. Sie war in der 27./28. Woche schwanger. Bereits eine Woche zuvor war eine Infektion der oberen Atemwege mit einer akuten Sinusitis (Nasennebenhöhlenentzündung) diagnostiziert worden. Als die Frau nunmehr in das Krankenhaus eingeliefert wurde, wies sie einen Blutdruck von 159/90 mmHG sowie eine Temperatur von 39°C auf; ferner hatte sie eine Genickstarre. Neurologische Defizite konnten indes nicht festgestellt werden, auch die Pupillen reagierten auf Licht. Vermutet wurde eine akute Meningitis (Hirnhautentzündung), weshalb eine Lumbalpunktion durchgeführt wurde. Diese erhärtete den Verdacht auf Pneumokokken. Infolgedessen begannen die Ärzte eine Behandlung mit Antibiotika. Während der nächsten Stunden wurde eine neurologische Verschlechterung offenbar, die eine Atemhilfe erforderlich machte. Sechs Stunden nach Aufnahme im Krankenhaus kam es zu Herzrhythmusstörungen (einer sog. supraventrikularen Tachykardie) in Verbindung mit Bluthochdruck. Eine neuerliche neurologische Untersuchung ergab, dass die Pupillen nicht mehr auf Licht reagierten und auch Schmerzreaktionen nicht mehr vorhanden waren. Ein CT-Scan zeigte einen massiven Verschluss der Hirnventrikel und eine Herniation des Gehirns, ein 30-minütiges EEG wies keine Hirnströme mehr auf. Die Patientin wurde daraufhin in ein anderes Krankenhaus verlegt, wo ihr Herz-Kreislauf-System so lange aufrechterhalten werden sollte, bis die Lungenreifung des Fötus abgeschlossen war. Sein Gewicht wurde zu diesem Zeitpunkt auf 1.100 Gramm geschätzt; fötale Fehlbildungen konnten nicht erkannt werden. 24 Stunden nach Einlieferung zeigten Laboruntersuchungen einen anhaltenden septischen Status sowie eine sich verschlechternde Hämodynamik und niedrigen Blutdruck (75-80/40-45 mmHg). Es wurde sodann ein Kaiserschnitt durchgeführt, der einen 1.150 Gramm schweren Jungen zutage brachte. Das Neugeborene wurde auf die neonatale Intensivstation gebracht und künstlich beatmet. Zwei Monate später wurde das Baby aus dem Krankenhaus entlassen, und bei einer Folgeuntersuchung wurden dem mittlerweile 14 Monate alten Jungen ein normales Wachstum sowie eine normale Entwicklung bescheinigt.

---

69 *Vives/Carmona/Zabala/Fernández/Caracach/Iglesias*, Int J Gynaecol Obstet. 1996 Jan;52(1):67-69.

XXIX. 27./28. Schwangerschaftswoche (USA, ca. 1993)[70]

Nettina et al. berichten von einer 31-jährigen Schwangeren, die nach einer intrakraniellen Blutung starb zu einer Zeit, da sie 27 Wochen schwanger war. Insgesamt 44 Tage lang wurde sie weiterversorgt, wobei diverse Komplikationen, namentlich Hypothermie, Hypotonie, ein Dekubitus und eine Lungenentzündung auftraten. Die Hypotonie war denn auch der Grund dafür, dass in der 33./34. Schwangerschaftswoche ein Kaiserschnitt durchgeführt wurde. Das Kind, ein Junge von 2.083 Gramm, lebte; bei der Mutter wurde sodann eine Organentnahme durchgeführt.

XXX. 30./31. Schwangerschaftswoche (Long Beach/Irvine, Kalifornien, USA, 1994)[71]

Eine 35-jährige Schwangere kam, an einer plötzlichen Lethargie leidend, ins Krankenhaus, nachdem in den Stunden zuvor starke Kopfschmerzen und Anfälle von Übelkeit aufgetreten waren. Das Stadium ihrer Schwangerschaft wurde mit 30 Wochen angegeben. In den 24 Stunden vor ihrer Einlieferung hatte die Schwangere eine unbekannte Menge an Crack geraucht und ferner exzessiv Alkohol konsumiert, überhaupt wies sie eine schon lange währende Drogen- und Alkoholabhängigkeit auf (zwölf bis 18 Bier ein oder zwei Mal pro Woche). Vor dieser Schwangerschaft hatte sie bereits zwei Kaiserschnittgeburten (nach normaler Schwangerschaftsdauer) und fünf Schwangerschaftsabbrüche. Bei ihrer Untersuchung zeigte sie abwechselnd Anfälle von Lethargie und Aggression. Schließlich wurde sie komatös; die Pupillen erstarrten und erweiterten sich. Ferner musste sie künstlich beatmet werden. Ein CT-Scan des Gehirns offenbarte eine massive intraventrikuläre Blutung. Das EEG ließ den Eintritt des Hirntodes vermuten, der späterhin auch festgestellt wurde. Nach Verlegung der Schwangeren wurde ihr Blutdruck instabil; die medikamentöse Behandlung musste intensiviert werden. Zwei Tage nach der Verlegung wurde ein 1.610 g schwerer Junge per Kaiserschnitt zur Welt gebracht.

---

70 Da die Primärquelle *Nettina/Santos/Ascioti/Barber*, Nursing 1993, 23:44-48, nicht verfügbar war, entstammen die folgenden Angaben der Review von *Esmaeilzadeh et al.*, BMC Medicine 2010, 8:74.

71 *Iriye/Asrat/Adashek/Carr*, Br J Obstet Gynaecol. 1995 Jan;102(1):68-9.

C. Zusammenfassung

Tabelle 1: aufsteigend geordnet nach dem Schwangerschaftsstadium bei Eintritt des Hirntodes

Fall	Land	Jahr	SSW (Hirntod)	Behandlungsdauer	SSW (Geburt)	Organ-Tx	Kindesentwicklung
I	Irland	2004	14.	8 Tage	Fetaltod	ja	-
II	Deutschland	1992	14./15.	ca. 6 Wochen	Fetaltod	nein	-
III	Irland	2001	15.	2 Wochen	Fetaltod	k. A.	-
IV	Italien	1992	15.	49 Tage	Fetaltod	k. A.	-
V	USA	1976	16.	48 Stunden	Abbruch	k. A.	-
VI	USA	2005	16./17.	88 Tage	28.	k. A.	Tod nach 5 Wochen
VII	USA	ca. 1999	16./17.	100 Tage	31./32.	nein	k. A.
VIII	USA	1988	16./17.	107 Tage	32.	k. A.	normal nach 11 Wochen
XI	USA	1993	17.	104 Tage	32.	k. A.	k. A.
X	Argentinien	2008	17./18.	56 Tage	25.	k. A.	Tod nach 30 Tagen
XI	Italien	2006	17./18.	12 Wochen	29.	k. A.	normal nach 1 Jahr
XII	USA	1980	18.	keine Behandlung	Abbruch	k. A.	-
XIII	Chile	ca. 1998	18.	5 Tage	Abbruch (?)	nein	-
XIV	Deutschland	1991	18.	11 Wochen	29.	k. A.	normal nach 18 Jahren
XV	Schweiz	1993	20.	3 Tage	Fetaltod	ja	-

XVI	USA	1977	20.	2 Wochen	Fetaltod	k. A.	-
XVII	Mexiko	2007	20.	23 Tage	Fetaltod	ja	-
XVIII	Finnland	1984	22.	71 Tage	32.	k. A.	normal nach 8 Monaten
XIX	Spanien	1999	22./23.	7 Wochen	29./30.	k. A.	k. A.
XX	USA	1983	22./23.	61 Tage	31./32.	k. A.	normal nach 18 Monaten
XXI	England	2009	25.	48 Stunden	25.	k. A.	k. A.
XXII	USA	1981	25.	5 Tage	26.	k. A.	normal nach 3 Monaten
XXIII	Brasilien	2005	25.	25 Tage	28./29.	ja	normal nach 90 Tagen
XXIV	USA	1986	25.	7,5 Wochen	32./33.	k. A.	k. A.
XXV	USA	1995	25./26.	25 Tage	29.	k. A.	normal nach 34 Tagen
XXVI	USA	ca. 1997	25./26.	54 Tage	32./33.	ja	normal nach 1 Jahr
XXVII	England	ca. 2003	26./27.	14 Tage	28./29.	k. A.	normal nach 2 Jahren
XXVIII	Spanien	ca. 1993	27./28.	36 Stunden	27./28.	k. A.	normal nach 14 Monaten
XXIX	USA	ca. 1993	27./28.	44 Tage	33./34.	ja	k. A.
XXX	USA	1994	30./31.	2 Tage	30./31.	k. A.	k. A.

30 dokumentierte Fälle konnten ausfindig gemacht werden, zum größten Teil in medizinischen Fachzeitschriften, teilweise auch nur in elektronischen (Tages-) Zeitungsarchiven. Der zeitliche Rahmen umfasst 33 Jahre (1976 bis 2009); geografisch lassen sich 14 Fälle in den USA, vier auf dem restlichen amerikanischen Kontinent (Argentinien, Brasilien, Chile, Mexiko) und zwölf Fälle in Europa (Deutsch-

land [2], England [2], Finnland, Irland [2], Italien [2], Schweiz, Spanien [2]) lokalisieren.

Bei einem Fall entschied man sich gleich zu Beginn gegen eine Behandlung; bei einem zweiten wurde die Behandlung nach 48 Stunden abgebrochen; ein dritter Abbruch (vgl. Fall XIII) konnte nicht mit Sicherheit verifiziert werden. Mithin gibt es 27 beendete Versuche, von denen 18 (wahrscheinlich) erfolgreich waren. Elf der Kinder jedenfalls konnten gesund aus dem Krankenhaus entlassen werden, wobei ihnen im Rahmen von Folgeuntersuchungen normale physische und psychische Entwicklungen bescheinigt wurden; in den restlichen sieben Fällen ist keine mittel- und/oder langfristige Entwicklung beschrieben.

Von den neun erfolglosen Versuchen (ungeachtet der drei Behandlungsabbrüche) kam es sieben Mal zum Fetaltod; zwei Kinder starben 30 Tage bzw. fünf Wochen nach der (Früh-) Geburt. Alle vier dokumentierten Versuche, eine Frau, die noch vor Abschluss der 15. Schwangerschaftswoche den Hirntod erlitt, nach mehrwöchiger Behandlung von einem lebenden Fötus zu entbinden, scheiterten. Insgesamt fallen alle erfolglosen Versuche auf den Zeitraum vor der vollendeten 20. Schwangerschaftswoche. Nimmt man Fall XII aus, in dem eine Behandlung erst gar nicht aufgenommen wurde, stehen den elf erfolglosen nur fünf erfolgreiche Versuche vor der 20. Schwangerschaftswoche gegenüber (Erfolgsquote: 31,25 %).

Der frühestmögliche Zeitpunkt, zu dem ein Kaiserschnitt erfolgreich durchgeführt wurde, ist die 25. Schwangerschaftswoche; bis über die 34. konnte keine Schwangerschaft aufrechterhalten werden. Im Mittel wurde die Geburt in der 30. Schwangerschaftswoche eingeleitet. Die durchschnittliche Behandlungsdauer aller erfolgreichen Fälle lässt sich auf 48 Tage (7 Wochen) beziffern.

Zur Organentnahme kam es in drei erfolglosen Fällen (nach drei, acht bzw. 23 Behandlungstagen seit Eintritt des Hirntodes) sowie drei Mal nach erfolgreicher Geburt (nach 25, 44 und 54 Behandlungstagen).

3. Kapitel: Die Strafbarkeit der Organentnahme nach § 218 Abs. 1 S. 1 StGB – *Der Tatbestand*

1. Abschnitt: Der objektive Tatbestand

A. Eröffnung des Anwendungsbereichs der §§ 218 ff. StGB: Vorliegen einer Schwangerschaft

Obgleich der Titel dieser Arbeit sowie die einschlägige Literatur die Begriffe Schwangerschaft und Hirntod scheinbar bedenkenlos in der Wendung „hirntote Schwangere" zusammenführen, lässt sich die Frage des Anwendungsbereichs, also ob in diesem Fall tatsächlich noch von einer Schwangerschaft gesprochen werden kann, doch nicht schlicht mit einem Satz bejahen. Die Beteiligten und Diskutanten in Deutschland nämlich nahmen 1992 für sich in Anspruch, sich in einem rechtsfreien Raum zu befinden, und gründeten dies auf die vermeintliche Nichtanwendbarkeit des § 218 StGB.[72] Genügsam bejahten sie die Frage, ob eine Schwangerschaft eine lebende Frau voraussetzt, und meinten, der Hirntod der (zu Lebzeiten) Schwangeren schließe einen Schwangerschaftsabbruch durch die Ärzte aus, weil schon überhaupt keine Schwangerschaft mehr im Sinne der §§ 218 ff. StGB bestehe.

Recht zweifelnd noch bejahten diese Frage die damaligen Entscheidungsträger[73], gleichsam vorsichtig bestreitet *Geilen* in neuerer Zeit, dass § 218 StGB in einem solchen Falle anwendbar ist.[74] Allein Argumente vermögen die 1992 Handelnden nicht aufzuzeigen, und auch *Geilen* anno 2007 zweifelt mehr, als dass er antwortet. Nach bewährter Manier soll nunmehr der Gesetzestext nach seinem Sinn befragt und dieser mitteilbar gemacht werden, schlichtweg durch die Kriterien der Auslegung. Ganz nach *Larenz*: „Er [der Text] antwortet nur dem, der ihn richtig befragt."[75]

---

72 Vgl. Fn. 11. Wie *Hilgendorf*, NJW 1996, 758, 762, zu Recht ausführt, kann es einen rechtsfreien Raum indes nicht geben, da menschliches Verhalten im Geltungsbereich des Grundgesetzes entweder verboten oder erlaubt, aber nicht rechtsfrei ist. Die Beteiligten wähnten sich wohl eher in einem vom Strafrecht nicht sanktionierten Raum.

73 So der Erlanger Rechtsmediziner *Würmeling*, in: *Bockenheimer-Lucius/Seidler*, Hirntod und Schwangerschaft, S. 23: „erhebliche Zweifel".

74 Wenzel – FA Medizinrecht/*Geilen*, Kapitel 4, Rn. 618.

75 *Larenz*, Methodenlehre, S. 201.

I. Grammatische Auslegung

1. Allgemeiner Sprachgebrauch und Wortbedeutung

Nur allzu schnell wird bei der Frage des Schwangerschaftsbegriffes der allgemeine Sprachgebrauch herangezogen und ihm zuweilen erhebliches Gewicht beigemessen. Als eines von nur zwei Argumenten zieht *Koch* den natürlichen Wortsinn heran und beschreibt Schwangerschaft als einen „bestimmten Zustand einer lebenden Frau".[76] Auch andernorts wird die grammatische Auslegung mit der Heranziehung des allgemeinen Sprachgebrauchs gleichgesetzt.[77] Hierin aber erschöpft sich die Wortlautauslegung nicht.

Zwar ist die „Berufung auf einen von der eigenen Sprachkompetenz her vermuteten allgemeinen Sprachgebrauch" ein zulässiges Mittel. Sie rangiert jedoch methodologisch nicht stets an erster Position.[78] Da das Recht nicht selten seine eigene Sprache spricht, kann es vielmehr auf einen „technisch-juristischen Sinn" ankommen, der gegenüber der Umgangssprache schärfer umgrenzt ist.[79] Fehlt eine fachsprachliche Konvention, vermögen Wörterbücher der deutschen Sprache eine sinnvolle Möglichkeit der Annäherung darzustellen. Erst wenn auch dieses Hilfsmittel nicht genügt, ist ein Rückgriff auf den natürlichen Wortsinn angezeigt.[80]

Gleichwohl kann sich die Sprache zumal im Strafrecht aus Gründen von Rechtssicherheit und Rechtsklarheit nicht so weit vom allgemeinen Sprachgebrauch entfernen,[81] sodass hier diese Erwägungen freilich angestellt werden müssen. Nur alleinig darauf abzustellen griffe zu kurz. Da jedoch vielerorts der oft zitierte allgemeine Sprachgebrauch an erster Position steht, soll hier auf dieses Argument an gleicher Stelle eingegangen werden, zumal sich die Erwägungen zum allgemeinen Sprachgebrauch ohnehin in wenigen Ausführungen erschöpfen.

Es scheint im ersten Moment einleuchtend, Schwangerschaft als einen Zustand nur lebender Frauen zu verstehen.[82] Dann wiederum, im zweiten Hinsehen, verwirren aber die Schlagzeilen und Artikel zum Erlanger Babyfall, in denen regelmäßig von der hirntoten Schwangeren oder der schwangeren Toten berichtet wurde.[83] Bis heute wird in Nachrichtenmeldungen auch nach Eintritt des Hirntodes vom x. „*Schwangerschafts*monat" und der „Fortsetzung der *Schwangerschaft*" berich-

---

76 *Koch*, in: *Bockenheimer-Lucius/Seidler*, Hirntod und Schwangerschaft, S. 77; *ders.*, Štěpán-FS, S. 187, 193.

77 *Hilgendorf*, JuS 1993, 97, 98; *ders.*, NJW 1996, 758, 760.

78 *Koch/Rüßmann*, Juristische Begründungslehre, S. 190 f.

79 *Binding*, Handbuch des Strafrechts, S. 464.

80 *Koch/Rüßmann*, Juristische Begründungslehre, S. 190 f.

81 *Larenz*, Methodenlehre, S. 208.

82 *Gruber*, Medizinstrafrecht, S. 175, 189; *Kiesecker*, Die Schwangerschaft einer Toten, S. 225; *Hilgendorf*, JuS 1993, 97, 98; *Koch*, in: *Bockenheimer-Lucius/Seidler*, Hirntod und Schwangerschaft, S. 77.

83 *Beckmann*, MedR 1993, 121, 123.

tet,[84] was dafür spricht, dass im allgemeinen Sprachgebrauch eine Schwangerschaft nicht zwangsläufig dann endet, wenn bei der Mutter der Hirntod eintritt. Nimmt man also die Aussage, das Wesen der Schwangerschaft bestehe darin, dass Mutter und Kind lebten, so ist darin nicht mehr zu sehen als eine empirische Behauptung über den Gebrauch dieses Begriffes,[85] die aber durch die Zeitungs- und Medienlandschaft jedenfalls nicht eindeutig bestätigt werden kann. Dieses Argument vom allgemeinen Sprachgebrauch ist dann ein Scheinargument, wenn es schlicht vom Normalfall der Schwangerschaft ausgeht, ohne zu ergründen, ob nicht der Sprachgebrauch im Ausnahmefall der gleiche ist. So aber liegt es hier. Der allgemeine Sprachgebrauch lässt sich also schwerlich dafür anführen, dass § 218 StGB hier unanwendbar ist.[86]

Eine etymologische Untersuchung, wie *Kiesecker* sie anstellt,[87] bringt gleichsam kein eindeutiges Ergebnis. Eine Suche in Lexika und Wörterbüchern früherer Zeit fördert zutage, was ohnehin jeder weiß, nämlich dass zum Zeitpunkt der Wortentwicklung der Zustand des Schwangerseins nur Lebende beschrieb. So rührt das Wort schwanger aus dem 8. Jahrhundert her und bedeutet in seinem althochdeutschen (swangar), mittelhoch- und mittelnorddeutschen (swanger) sowie altenglischen (swangor) Ursprung so viel wie schwer, schwer(fällig) oder träge.[88] Als träge kann man freilich nur jemanden beschreiben, der noch lebt. Hieraus aber Schlussfolgerungen für einen Straftatbestand zu ziehen, verbietet sich. Neue Wörterbücher auf der anderen Seite zwingen zum Mutmaßen: Wenn darin eine Schwangerschaft als der „Zustand einer Frau von der Empfängnis bis zur Geburt des Kindes“[89] umschrieben ist, kann man zwar mit *Kiesecker* „einen vorübergehenden Zeitabschnitt im Leben der Frau“ vermuten und damit etwas, „was diese von Anfang bis Ende erlebt.“[90] Zwingend ist aber auch das nicht. Der hirntoten Frau wird das Frausein nicht abgesprochen werden können und dürfen und eine Zustandsbeschreibung ist eben rein deskriptiv, ohne dass es auf die Erlebbarkeit ankommt. Die oben genannte Definition passt somit auch auf eine Schwangerschaft im Körper einer Hirntoten.

Mithin sind also weder der allgemeine Sprachgebrauch noch der Blick ins Wörterbuch geeignet, den Begriff der Schwangerschaft, wie er in § 218 StGB zu verstehen ist, rechtsklar auszulegen. Einzig deutlich geworden ist, dass bisher

---

84 Bspw. *Eder*, Als das Baby geboren war, ließen die Ärzte die Mutter sterben, Welt Online, 18.06.2006; *Wüsthof*, Viva España, Die Zeit, 3/2000, 12.01.2000; Hervorhebungen nachträglich durch *Verf.*

85 *Hilgendorf*, NJW 1996, 758, 760.

86 So auch SK-*Rudolphi/Rogall*, StGB, § 218, Rn. 11, demzufolge es „noch dem natürlichen Wortsinn [entspricht], auch in diesen Fällen noch von einer Schwangerschaft zu sprechen“.

87 *Kiesecker*, Die Schwangerschaft einer Toten, S. 225 f.

88 *Pfeifer*, Etymologisches Wörterbuch des Deutschen, S. 1255.

89 Vgl. nur *Wermke/Kunkel-Razum/Scholze-Stubenrecht*, Duden, Bd. 10, Das Bedeutungswörterbuch, S. 835.

90 *Kiesecker*, Die Schwangerschaft einer Toten, S. 225.

nichts deutlich geworden ist, sich also alle Auslegungsvarianten noch innerhalb der vom allgemeinen Sprachgebrauch gezogenen Grenzen bewegen.

2. Technisch-juristischer Sinn

a) Legaldefinition

Die Frage nach dem technisch-juristischen Sinn der Tatbestandsvoraussetzung Schwangerschaft ließe sich prompt beantworten, hielte der Gesetzgeber eine Legaldefinition bereit. Eine solche aber gibt es nicht im StGB und ebenso wenig in all den anderen Gesetzen, die Regelungen zur Schwangerschaft enthalten.[91]

b) Medizinische Definition

Gedanklich nahe liegt es, den Begriff der Schwangerschaft mit Hilfe seines medizinischen Ursprungs zu definieren. So wird Schwangerschaft oder Gravidität in der biologisch-medizinischen Literatur prägnant als „physiologischer Zustand der Frau nach Befruchtung einer Eizelle (Empfängnis) bis zur Geburt" beschrieben.[92] Vorausgesetzt ist also eine Symbiose zwischen Mutter und Kind dergestalt, dass eine intrauterine Entwicklung des Embryos oder Feten vonstattengeht, die in der Geburt ihr Ende findet. Werden die entwicklungsbiologischen Vorgänge der Mutter-Kind-Symbiose nicht unterbrochen, ist also eine Geburt weiterhin möglich, so ist im medizinischen Sinne eine Schwangerschaft auch dann gegeben, wenn die Mutter in der Zwischenzeit den Hirntod erleidet. Vom medizinischen Standpunkt aus ist für eine Schwangerschaft somit nicht von Bedeutung, ob die Mutter noch lebt oder nicht. An den physiologischen Gegebenheiten nämlich ändert sich mit Blick auf das Ungeborene dann nichts.

c) Anwendbarkeit der medizinischen Definition

Gewonnen aber ist für die grammatische Auslegung nur etwas, wenn die medizinische Herleitung auch mit dem technisch-juristischen Sinn des Schwangerschaftsbegriffs, wie er in § 218 Abs. 1 S. 1 StGB zu verstehen und vom Gesetzgeber gewollt ist, tatsächlich übereinstimmt. Zweifel sind zumindest deshalb angezeigt, weil in § 218 Abs. 1 S. 2 StGB alle im Zeitraum vor der Nidation wirkenden Handlungen aus dem Tatbestand des Schwangerschaftsabbruchs herausgenommen wurden. Abstrahiert bedeutet dies, dass der vom Strafrecht sanktionierte Abbruch der Schwangerschaft (im juristischen Sinne) nicht deckungsgleich ist mit jedwedem Abbruch einer Schwangerschaft im medizinischen Sinne. Dem ersten Anschein nach also ist der strafrechtliche Schwangerschaftsbegriff eine Modifikation des biologischen, lassen sich mithin medizinische Kategorien nicht vollumfänglich auf das Strafrecht übertragen.

Der Wortlaut der Norm – „gelten" – aber verdeutlicht die Gesetzestechnik der Fiktion, mit der die Legislativgewalt „abweichende medizinische oder reprodukti-

---

91 So auch *Kiesecker*, Die Schwangerschaft einer Toten, S. 224 (Fn. 673).

92 *Sauermost/Freudig*, Lexikon der Biologie, Bd. 12, S. 353.

onsbiologische Sprachregelungen bewusst unberührt" lassen wollte.[93] Die Einschränkung des Strafschutzes ist einzig typischen Beweisproblemen geschuldet;[94] sie soll indes keinen eigenständigen Begriff der Schwangerschaft kreieren. Es gehe, so *Lüttger* schon 1969, darum, „‚Stationen' aufzuzeigen, an die das Recht anknüpfen" könne, ohne die kontinuierliche Entwicklung menschlichen Lebens zu leugnen.[95] Der Anwendungsbereich des § 218 StGB ist vom medizinischen Schwangerschaftsbegriff nur insofern zu trennen, als es sich um den (normativen) Beginn der Schwangerschaft handelt.[96] Ansonsten knüpft der Tatbestand des § 218 StGB an die medizinisch-biologischen Tatsachen an.

3. Zwischenergebnis

Oben genannte medizinische Erwägungen, wonach auch bei Hirntoten, die einen lebenden Embryo oder Fötus in sich tragen, noch von Schwangerschaft gesprochen werden kann, lassen sich gleichfalls für die juristisch-grammatische Auslegung von § 218 Abs. 1 StGB heranziehen. Sonach spricht der Wortlaut dafür, dass § 218 Abs. 1 StGB auf den Fall der hirntoten Schwangeren anwendbar ist. Gleichwohl: Der Begriff der Schwangerschaft bleibt ein deskriptives Tatbestandsmerkmal mit stark normativen Bezügen, der trotz seines medizinischen Gehalts juristisch interpretiert und fernerhin ausgelegt werden muss.[97]

II. Logisch-systematische Auslegung

Wandert der Blick des Auslegenden vom Wortlaut der Norm auf deren Kontext und damit den logisch-systematischen Zusammenhang, sind der jeweilige konkrete Gedankenzusammenhang (1.) sowie die äußere Stellung des Rechtssatzes im Gesetz und die Verbindung des Rechtsgedankens der Norm mit dem gesamten Rechtssystem zu ergründen (2.).[98] Hieran sei nun *Geilens* Aussage gemessen, der behauptet, § 218 StGB beruhe auf dem Konzept der „Symbiose zwischen ‚Schwangerer' und ‚Nasciturus' zur Tatzeit". Er kommt deshalb zu dem Schluss, dass „die Annahme einer postmortalen, den Tod überdauernden ‚Schwangerschaft' der Mutter eine zu extreme Ausweitung des Tatbestandes [sei]."[99]

1. Konkreter Gedankenzusammenhang

§ 218a StGB betrifft in seinen Regelungen um die Tatbestandslosigkeit, Rechtfertigung und Straffreiheit des Schwangerschaftsabbruchs offensichtlich nur Fälle, in denen die Frau noch lebt. Verlangen (§ 218a Abs. 1 Nr. 1 StGB), einwilligen

---

93 NK-*Merkel*, StGB, § 218, Rn. 13; Schönke/Schröder/*Eser*, § 218, Rn. 17.
94 Statt vieler *Lackner/Kühl*, StGB, § 218, Rn. 8.
95 *Lüttger*, JR 1969, 445, 450.
96 MüKo-*Gropp*, StGB, § 218, Rn. 23; Schönke/Schröder/*Eser*, § 218, Rn. 17.
97 So ehedem zum Begriff der „Leibesfrucht" in § 218 StGB a. F. *Lüttger*, JR 1969, 445, 446.
98 *Engisch*, Einführung in das juristische Denken, S. 95 f.
99 Wenzel – FA Medizinrecht/*Geilen*, Kapitel 4, Rn. 618.

(Abs. 2, 3) und beraten werden (Abs. 4 i. V. m. § 219 StGB) kann einzig die Lebende. Entsprechendes gilt für § 218 Abs. 4 S. 2 StGB, wonach die Schwangere nicht wegen Versuchs bestraft wird. Das bedeutet jedoch nicht, dass § 218 StGB nur dann anwendbar ist, wenn die Beteiligten auch prinzipiell unter die Vorschriften um die Straflosigkeit subsumiert werden können.[100] Wollte man hieraus nämlich das Argument ziehen, dass ein Schwangerschaftsabbruch zwingend eine lebende Frau voraussetzt,[101] müsste man ebenso Frauen, die sich in einem komatösen Zustand befinden, jedoch noch leben, aus dem Anwendungsbereich nehmen, denn diese können gleichsam weder verlangen noch einwilligen und auch nicht sinnvoll beraten werden. Diese Vorschriften sind lediglich Ausnahmebestimmungen, die schlicht nicht anwendbar sind, wenn die Voraussetzungen nicht erfüllt werden (können). Am Schwangerschaftsbegriff oder gar am normativen Tatbestand aber vermögen sie nichts zu ändern.[102]

2. Stellung im Gesetz und in der Rechtssystematik

Die Behauptung, § 218 StGB wohne konzeptionell die Symbiose von Mutter und Kind inne mit der Folge, dass beim Tod der Mutter auch von einer Schwangerschaft im Sinne der Norm nicht mehr gesprochen werden könne, ist logisch-systematisch schwerlich haltbar. Erstes Indiz dafür ist, dass § 218 Abs. 1 StGB ein bzgl. Wortlaut und Stellung im Gesetz von den §§ 211, 212 StGB anscheinend unabhängiger Straftatbestand ist, der von seiner Konzeption auch unterschiedliche Güter schützen will. Dies unterstreichend, stehen die Wirklichkeit gewordenen Fälle Pate, in denen die Tötung einer Schwangeren im Raume steht. Hier hat der BGH Tateinheit zwischen dem Tötungsdelikt bezüglich der Frau und dem Schwangerschaftsabbruch (entsprechenden Vorsatz vorausgesetzt) bejaht und Gesetzeseinheit verneint.[103] Dies impliziert, dass es für die Frage des Schwangerschaftsabbruchs auf das Leben der Mutter nicht ankommt, vielmehr Leibesfrucht und Leben der Mutter unabhängig voneinander geschützt werden. Das Bundesverfassungsgericht beschrieb die Verbundenheit zwischen Mutter und Kind als „Zweiheit in Einheit."[104] Stellt man sich die Anwendungsbereiche von § 212 Abs. 1 und § 218 Abs. 1 StGB sinnbildlich als Kreise vor, so liegen diese also nebeneinander, ohne sich zu überschneiden.[105] Schon das Reichsgericht führte schließlich aus, dass

---

100 *Kiesecker*, Die Schwangerschaft einer Toten, S. 227; *Beckmann*, MedR 1993, 121, 123.

101 So nämlich *Koch*, Štěpán-FS, S. 187, 193.

102 *Beckmann*, MedR 121, 123.

103 BGHSt 11, 15, 17, wobei es sich in diesem Fall – das sei der Vollständigkeit halber erwähnt – um versuchte Taten handelte.

104 BVerfGE 88, 203, 252 f.

105 So im Ergebnis auch A/W-*Weber*, BT, § 5, Rn. 27. Zur abw. Ansicht von *Otto*, Grundkurs Strafrecht, Die einzelnen Delikte, § 13, Rn. 65 ff., der eine partielle Schnittmenge bejaht, sogleich.

es für den Tatbestand der Abtreibung auf ein Überleben der Mutter nicht ankomme.[106]

Andernfalls wären auch Fälle der unterlassenen sectio in mortua, also des unterlassenen Kaiserschnitts bei einer kurz vor der Geburt stehenden plötzlich gestorbenen Frau, nicht von § 218 Abs. 1 StGB erfasst, was, soweit ersichtlich, von niemandem vertreten wird.[107] Wenn dort aber die kurze Unterbrechung zwischen Tod der Mutter und Entbindung des Kindes § 218 Abs. 1 StGB nicht ausschließt, wäre es rechtsunlogisch, bei einer längeren Zeitspanne zwischen Hirntod und Entbindung eine Schwangerschaft nunmehr zu verneinen.[108]

Hält man sich diese in Literatur und Rechtsprechung gefestigte Rechtssystematik im Konkurrenzverhältnis zwischen Tötungsdelikt und Schwangerschaftsabbruch vor Augen, so kommt man nicht umhin, einen Schwangerschaftsabbruch auch noch nach dem Hirntod der Mutter zuzulassen. Juristisch betrachtet sind Mutter und Ungeborenes also nicht dergestalt symbiotisch verbunden, dass § 218 Abs. 1 StGB nach dem Tod der Mutter ausscheidet.

Selbst die Gegenansicht *Ottos*, der grundsätzlich von einer rechtlich relevanten Mutter-Kind-Symbiose ausgeht, kommt zum gleichen Ergebnis. Ihm zufolge werde diese Symbiose stets relevant, wenn sich ein Angriff gegen die natürliche Einheit von Mutter und Kind richte wie bspw. bei einem Tötungsversuch an der Frau; Folge sei, dass § 218 Abs. 1 StGB dann keine Anwendung finde. In einem Fall wie dem vorliegenden indes, in dem sich der Angriff nur gegen das Ungeborene richtet, sei der „differenzierte Schutz des Rechtsgutes [...] sachgerecht und notwendig".[109] Die Symbiose zeitigte dann keine den § 218 Abs. 1 StGB ausschließende Wirkung. Auch *Otto* zufolge ist demnach die Leibesfrucht einer Hirntoten taugliches Angriffsobjekt.[110]

Von dieser juristischen ist indes eine ganzheitliche Betrachtung zu unterscheiden. Es kann und soll nicht geleugnet werden, dass zwischen Mutter und Leibesfrucht eine symbiotische Beziehung besteht, die sich als eine Art Schicksalsgemeinschaft begreifen lässt.[111] Diese Erwägungen jedoch können frühestens dort relevant werden, wo es um eine mögliche Abwägung der Interessen von (hirntoter) Mutter und Ungeborenem geht, nicht aber schon bei der Frage, ob dem Ungeborenen strafrechtlicher Schutz überhaupt zukommt. Letzteres ist unabhängig vom Zustand der Mutter aus oben genannten Gründen zu bejahen.

---

106 RGSt 67, 206, 207.

107 So auch *Kiesecker*, Die Schwangerschaft einer Toten, S. 229; *Hilgendorf*, JuS 1993, 97, 99.

108 *Gruber*, Medizinstrafrecht, S. 175, 190; *Kiesecker*, Die Schwangerschaft einer Toten, S. 229.

109 *Otto*, Grundkurs Strafrecht, Die einzelnen Delikte, § 13, Rn. 65 ff.

110 *Otto*, Grundkurs Strafrecht, Die einzelnen Delikte, § 13, Rn. 8.

111 *Giesen/Poll*, JR 1993, 177, 179 f.; Schönke/Schröder/*Eser*, StGB, § 218, Rn. 27; zusammenfassend auch *Gruber*, Medizinstrafrecht, S. 175, 190 f.

3. Zwischenergebnis

Weder im konkreten Gedankenzusammenhang noch im strafrechtssystematischen Regelungskontext finden sich zwingende Hinweise darauf, dass § 218 Abs. 1 StGB mit dem Hirntod der Mutter unanwendbar wird. Im Gegenteil weist die Systematik der Tötungstatbestände darauf hin, dass der Tatbestand des Schwangerschaftsabbruchs unabhängig vom Zustand der Mutter ist. Bei diesen logisch-systematischen Erwägungen schwingt freilich die teleologische Auslegungsebene stets bei jedem Argument mit, sodass nunmehr der Sinn und Zweck der Norm freigelegt werden sollen.

III. Historische und teleologische Auslegung

Auf der Suche nach Sinn und Zweck einer Norm, deren Auslegung uns heute wichtig ist, empfiehlt sich auch der Blick zurück auf die Gesetzesgenese. So verbindet sich dann historische mit teleologischer Auslegung, wenn speziell das Ansinnen des historischen Gesetzgebers aufgedeckt wird.[112] Demgemäß soll auch hier das Eine ins Andere münden.

Sucht man nun im Rahmen der historischen Auslegung die Motive des Gesetzgebers zu ergründen, die historischen Wurzeln und die gesetzliche Entwicklung zu erforschen,[113] sind zwei Punkte bemerkenswert. Erstens hat der Gesetzgeber diesen Fall in den Gesetzesmaterialien nicht expliziert. Das jedoch kann deshalb keine Hürde darstellen, da es den Gesetzgeber zu überfordern hieße, verlangte man, dass er sich im Voraus schon aller Sachverhaltsvarianten gewärtig ist.[114] Es lassen sich hieraus also keine Schlüsse für die (Nicht-) Anwendbarkeit der §§ 218 ff. StGB auf vorliegende Konstellation ziehen.

Zum Zweiten ist der Blick auf die ursprüngliche Fassung der Norm zu richten, die auf Abtöten der Leibesfrucht im Unterschied zum heutigen Abbrechen der Schwangerschaft (in der Fassung des 15. StÄG vom 18.05.1974) lautet. In einem ersten Schritt ist festzuhalten, dass der Gesetzgeber mit der Reform durch das 5. StrRG vom 18.06.1974 den Tatbestand nur im Wortlaut, nicht aber in der Sache geändert hat.[115] Legt man sodann den Text alter Fassung aus, so ergibt sich unter Zugrundelegung von Wortlaut – Abtötung – und Systematik – Stellung der Norm im Abschnitt Straftaten gegen das Leben –, dass die Tathandlung eine Tötungshandlung ist, deren Schutzobjekt nicht etwa der Schwangerschaftszustand ist, son-

---

112 *Engisch*, Einführung in das juristische Denken, S. 99.

113 *Engisch*, Einführung in das juristische Denken, S. 111.

114 *Beckmann*, MedR 1993, 121, 123.

115 *Blei*, Strafrecht II, S. 35; *Krey*, Strafrecht BT 1, Rn. 149, spricht von „Umetikettierung“ und „Kaschierung des wirklichen Geschehens“; *Rengier*, Strafrecht BT II, § 11, Rn. 6, definiert das Abbrechen der Schwangerschaft mit dem Term „Abtötung der Leibesfrucht“.

dern das werdende Leben, die Leibesfrucht an sich.[116] Auf den Umstand, ob die Frau am Leben ist oder nicht, kann es dann aber nicht ankommen. Der Hirntod der Mutter vermag demgemäß also keine entscheidende Rolle bei der Frage der Anwendbarkeit von § 218 Abs. 1 StGB zu spielen.

Einzig *Jescheck*[117] führt mit Verweis auf sein Sprachgefühl aus, „Ab-töten" wie auch „Abtreibung" bedeuteten, „daß etwas unter Erhaltung eines anderen getötet wird." Diese vage Aussage indes ist argumentativ wenig durchschlagend.[118] Letztlich gilt hier das Gleiche, was schon ehedem dagegen angeführt wurde, den allgemeinen Sprachgebrauch zum ersten und einzigen Kriterium zu machen.

Schon diese historisch-teleologische Auslegung indiziert, dass auch der Fall der hirntoten Schwangeren vom Schutzzweck der Norm und mithin vom Tatbestand des Schwangerschaftsabbruchs erfasst ist. Das Bundesverfassungsgericht hat überdies erklärt, dass das sich im Mutterleib entwickelnde Leben als selbstständiges Rechtsgut durch Art. 2 Abs. 2 S. 1 GG geschützt wird[119] und der Staat sich schützend und fördernd vor dieses Leben stellen muss,[120] auch gegenüber der Mutter.[121] Hieraus ergibt sich, dass bei einem solchen von der Mutter losgelösten Schutz dann nicht wieder doch auf das Überleben der Mutter rekurriert werden darf, sondern das Ungeborene auch nach einem eventuellen Hirntod der Schwangeren eigens geschützt ist.[122] Der Schwangerschaftsabbruch ist eben „*Tötungs*handlung am Embryo und nicht *Heil*behandlung an der Schwangeren".[123] Demzufolge sprechen zuletzt auch die historische und die teleologische Auslegung dafür, dass eine Schwangerschaft selbst nach dem Hirntod der Mutter weiterhin vorliegt, wenn und solange der Embryo oder Fötus noch lebt.

IV. Zwischenergebnis

Der Anwendungsbereich der §§ 218 ff. StGB ist eröffnet. Auch der Hirntod der Mutter schließt das Vorliegen einer Schwangerschaft im Sinne von § 218 Abs. 1 S. 1 StGB nicht aus.

116 *Kiesecker*, Die Schwangerschaft einer Toten, S. 226 f., mit Verweis auf BVerfGE 39, 1, 46 und *Coester-Waltjen*, Gernhuber-FS, S. 837, 856; Schönke/Schröder/*Eser*, § 218, Rn. 5.

117 *Jescheck*, JZ 1958, 749, 750.

118 So auch *Hilgendorf*, JuS 1993, 97, 98 f.

119 BVerfGE 39, 1, 36.

120 BVerfGE 39, 1, 42.

121 BVerfGE 39, 1, 42; BVerfGE 88, 203, 252 f.

122 *Gruber*, Medizinstrafrecht, S. 175, 190; *Kiesecker*, Die Schwangerschaft einer Toten, S. 228; jeweils m. w. N.

123 *Fischer*, StGB, § 218, Rn. 3; Hervorhebungen vom Autor übernommen.

B. Tod der Leibesfrucht

Erforderlich ist, dass durch den (noch zu charakterisierenden) Eingriff der Tod der Leibesfrucht im Mutterleib oder der Abgang der Frucht in nicht lebensfähigem Zustand herbeigeführt wird; das Wie ist dabei unerheblich.[124] Bereits vor der Organentnahme bei der hirntoten Schwangeren ist es möglich, dass der Embryo oder der Fötus durch die Verabreichung von Medikamenten während der intensivmedizinischen Behandlung stirbt.[125] Jedenfalls aber dann, wenn im Verlaufe der Entnahmeoperation die Perfusion gestartet wird, die zu entnehmenden Organsysteme also mit einer kalten und kaliumhaltigen kardioplegen Lösung (4°C) gespült werden, kommt es zum Herzstillstand bei der Hirntoten und dem Ende aller kreislauferhaltenden Maßnahmen, inklusive der kontrollierten Beatmung.[126] Infolgedessen fällt die Sauerstoffversorgung der Plazenta und damit auch des Embryos/Fötus aus und es kommt zu einem Absterben der Zellen bis hin zum Tod der Leibesfrucht.[127] Mithin ist der tatbestandliche Erfolg im Sinne des § 218 Abs. 1 S. 1 StGB eingetreten.

C. Abbruchshandlung

Eine der Norm gemäße Abbruchshandlung liegt objektiv dann vor, wenn auf die Schwangere oder die Frucht vor der Geburt dergestalt eingewirkt wird, dass es zu eben jenem tatbestandsmäßigen Erfolg kommt.[128] Begehbar ist der Schwangerschaftsabbruch sowohl durch aktives Tun als auch durch Unterlassen.[129]

I. Tun oder Unterlassen?

Bevor aber die Frage der Begehungsform beim Abbruch durch eine Organentnahme beantwortet werden soll, sei zunächst ein vergleichender Blick zurück auf die Literatur zum Erlanger Fall geworfen. Damals wurde die (hypothetische) Strafbarkeit der Ärzte für den Fall, dass sie vor dem Spontanabort selbst die Vitalversorgung des Körpers abgebrochen und dadurch die Leibesfrucht getötet hätten, als ein Schwangerschaftsabbruch durch Unterlassen gutachterlich aufbereitet und bejaht.[130] Das Abschalten der Apparaturen also, das bei naturalistischer Betrachtung eine aktive Handlung ist, wurde rechtlich nicht als solche gewertet, sondern viel-

---

124 Schönke/Schröder/*Eser*, StGB § 218, Rn. 19 f.; *Lackner/Kühl*, StGB, § 218, Rn. 4; *Fischer*, StGB, § 218, Rn. 5.

125 Auskunft laut DSO.

126 *Rey/Hesse*, Krankenhaus-Newsletter DSO-Region Nordrhein-Westfalen, Sonderausgabe 09/2008, insbes. S. 3.

127 Auskunft laut DSO.

128 *Fischer*, StGB, § 218, Rn. 5, m. w. N.

129 LK[11]-*Kröger*, StGB, § 218, Rn. 17.

130 *Gruber*, Medizinstrafrecht, S. 175, 188 ff.; *Kiesecker*, Die Schwangerschaft einer Toten, S. 224 ff.

mehr als ein Unterlassen der Weiterbehandlung.[131] Fraglich ist, ob der Fall hier ähnlich oder nicht vielleicht doch anders liegt.

Zwar werden die die Vitalfunktionen aufrechterhaltenden Geräte auch bei einer (Multi-) Organentnahme letzten Endes abgestellt. Der Herzstillstand bei Mutter und Leibesfrucht tritt jedoch dadurch ein, dass die konservierende, gekühlte Perfusionslösung durch die (mütterlichen) Organe gespült wird. Die Flüssigkeit dringt in den noch funktionierenden Herzblutkreislauf ein und schwemmt das Blut aus den Organen. Dass die kontrollierte Beatmung der Hirntoten abgeschaltet wird, ist nicht Ursache, sondern Folge des Herzstillstandes. Diese der Organentnahme unmittelbar vorausgehende Perfusion also ist die relevante Abbruchhandlung. Es handelt sich dabei – wiederum bei naturalistischer Betrachtung – prima facie um ein aktives Tun. Genauso aber könnte man abermals sagen, es wird einzig und allein die Weiterbehandlung des Ungeborenen unterlassen.

Damit wird zum einen deutlich, dass es sich hier um einen Fall im Grenzbereich zwischen Tun und Unterlassen handelt. Zum anderen indiziert bereits diese Fragestellung, dass die medizinisch-ethisch-rechtliche Problematik um Behandlungsabbruch und Sterbehilfe im weiteren Verlauf der Untersuchung eine große Rolle spielen wird. Denn wo eine intensivmedizinische Behandlung zu Gunsten menschlichen Lebens eingeleitet wird, muss auch die Frage gestellt werden, unter welchen Voraussetzungen diese Behandlung wieder beendet werden kann oder sogar muss. Befremdlich mag erscheinen, dass die Problematik der Sterbehilfe regelmäßig und nach allgemeiner Anschauung nur in einem Stadium des Lebens nach der Geburt aktuell wird. Die Frage wird also sein, ob eine Sterbehilfe schon am Lebensanfang möglich ist, es also Konstellationen gibt, in denen ein Abbruch der Behandlung des Ungeborenen erlaubt ist, und, wenn ja, unter welchen Voraussetzungen. Zunächst sei jedoch die Frage geklärt, welche Handlungsform hier nun einschlägig ist – oder ob es darauf vielleicht gar nicht ankommt.

II. Bisherige (vermeintliche?) Notwendigkeit einer Abgrenzung Tun/Unterlassen

Schwierig ist die Abgrenzung von Tun und Unterlassen stets dann, wenn beide Handlungsformen im Zusammentreffen (Koinzidenz) und/oder im zeitlichen Nacheinander (Sukzession der Verhaltensformen) vorliegen. Sie ist jedoch grundsätzlich nötig, da bei einem Unterlassungsdelikt (im Vergleich zum Begehungsdelikt) zusätzliche Tatbestandsvoraussetzungen wie die Garantenstellung festgestellt werden müssen.[132]

---

131 Für Unterlassen siehe *Beckmann*, MedR 1993, 121, 124; *Gruber*, Medizinstrafrecht, S. 175, 191 ff.; *Kiesecker*, Die Schwangerschaft einer Toten, S. 235 ff.; *Hilgendorf*, JuS 1993, 97, 98. Kritisch und deshalb für aktives Tun hingegen *Fischer*, StGB, § 218, Rn. 7; LK[11]-*Jähnke*, StGB, Vor § 211, Rn. 18.

132 *Lee*, Straflose Sterbehilfe, S. 17.

Gerade im Bereich um Behandlungsabbruch und Sterbehilfe schien – jedenfalls bis zum Grundsatzurteil des BGHs zur Sterbehilfe 2010[133] – die Unterscheidung zwischen aktivem und passivem Handeln entscheidend für die Frage der Strafbarkeit zu sein. So wurde auch der Begriff der Sterbehilfe über viele Jahre hinweg anhand zuvörderst äußerer Kriterien kategorisiert.[134] Diese Terminologie war stets nicht nur rein deklaratorisch, sondern hatte zugleich konstitutiven Charakter.

1. Aktive direkte Sterbehilfe

So galt als grundsätzlich unzulässig jede gezielte aktive Lebensverkürzung.[135] Ohne Einfluss auf die Strafbarkeit war dabei, ob der Sterbewillige mutmaßlich oder ausdrücklich einwilligt oder gar sein Verlangen zum Ausdruck bringt: § 216 StGB galt als Einwilligungssperre, die mit der generellen Unverfügbarkeit des Lebens begründet wurde.[136] Bedeutungslos war zudem, ob der Todeseintritt nahe bevorsteht, die Lebensverkürzung also nur gering wäre, oder aber der Sterbevorgang des unheilbar Kranken noch gar nicht eingesetzt hat.

2. Aktive indirekte Sterbehilfe

Davon terminologisch wie auch im strafrechtlichen Ergebnis zu unterscheiden war die aktive indirekte Sterbehilfe, die in Rechtsprechung und Literatur als zulässig, ja unter Umständen sogar geboten angesehen wurde.[137] Indirekte Sterbehilfe lautete die Terminologie dann, wenn schmerzlindernde Maßnahmen bei einem todkranken Menschen vorgenommen werden, obwohl sie den Eintritt des Todes – unbeabsichtigt, aber unvermeidbar – beschleunigen.[138] Der Unterschied zur verbotenen aktiven *direkten* Sterbehilfe liegt, obzwar der Tod durch die Gabe starker Schmerz- und/oder Beruhigungsmittel, mithin gleichsam durch aktives Tun, früher eintritt, in der Intention des Arztes: War Ziel dort die Tötung, ist Intention hier die Symptom- und Schmerzbehandlung; der Tod wird als Nebenfolge lediglich in Kauf genommen.[139]

3. Passive Sterbehilfe

Die passive Sterbehilfe beinhaltete stets ein Unterlassen/einen Verzicht/ein Nichtfortsetzen der weiteren Behandlung. Dabei unterschied der BGH zwei Arten passiver Sterbehilfe.

---

133 BGH, Urteil vom 25. Juni 2010 – 2 StR 454/09; abgedruckt in FamRZ 2010, 1551.

134 BGH, Urteil vom 25. Juni 2010 - 2 StR 454/09 Rn. 27 m. w. N.

135 Statt vieler Schönke/Schröder/*Eser*, StGB, Vorbem. §§ 211 ff., Rn. 24 ff.; *Lackner/Kühl*, StGB, vor § 211, Rn. 7; *Fischer*, StGB, vor §§ 211-216, Rn. 33.

136 *Habicht*, Sterbehilfe, S. 32 f.

137 BGHSt 42, 301, 305; LK[11]-*Jähnke*, StGB, vor § 211, Rn. 15; *Lackner/Kühl*, StGB, vor § 211, Rn. 7; jeweils m. w. N.

138 Roxin/Schroth-*Roxin*, S. 75, 86.

139 *Habicht*, Sterbehilfe, S. 36.

a) Passive Sterbehilfe im engeren Sinne

Von zulässiger passiver Sterbehilfe *im engeren, eigentlichen Sinne* sprach der BGH nur dann, wenn „das Grundleiden eines Kranken nach ärztlicher Überzeugung unumkehrbar (irreversibel) ist, einen tödlichen Verlauf angenommen hat und der Tod *in kurzer Zeit* eintreten wird“[140]. Synonymer Terminus war die „Hilfe *beim* Sterben“, die dem Arzt erlaubte, auf lebensverlängernde Maßnahmen (Beatmung, Bluttransfusion, künstliche Ernährung) zu verzichten.[141]

b) Sterbehilfe im weiteren Sinne

Im Gegensatz dazu unterschied der BGH die „Hilfe *zum* Sterben“ (Sterbehilfe *im weiteren Sinne*), die unter gewissen Voraussetzungen auch schon vor Einsetzen des Sterbevorgangs zulässig war.[142] Beispielsweise in Fällen des apallischen Syndroms konnte unter Rekurs auf den mutmaßlichen Willen, bei dessen Fehlen auf allgemeine Wertvorstellungen, die Behandlung abgebrochen werden, ohne dass die §§ 212, 216 StGB einschlägig waren.[143]

4. Tätiger/technischer Behandlungsabbruch

Ein Zwitterdasein fristete bisher der tätige oder technische Behandlungsabbruch. In diese Kategorie fielen solche Tätigkeiten, die keine neue Todesursache setzen, sondern den status quo ante wiederherstellen, indem sie dem künstlich verlängerten Sterbeprozess durch (aktives) Beenden der sinnlos gewordenen Behandlung seinen Lauf lassen.[144] Waren Handlungen wie typischerweise das Ausschalten eines Beatmungsgeräts bei naturalistischer Betrachtung der Kategorie aktiven Tuns (und somit – eigentlich – der aktiven direkten Sterbehilfe) zugehörig, so wurden diese Tätigkeiten doch vielfach der passiven Sterbehilfe, als Unterlassen der Weiterbehandlung, subsumiert.[145] Den vermeintlich schmalen Grat nämlich zwischen Strafbarkeit und Straflosigkeit sah *Roxin* in der Frage zugespitzt, ob die beim Abschalten des Gerätes entfaltete körperliche Aktivität, also der bloße Druck auf den Knopf, als aktives Tun (dann unweigerlich § 212 StGB oder, mit Blick auf den Fötus in der vorliegenden Konstellation, § 218 Abs. 1 StGB) oder Unterlassen angesehen werde (dann Tatbestandslosigkeit möglich).[146] Dahinter steckte ferner der Gedanke, dass die Ärzte dann, wenn das Abschalten eine Strafbarkeit nach sich zöge, den ohnehin Verlorenen durch künstliche Aufrechterhaltung der Vitalfunkti-

---

140 BGHSt 40, 257, 260 (Hervorhebungen übernommen).

141 BGH a. a. O.

142 BGH a. a. O.

143 *Lackner/Kühl*, StGB, vor § 211, Rn. 8 m. w. N.

144 *Roxin*, Engisch-FS, S. 380, 398.

145 Zusammenfassend *Achenbach*, Jura 2002, 542, 547; Schönke/Schröder/*Eser*, StGB, Vorbem. §§ 211 ff., Rn. 32; *Lackner/Kühl*, StGB, vor § 211, Rn. 8a.

146 *Roxin*, Engisch-FS, S. 380, 396. Vgl. hierzu auch die Darstellung bei *Gropp*, Schlüchter-GS, S. 173, 184, der auf § 216 StGB durch aktives Tun vs. §§ 216, 13 StGB abstellt.

onen geradezu am Sterben hindern müssten. Eine „Lebensverlängerung um jeden Preis" indes darf es nicht geben, weil Maßnahmen, die einzig ein protrahiertes Sterben, nicht aber eine Lebenserhaltung bewirken, gegen die Menschenwürde verstoßen.[147] Ob der technische Behandlungsabbruch indes nur für die passive Sterbehilfe im engeren Sinne zur Straffreiheit führte[148] oder man zu selbigem Ergebnis auch bei passiver Sterbehilfe im weiteren Sinne[149] gelangen konnte, war streitig.

5. Schlussfolgerung für den Behandlungsabbruch durch Organentnahme

Ordnet man die hier betrachtete Konstellation in dieses Aktiv-Passiv-Schema ein, so ergibt sich folgende Schlussfolgerung: Ist der Abbruch der Behandlung des Ungeborenen in die Kategorie der aktiven Sterbehilfe einzuordnen, kommt man um eine Strafbarkeit der handelnden Ärzte nach § 218 Abs. 1 StGB nicht umhin, unabhängig von den Erfolgsaussichten einer Behandlung. Der Weg führt einzig über die passive Sterbehilfe: Gelänge es, diesen tätigen Behandlungsabbruch als ein Unterlassen zu werten, wäre er unter Umständen erlaubt.

III. Die Lösung des Problems in der Literatur: Umdeutung aktiven Tuns in oder Wertung als ein Unterlassen

Gerade in den Fällen des tätigen Behandlungsabbruchs also wurde die Notwendigkeit gesehen, sie gleich der passiven Sterbehilfe zu behandeln. Um demgemäß den Weg zur (in diesen Fällen fehlenden) Garantenpflicht dogmatisch zu eröffnen und damit zur Straffreiheit zu gelangen, wurde deshalb mit variierenden Argumentationen trotz aktiven Tuns auf ein Unterlassen abgestellt. So haben sich in der Strafrechtsdogmatik diverse Abgrenzungstheorien herausgebildet, die eben gerade im Bereich von Behandlungsabbruch und Sterbehilfe diskutiert wurden.[150] Ob diese Theorien, die zumeist nur auf Tätigkeiten wie das Abstellen der Beatmungsmaschine zielten, auch auf die hier zu betrachtende Konstellation des Abbruchs durch Organentnahme anwendbar sind, muss sich zeigen.

---

147 *Möllering*, Schutz des Lebens – Recht auf Sterben, S. 68. Vgl. auch aus medizinischer Sicht *Opderbecke*, MedR 1985, 23, dessen Ausführungen zu den „Grenzen der Intensivmedizin" auch Jahrzehnte später im Grundsatz noch nicht überholt sind: Grenzen hat die (Intensiv-) Medizin auch heute noch. Siehe ferner *Mercurio*, Journal of Perinatology (2005) 25, 685-689, speziell auf Frühgeborene bezogen.

148 So wohl LK[11]-*Jähnke*, StGB, vor § 211, Rn. 18 ff.

149 Schönke/Schröder/*Eser*, StGB, Vorbem. §§ 211 ff., Rn. 32.

150 Kursorisch dargestellt werden nur ausgewählte Abgrenzungstheorien. Einen qualitativ und quantitativ umfangreicheren Überblick gewährt *Lee*, Straflose Sterbehilfe, S. 19 ff. Vgl. ferner die kursorischen Überblicke bei *Dölling*, MedR 1987, 6, 9 f.; Schönke/Schröder/*Eser*, StGB, Vorbem. §§ 211 ff., Rn. 32; *Küpper*, Grenzen der normativierenden Strafrechtsdogmatik, S. 81 f.; *Hirsch*, Lackner-FS, S. 597, 604 ff.; LK[11]-*Jähnke*, StGB, Vor § 211, Rn. 18.

1. Schwerpunkt der Vorwerfbarkeit

a) Inhalt

Mit Bezug auf die Rechtsprechung seit BGHSt 6, 46, 59[151] stellte auch die Mehrheit in der Literatur[152] nicht auf das äußere Erscheinungsbild ab, sondern gewichtete stets nach dem Schwerpunkt der Vorwerfbarkeit unter Berücksichtigung des sozialen Handlungssinns. Im Fall eines tödlich wirkenden ärztlichen Behandlungsabbruchs liege demgemäß der Schwerpunkt des ärztlichen Handelns nicht bei der nach außen tretenden Tätigkeit, nicht also bei dem Knopfdruck am Respirator, sondern bei der Nichtfortführung der Behandlung.[153] Der tätige Behandlungsabbruch sei mithin regelmäßig als ein Unterlassen zu werten.

b) Kritik

Gegen diesen Ansatz spricht, dass eine klare Grenzziehung und somit Rechtssicherheit so nur schwerlich (wenn überhaupt) möglich sind. Anstatt vom Ergebnis her zu argumentieren, um zur Straflosigkeit zu gelangen, sollten Juristen vielmehr dogmatisch klare Abgrenzungsregeln schaffen. Zwar wurden gerade im Bereich der Sterbehilfe auch vor dem Grundsatzurteil des BGHs[154] richtige Ergebnisse gefunden, doch nicht wegen, sondern trotz dieses Kunstgriffes, Tun in ein Unterlassen umzudeuten.

Man nehme den hier zu prüfenden Fall der hirntoten Schwangeren. Unterbricht man den Blutkreislauf der hirntoten Mutter durch Abschalten der Geräte und leistet so dem Fötus Sterbehilfe, läge der Schwerpunkt der Vorwerfbarkeit nach dieser Ansicht auf dem „Unterlassen der weiteren für das Kind lebensnotwendigen Versorgung“[155]. Ist die Frau aber Organspenderin und entschlössen sich Ärzte und Angehörige gemäß dem Willen der Frau zur Organspende, träte der Kreislaufstillstand von Mutter und Fötus eben nicht mit dem Abschalten der Geräte ein, sondern mit dem Einleiten einer Perfusionslösung in den Blutkreislauf der Mutter. So einleuchtend diese Begründung (Schwerpunkt der Vorwerfbarkeit) also beim einfachen Knopfdruck noch sein mag und so richtig das Ergebnis ist, so versagt diese Theorie doch gerade bei Fällen wie dem vorliegenden, wenn die zur Handlung aufgewendete körperliche Energie eine vielfache ist. Zwar geht auch das Einleiten der Perfusion letztendlich mit der Beendigung der lebensnotwendigen Versorgung der Leibesfrucht einher. Diesen aktiven Vorgang des Durchspülens der Organe aber in ein

151 Vgl. auch die Rspr.-Nachweise bei *Lee*, Straflose Sterbehilfe, S. 19, Fn. 100.

152 Statt vieler *Albrecht*, Schreiber-FS, S. 551, 553 f; Schönke/Schröder/*Stree*/*Bosch*, StGB, Vorbem. §§ 13 ff., Rn. 158; *Ranft*, JZ 1987, 859, 862; *Wessels*/*Beulke*, AT, Rn. 700; jeweils m. w. N.

153 Vgl. die Nachweise bei *Lee*, Straflose Sterbehilfe, S. 20, Fn. 105. Zur Einstellung der künstlichen Ernährung siehe die Nachweise des BGHs, Urteil vom 25. Juni 2010 - 2 StR 454/09 Rn. 27.

154 BGH, Urteil vom 25. Juni 2010 - 2 StR 454/09.

155 *Kiesecker*, Die Schwangerschaft einer Toten, S. 237.

Unterlassen, also banal ausgedrückt: Nichtstun umzudeuten, mutete als Taschenspielertrick an, nicht jedoch als dogmatisch saubere Lösung. Wird auf den Schwerpunkt der Vorwerfbarkeit abgestellt, gelangt man in eine wertende Grauzone, deren Grenzen hier überschritten sind. Nicht alle Fälle des tätigen Behandlungsabbruchs lassen sich auf diese Art in ein Unterlassen umdeuten, obgleich sie dasselbe Problem eint und sie daher gleich gelöst werden müssen.

Im Übrigen gestaltete sich eine Lösung über diese Konstruktion dann als schwierig, wenn nicht der Arzt, sondern ein Außenstehender handelte. Mangels bestehenden Garantenverhältnisses würde dieser entweder stets straffrei ausgehen (ohne dass weitere Voraussetzungen geprüft werden müssten) oder müsste doch als aktiv Handelnder bewertet werden, wobei es dann nicht plausibel wäre, bei identischem Handlungsablauf den Arzt als Unterlassungs- und den Außenstehenden als Begehungstäter anzusehen.[156] Es mag freilich bei einer Organentnahme nicht virulent werden, dass ein Außenstehender eingreift, ist aber schon beim schlichten Beatmungsgerät nicht abwegig und deshalb ein Argument dafür, den tätigen Behandlungsabbruch in Gänze nicht über die Konstruktion des Schwerpunkts der Vorwerfbarkeit in ein Unterlassen umzudeuten.

2. Unterlassen durch Tun

a) Inhalt

Roxin zufolge ist ein tätiger Abbruch gesetzlich nicht geforderter Rettungsbemühungen in die Kategorie des – hier straflosen – Unterlassens durch Tun einzuordnen.[157] Bei diesem von *Merkel* wohl erstmals thematisierten und durch *von Overbeck* ausführlich fortgeführten Konstrukt handelt es sich grundsätzlich „um den Verstoß gegen eine Gebotsnorm, also primär um ein Unterlassungsdelikt, das jedoch im konkreten Falle nicht wie sonst durch ein Nichttun, sondern ausnahmsweise durch ein positives Tun verübt wird."[158] Nach *Roxin* nämlich hänge die Zuordnung eines Verhaltens zu den Begehungs- oder Unterlassungstatbeständen nicht von seiner ontischen (seinsmäßigen) Qualität ab, und sei es ontisch noch so eindeutig, sondern unterliege vielmehr normativen Kriterien.[159]

Als „klassische[n] Ausgangsfall" benennt er den Handlungspflichtigen, der durch ein positives Tun die Gebotserfüllung verhindert, obgleich er sie bereits in Gang gesetzt hat. Beispielhaft sei der nach § 323c StGB Hilfspflichtige angeführt, der dem Ertrinkenden die Rettungsleine zunächst zuwirft, sie dann aber zurück-

156 LK[11]-*Jähnke*, StGB, Vor § 211, Rn. 18.

157 *Roxin*, Engisch-FS, S. 380, 398; *ders.* AT II, § 31, Rn. 115 ff.

158 *Von Overbeck*, Der Gerichtssaal, Bd. 88, 1922, 319, 320.

159 Vgl. die Zusammenfassung sowie die weiteren Nachweise bei *Stoffers*, Schwerpunkt der Vorwerfbarkeit, S. 366.

zieht.[160] Insgesamt werden vier Fallgruppen genannt, worunter sich neben eben jenem Klassiker auch der technische Behandlungsabbruch befindet.[161]

So liegt der Fall beim tätigen Behandlungsabbruch aufgrund Hoffnungslosigkeit weiterer Maßnahmen so, dass die Behandlung nicht dadurch beendet wird, dass die Ärzte gar nichts mehr tun, sondern aktiv, unter Einsatz positiver Energie, die Behandlung abbrechen. Der hier zu prüfende Schwangerschaftsabbruch würde demgemäß, obzwar mit der Perfusion ein aktives Tun vorliegt, letztendlich normativ als Unterlassen gewertet, nachdem zuerst die vermeintliche Gebotserfüllung – Aufrechterhaltung der pränatalen Mutter-Kind-Symbiose – in Gang gesetzt wurde. Zur Straflosigkeit komme es, wenn und weil eine Handlungspflicht nicht mehr besteht oder ex ante nie bestand. Geht man also davon aus, dass die Ärzte von vornherein keine Handlungspflicht traf, sie also bei Nichtstun straffrei geblieben wären, müsse dieses Ergebnis auch dann stehen, wenn sie später die Behandlung aktiv abbrechen.[162]

b) Kritik

Auch diese Theorie aber hält keine dogmatisch befriedigende Lösung bereit, um überhaupt zwischen Tun und Unterlassen unterscheiden zu können. Sie nivelliert vielmehr die Gegensätze von Tun und Unterlassen und gibt einzelne Falllösungen der Manipulation preis, wenn die Grenzen zwischen den Kategorien zu verschwimmen drohen. Würde man den ontischen Begriff des Tuns um einen normativen ergänzen, gäbe man die begriffliche Unterscheidung zwischen Tun und Unterlassen auf;[163] die im Strafgesetzbuch enthaltenen Verbote ließen sich zu Unterlassungen umfunktionieren.[164]

Gleichsam lassen sich die einzelnen Fallgruppen praktisch wie dogmatisch kritisieren. *Roxin* führt bzgl. des Rücktritts vom Rettungsversuch aus, der Gebotstatbestand (das Gebot zu retten) enthalte als sekundäre Folgenorm das Verbot, durch das aktive Abbrechen eines Gebotserfüllungsversuchs denselben Erfolg hervorzurufen (Verbot des erfolgsbewirkenden Tuns).[165] Dabei aber lässt er unbeantwortet, warum die primäre Verbotsnorm, die Jedermann trifft, hinter die Gebotsnorm, be-

---

160 *Roxin*, Engisch-FS, S. 380, 382 ff.

161 Die beiden anderen verwandten Fallgruppen, die *Roxin* a. a. O. aufzählt (übersichtsweise ferner bei *Stoffers*, JA 1992, 138, 140 f. und 177; *ders.*, Schwerpunkt der Vorwerfbarkeit, S. 367 ff.; *Lee*, Straflose Sterbehilfe, S. 47), brauchen hier in ihren Einzelheiten nicht zu interessieren. Es handelt sich dabei um Fälle der aktiven Teilnahme am Unterlassungsdelikt und der omissio libera in causa, jene Fälle, bei denen ein Handlungspflichtiger sich zur Gebotserfüllung aktiv außerstande setzt.

162 Unter welchen Voraussetzungen eine Handlungspflicht der Ärzte nicht besteht, wird im 3. Kapitel, 1. Abschnitt, F., insbesondere unter II. und III. (S. 70 ff.) geklärt.

163 *Lee*, Straflose Sterbehilfe, S. 48.

164 *Stoffers*, Schwerpunkt der Vorwerfbarkeit, S. 373 f. Vgl. auch die detaillierte Kritik bei *Lee*, Straflose Sterbehilfe, S. 48 ff.

165 *Roxin*, Engisch-FS, S. 380, 383.

zogen auf den Handlungspflichtigen, zurücktreten soll. Vielmehr wird apodiktisch, quasi per Axiom, immanent festgestellt, dass das primäre Verbot unbeachtlich sei. Auf den vorliegenden Fall angewendet würde das bedeuten: Wenn das Gebot, die Lebensfunktionen des Ungeborenen aufrechtzuerhalten, wegen Hoffnungslosigkeit einer weiteren Behandlung entfällt, entfiele auch das (vermeintlich) immanente sekundäre Verbot, genau diese Schwangerschaft aktiv zu beenden. Damit ist aber noch nichts über den primären Verbotstatbestand § 218 StGB ausgesagt, der jedermann untersagt, eine Schwangerschaft aktiv abzubrechen. *Roxin* hätte dann Recht, wenn er auch begründen könnte, warum auch diese primäre Verbotsnorm hier verdrängt werden soll; eine solche Argumentation ist aber nicht dargetan.[166]

Letztlich lässt sich die Fallgruppe des tätigen Behandlungsabbruchs auch nicht sinnvoll in das gesamte Konstrukt des Unterlassens durch Tun integrieren. Betrachtet man die zumeist ins Feld geführten Beispiele für die Fallgruppe des Rücktritts vom Gebotserfüllungsversuch wie auch die anderen Fallgruppen, lässt sich ein Strukturmerkmal abstrahieren, das dem tätigen Behandlungsabbruch nämlich gerade nicht eigen ist. Nicht nur für das Zurückziehen der zuvor hingeworfenen Rettungsleine ist charakteristisch, dass der Täter eine Tätigkeit vornimmt, die in eine andere Richtung als das zu rettende Rechtsgut gerichtet ist: Die Leine wird, ohne dass der Ertrinkende sie erreicht hat, nach oben gezogen. Auf das Objekt selbst wird dagegen nicht eingewirkt. Selbst die einer anderen Fallgruppe zugehörigen Fälle, in denen der Rettungspflichtige wegläuft, sein Rettungsboot zerstört oder sich selbst verletzt, um nicht retten zu müssen,[167] sind durch dasselbe Merkmal charakterisiert: Das zu rettende Rechtsgut wird nicht unmittelbar berührt. Beim tätigen Behandlungsabbruch indes wirkt der Handelnde gerade auf das Objekt ein, dessen Rettung in Rede steht:[168] Beispielsweise der unrettbar Verlorene wird von der Beatmungsmaschine getrennt, oder dem Ungeborenen wird durch die Perfusion die Sauerstoffversorgung entzogen.

Der entscheidende Unterschied liegt mithin darin, dass sowohl beim Abschalten des Respirators als auch beim Einleiten der Perfusion ein zum Tod führender Kausalverlauf ausgelöst wird,[169] während in den anderen Fällen nur ein Rettung verheißender Kausalverlauf abgebrochen oder verhindert oder die eigene Handlungsfähigkeit ausgeschlossen wird, noch bevor irgendeine Wirkung erzielt wur-

---

166 *Stoffers*, JA 1992, 177, 180 ff.; *Samson*, Welzel-FS, S. 579, 582 ff.; *Lee*, Straflose Sterbehilfe, S. 49. Gleichfalls werden a. a. O. auch die anderen Fallgruppen entkräftet, worauf hier indes verzichtet werden soll. Es wurden bisher genügend Argumente zusammengetragen, um ein Unterlassen durch Tun als dogmatische Lösung vorliegend abzulehnen, und ein kursorischer Blick auf die Kritik an den anderen Fallgruppen brächte hier keinen Mehrwert.

167 *Stoffers*, JA 1992, 138, 140; *Hirsch*, Lackner-FS, S. 597, 605.

168 So richtig *Hirsch*, Lackner-FS, S. 597, 605; darauf Bezug nehmend *Lee*, Straflose Sterbehilfe, S. 51; *Stoffers*, Schwerpunkt der Vorwerfbarkeit, S. 440.

169 *Hirsch*, Lackner-FS, S. 597, 605.

de.[170] Tatsächlich hat die Rechtsgut erhaltende Wirkung im Falle des tätigen Behandlungsabbruchs aber schon eingesetzt, denn zumindest vorübergehend wird das Leben verlängert. Auf den Punkt gebracht: Während in den anderen von *Roxin* genannten Fällen also die abgebrochene Rettungskausalität noch gar nicht Rechtsgut erhaltend zu wirken begonnen hat, ist sie in den Fällen des tätigen Behandlungsabbruchs doch zunächst einmal wirksam geworden.[171] Es ist dies ein Faktum, das in keiner der anderen Fallgruppen zu finden ist, ja geradezu die dortige Argumentation konterkariert, der rettende Kausalverlauf habe die Opfersphäre noch nicht erreicht.[172] Dass *Roxin* dies selbst erkennt, aber mit schlichtem Verweis auf das gewünschte Ergebnis gleichwohl unter dem Mantel des Normativen Unterlassungsregeln angewendet sehen will, zeigt die Willkürlichkeit der Lösung. Der technische Behandlungsabbruch ist vielmehr ein Fremdkörper im Konstrukt des Unterlassens durch Tun und kann daher nicht darunter subsumiert werden.

Jedwede Argumentation, die dafür spräche, den tätigen Behandlungsabbruch als Unterlassen durch Tun zu werten, kann demgemäß nicht überzeugen.

IV. Keine Notwendigkeit zur Abgrenzung Tun/Unterlassen in Fällen der Sterbehilfe (mehr)

Mit dem Urteil zur Sterbehilfe vom 25. Juni 2010 ist der BGH nunmehr auch expressis verbis davon abgewichen, an den äußeren Erscheinungsformen von Tun und Unterlassen die Frage nach Strafbarkeit oder Rechtfertigung zu orientieren.[173] Die naturalistische Unterscheidung von aktivem und passivem Handeln, so der BGH, vermag kein sinnvoller Maßstab (mehr) für die Grenzziehung zwischen erlaubter Sterbehilfe und einer nach den §§ 212, 216 StGB strafbaren Tötung zu sein.[174] Ferner hat sich der BGH von jedweden Versuchen, aktives Handeln normativ in ein Unterlassen umzudeuten, um es als passive Sterbehilfe rechtlich legitimieren zu können, distanziert.[175]

Stattdessen postuliert er einen umfänglichen „normativ-wertenden Oberbegriff des *Behandlungsabbruchs* […], der neben objektiven Handlungselementen auch die subjektive Zielsetzung des Handelnden umfasst, eine bereits begonnene medizinische Behandlungsmaßnahme gemäß dem Willen des Patienten insgesamt zu beenden oder ihren Umfang entsprechend dem Willen des Betroffenen oder seines Betreuers nach Maßgabe jeweils indizierter Pflege- und Versorgungserfordernisse

170 So selbst *Roxin*, Engisch-FS, S. 380, 382 ff.; *ders.*, AT II, § 31, Rn. 101 ff.

171 *Sax*, JZ 1975, 137, 144.

172 So zu Recht *Stoffers*, Schwerpunkt der Vorwerfbarkeit, S. 440, m. w. N.

173 BGH, Urteil vom 25. Juni 2010 - 2 StR 454/09 Rn. 28.

174 BGH, Urteil vom 25. Juni 2010 - 2 StR 454/09 Rn. 30. Für unseren Fall ist noch § 218 StGB zu ergänzen.

175 BGH, Urteil vom 25. Juni 2010 - 2 StR 454/09 Rn. 30 f.

zu reduzieren".[176] Will heißen: Es gibt fortan keine Unterklassifizierungen der Sterbehilfe mehr, sondern einzig einen Oberbegriff der „Sterbehilfe durch Behandlungsunterlassung, -begrenzung oder -abbruch", unter den subsumiert zu werden die Erfüllung bestimmter Kriterien voraussetzt.[177]

Mit der Abkehr von alten Begrifflichkeiten hin zum neuen Oberbegriff der durch Einwilligung gerechtfertigten Sterbehilfe geht mithin einher, dass sich auch auf Tatbestandsebene einige der bisher bemühten Argumentationsmuster verschieben (müssen). Insbesondere bei aktiven Handlungen, die vormals dem technischen Behandlungsabbruch subsumiert und des Ergebnisses wegen häufig in ein Unterlassen umgedeutet wurden, braucht nun nicht mehr vom Ergebnis her gedacht zu werden. So ist durch die Klarstellung des BGHs, nämlich dass die Handlungsform ohne Einfluss bleibt für die Frage nach Strafbar- oder Straflosigkeit der Sterbehilfe, der Weg frei für eine dogmatisch nachvollziehbare Trennung zwischen Tun und Unterlassen.

V. Ergebnis für den Abbruch durch Organentnahme

Unabhängig davon, wie dies dogmatisch im Detail begründet ist,[178] ist jedenfalls festgestellt, dass es für die Frage der Strafbarkeit nur darauf ankommt, ob die vom BGH aufgestellten Kriterien erfüllt sind, die Voraussetzung sind für eine erlaubte Sterbehilfe. Einer Umdeutung aktiven Tuns in ein Unterlassen bedarf es deshalb nicht. Mithin kann auch der Behandlungsabbruch durch das Einleiten der Perfusionslösung in den Blutkreislauf der Mutter unverhohlen als das klassifiziert werden, was er tatsächlich ist: nämlich Tun, kein Unterlassen. Ob dieses Tun erlaubt ist oder nicht, ist eine andernorts, namentlich bei den Voraussetzungen der Sterbehilfe im engeren Sinne (unten in diesem Abschnitt unter Punkt F. II.-IV., S. 70 ff.), zu klärende Frage.

D. Kausalität

Es lässt sich feststellen, dass sich das Einleiten der Perfusion nicht hinwegdenken lässt, ohne dass auch der konkrete Erfolg entfiele. Indem man die vorliegende Abbruchhandlung folglich als eine conditio sine qua non für den Tod der Leibesfrucht identifiziert hat, sollte man die Kausalitätsbetrachtung indes noch nicht ganz abschließen. Es sei die Fallkonstellation gebildet, in der die Ärzte mit 100-prozentiger Sicherheit ausschließen können, dass sich aus der Leibesfrucht ein außerhalb der

---

176 BGH, Urteil vom 25. Juni 2010 - 2 StR 454/09 Rn. 31 (Hervorhebungen übernommen).

177 BGH, Urteil vom 25. Juni 2010 - 2 StR 454/09 Rn. 32 ff. Zu den Voraussetzungen erlaubter Sterbehilfe sodann an entsprechender Stelle im Deliktsaufbau.

178 Vgl. zu den verschiedenen Abgrenzungstheorien Tun/Unterlassen *Lee*, Straflose Sterbehilfe, S. 19 ff., mit einem Plädoyer pro Kausalität als Abgrenzungskriterium (S. 58 ff.).

Gebärmutter lebensfähiger Mensch entwickeln wird. Solche Fälle mögen aus verschiedenen Gründen auftreten, sei es aufgrund des frühen Stadiums der Schwangerschaft, sei es aufgrund anderweitiger medizinischer Indikation. *Kiesecker* und *Gruber* beispielsweise verneinten, freilich im Rahmen der Prüfung beim unechten Unterlassungsdelikt (Abschalten der Apparaturen als Unterlassung der weiteren Behandlung), in diesen Fällen eine Handlungspflicht und kamen deshalb zur Tatbestandslosigkeit.[179] Es fragt sich, ob diese Fälle, in denen jegliche Erfolgsaussicht fehlt und die weitere Versorgung den Fruchttod nur hinauszögerte, schon auf Kausalitätsebene in Ansatz gebracht werden können. Man möchte meinen, wenn der Fruchttod ohnehin nicht zu verhindern ist, zumal ja auch keine Behandlungspflicht besteht, kann auch die der Organentnahme vorausgehende Perfusion nicht zur Kausalität und mithin zur Erfüllung des Tatbestands beim Begehungsdelikt führen.

Diese Annahme kann jedoch mit einem Schlagwort als irrig verworfen werden, nämlich dem des hypothetischen Kausalverlaufs. Es ist allgemein akzeptiert, dass Ersatz- oder Reserveursachen gerade nicht hinzugedacht werden dürfen und die Beschleunigung des Erfolgseintritts für die Kausalität einer Handlung schon ausreicht.[180] Die Tatsache, dass die Überlebenschance der Leibesfrucht auch ohne die Abbruchhandlung bei 0 % lag, ist für die Frage der Kausalität also belanglos. Hierauf ist deshalb sogleich unter Punkt F. gesondert einzugehen. Bis hierhin aber liegt ein tatbestandlicher Schwangerschaftsabbruch vor.

E. Tatbestandsausschluss nach § 218a Abs. 1 StGB

Der Tatbestand ist gleichwohl dann nicht verwirklicht, wenn die in § 218a Abs. 1 StGB normierten Voraussetzungen erfüllt sind.

I. Innerhalb der ersten zwölf Schwangerschaftswochen, § 218a Abs. 1 Nr. 3 StGB

Die Tatbestandslosigkeit nach § 218a Abs. 1 StGB greift nur dann Platz, wenn seit der Empfängnis nicht mehr als zwölf Wochen vergangen sind. Regelmäßig darf also das Stadium der Schwangerschaft 14 Wochen (p. m.) nicht überschreiten.[181] Unabhängig von der weiteren Prüfung scheiden somit jedenfalls all die Fälle aus einer möglichen Anwendung von § 218a Abs. 1 StGB aus, in denen der Hirntod erst nach Ablauf der 14. Schwangerschaftswoche festgestellt oder eingetreten ist oder auch nur die Organentnahme erst nach diesem Zeitpunkt stattfinden soll.

179 *Kiesecker*, Die Schwangerschaft einer Toten, S. 246 f; *Gruber*, Medizinstrafrecht, S. 175, 194.

180 *Kühl*, Strafrecht AT, § 4, Rn. 11 ff., m. w. N.

181 Vgl. hierzu schon Fn. 36.

Als Grund der Befristung auf zwölf Wochen wird zum einen der Gesundheitsschutz der Schwangeren hinsichtlich eines steigenden Eingriffsrisikos angegeben.[182] Zum anderen sollen dem ungeborenen Kind Leiden erspart werden, die umso kleiner seien, je früher der Tötungszeitpunkt ist.[183]

II. Vornahme durch einen Arzt, § 218a Abs. 1 Nr. 2 StGB

Ein approbierter Arzt der Humanmedizin (nicht notwendigerweise ein Gynäkologe) muss diesen Eingriff vornehmen.[184] Kommt es also zu einem Schwangerschaftsabbruch auf Grund einer Organentnahme, so ist auch der handelnde Transplantationschirurg Arzt im Sinne von § 218a Abs. 1 Nr. 2 StGB und darf die Schwangerschaft abbrechen.

III. Auf Verlangen der Schwangeren, Beratungsnachweis, § 218a Abs. 1 Nr. 1 StGB

Absatz 1 Nr. 1 setzt ein Verlangen der Schwangeren voraus, dem ein Beratungs- und Aufklärungsgespräch vorangegangen sein muss. Letzteres muss mindestens drei Tage vor dem Eingriff stattgefunden haben und es bedarf in formeller Hinsicht einer Bescheinigung nach § 219 Abs. 2 S. 2 StGB hierüber. Die Anforderungen an ein Verlangen sind dabei größer als an eine bloße Einwilligung, die dem Verlangen jedoch als ein Teil dessen immanent ist. Es genügt für ein Verlangen nicht, dass die Schwangere den Abbruch nur duldend hinnimmt, vielmehr muss sie eine Letztentscheidung treffen, den Abbruch in reflektierter Weise begehren.[185] Ist die Schwangere hirntot, entfällt prima facie die Möglichkeit des Tatbestandsausschlusses nach § 218a Abs. 1 StGB, da sie selbst nichts mehr verlangen und sich auch nicht beraten lassen kann. Die Frage ist, ob das Verlangen durch einen Dritten ersetzt werden kann, vorliegend also durch die Angehörigen, die im Bewusstsein der Schwangerschaft und in Kenntnis aller Konsequenzen einer Organentnahme zugestimmt haben.

---

182 *Lackner/Kühl*, StGB, § 218a, Rn. 6; Schönke/Schröder/*Eser*, StGB, § 218a, Rn. 11; MüKo-*Gropp*, StGB, § 218a, Rn. 17; mit Verweis auf den RegE zum 5. StrRG, BT-Drs. VI, 3434, 26. Kritisch hierzu NK-*Merkel*, StGB, § 218a, Rn. 75, der diesen Punkt als paternalistisches Gesetzesmotiv und überdies medizinisch wohl längst unrichtig abtut. Im Falle der hirntoten Schwangeren aber wäre dieser Punkt ohnehin bedeutungslos.

183 MüKo-*Gropp*, StGB, § 218a, Rn. 17; SK-*Rudolphi/Rogall*, StGB, § 218a, Rn. 11; Schönke/Schröder/*Eser*, StGB, § 218a, Rn. 11; mit Verweis auf den RegE zum 5. StrRG, BT-Drs. VI, 3434, 26. Nach *Merkel* ist dies vornehmlich eine Frage der Moral, NK-*Merkel*, StGB, § 218a, Rn. 75.

184 Statt vieler *Lackner/Kühl*, StGB, § 218a, Rn. 2.

185 Schönke/Schröder/*Eser*, StGB, § 218a, Rn. 9; *Fischer*, StGB, § 218a, Rn. 12.

1. Ersetzen der Einwilligung

Unstreitig ist, dass grundsätzlich die Einwilligung ersetzt werden kann. Wie in § 218a Abs. 2 und 3 StGB dient sie zum einen dem Schutz der „rechtlich garantierte[n] Selbstbestimmung der Frau über ihren Körper".[186] Zum Zweiten bezieht sie sich auf das Schicksal des Ungeborenen dergestalt, dass erst die Einwilligung für Außenstehende manifestiert, dass die Schwangerschaft von der Mutter als ein „(notstandsähnlicher) Konflikt bestimmt wird", der dann erst unter den Voraussetzungen des § 218a StGB strafbefreiend gelöst werden darf.[187] Ist die Schwangere aber zur Zeit des geplanten Schwangerschaftsabbruchs in einem ihre Einwilligungsfähigkeit ausschließenden Zustand, so muss auch eine mutmaßliche Einwilligung regelmäßig möglich sein. Diese Möglichkeit der Stellvertretung wird weder vom Wortlaut[188] noch von der intimen Natur der Abtreibungsentscheidung ausgeschlossen.[189] Sie erklärt sich vielmehr daraus, dass die Reichweite der Autonomie der Einwilligungsunfähigen verlängert wird, nämlich in einen Bereich, in dem sie vorübergehend nicht ausgeübt werden kann, aber (auf Grund überwiegender Interessen der Rechtsgutinhaberin) ausgeübt werden muss.[190]

Hierin zeigt sich aber auch die logische Ausnahme vom Grundsatz: Ist die Schwangere irreversibel bewusstlos oder gar hirntot, kann ein Konflikt zwischen Ungeborenem und Schwangerer überhaupt nicht mehr bestehen. Das bedeutet in der Folge, dass auch die Einwilligung nicht durch Dritte – mit Verweis auf eine mutmaßliche Einwilligung – ersetzt werden kann. Es gilt dies sogar für Fälle, in denen eine Beratung schon stattgefunden und die Frau ihrem Verlangen bereits Ausdruck verliehen hat und es kurz vor dem Eingriff noch dazu kommt, dass diese Frau den Hirntod erleidet. Ein Konflikt aus dem Weiterleben des Kindes kann für die hirntote Schwangere schlichtweg nicht mehr ent- oder fortbestehen, sodass mit Wegfall dieser Bedingung auch die Entscheidungsbefugnis über den Abbruch nicht mehr existiert.[191] Eine solche Entscheidungsmacht ist denn auch nicht mit Eintritt des Hirntodes der Schwangeren auf Dritte übergegangen, da etwas nicht mehr Existentes expressis verbis nicht mehr übergehen kann.

2. Ersetzen des Verlangens

Dessen ungeachtet kann aber auch das Verlangen nicht durch Dritte ersetzt werden: Das Verlangen nämlich billigt der Schwangeren – als ein Mehr gegenüber der Einwilligung – eine höchstpersönliche Letztentscheidung zu, die inhaltlich nicht überprüft wird. Ausfluss dessen ist, dass eben die Schwangere über die Gründe ihres

---

186 NK-*Merkel*, StGB, § 218a, Rn. 16.
187 MüKo-*Gropp*, StGB, § 218a, Rn. 18; NK-*Merkel*, StGB, § 218a, Rn. 16.
188 NK-*Merkel*, StGB, § 218a, Rn. 45.
189 LK[11]-*Kröger*, StGB, § 218a, Rn. 7; NK-*Merkel*, StGB, § 218a, Rn. 45.
190 NK-*Merkel*, StGB, § 218a, Rn. 45.
191 NK-*Merkel*, StGB, § 218a, Rn. 48.

Verlangens keine Aussagen treffen muss.[192] Kehrseite dieser individuellen Willkür muss dann aber auch sein, dass die entsprechende Entscheidung unvertretbar ist.[193] Mithin kann das Verlangen nicht durch einen Dritten ersetzt werden.

IV. Zwischenergebnis

Weder das (höchstpersönliche) Verlangen nach § 218a Abs. 1 Nr. 1 StGB noch die diesem Verlangen immanente Einwilligung können durch einen Dritten ersetzt werden. § 218a Abs. 1 StGB kann daher im Fall der hirntoten Schwangeren nicht Platz greifen.

F. Tatbestandsausschluss durch erlaubte Sterbehilfe – pro Tatbestandslösung

Damit, dass die speziellen Regeln zum Schwangerschaftsabbruch nicht greifen, ist die Prüfung des objektiven Tatbestandes aber noch nicht automatisch am Ende. Der Tatsache geschuldet, dass die Mutter tot ist und § 218a Abs. 1 Nr. 1 StGB somit unanwendbar ist, ist nunmehr eine vornehmlich auf das Ungeborene fokussierte Betrachtung möglich und nötig. Schließlich ist der Embryo oder Fötus nach dem Tod der Mutter *der* Patient, erlangen also beispielsweise die allgemeinen Regeln zum Behandlungsabbruch unmittelbare Geltung. Dass es nämlich keinen Unterschied machen kann, ob der Patient schon ein „fertiger Mensch" ist oder noch im Körper der Mutter heranwächst, liegt schlichtweg an der Schutzpflicht des Staates, die ihren Grund in Art. 1 Abs. 1 GG hat und deren Gegenstand und Maß durch Art. 2 Abs. 2 GG bestimmt werden.[194] So ist der Staat auch zum Schutz des ungeborenen Lebens verpflichtet; auf der anderen Seite kann es gleichsam keine Lebensrettungspflicht um jeden Preis geben,[195] weshalb auch ein Behandlungsabbruch straflos möglich sein muss.[196]

Indem die Rechtsgüter und Interessen des Ungeborenen ins Zentrum der weiteren Betrachtung genommen werden, ist freilich nicht ausgeschlossen, dass ebenso die Rechtsgüter der Mutter und/oder Dritter von Belang sind. Dies bedarf einer gesonderten Prüfung. Die erste und wesentliche Fragestellung bleibt jedoch die Frage nach den Lebens- und Sterbeinteressen des Ungeborenen selbst.

Diese Interessen systematisch zu gewichten ist Ziel der folgenden Prüfung. Da der BGH einen neuen Oberbegriff der durch Einwilligung gerechtfertigten Sterbehilfe

192 *Fischer*, StGB, § 218a, Rn. 12.

193 Roxin/Schroth-*Merkel*, S. 295, 353; NK-*Merkel*, StGB, § 218a, Rn. 72.

194 BVerfGE 88, 203, 251; vgl. auch schon BVerfGE 39, 1, 37.

195 Dazu Näheres im Folgenden unter III. 1. b) bb) (3) (S. 89).

196 Vgl. insofern auch unten Fn. 249.

geschaffen und einen strengen Kanon von Voraussetzungen festgeschrieben hat,[197] ist nunmehr endlich auch eine rechtsklare Prüfung gewährleistet. So groß das Bestreben ist, eine für Praktiker gerichtsfeste Lösung zu finden, so groß ist aber auch der wissenschaftliche Anspruch dieser Untersuchung, nicht blindlings dem BGH zu folgen. Deshalb soll gleich der erste Punkt, nämlich die Einordnung der durch Einwilligung *gerechtfertigten* Sterbehilfe eben als Rechtfertigungsgrund, kritisch untersucht werden. Für die behandelnden und transplantierenden Ärzte ändert sich im Ergebnis nichts: Sie sind entweder straffrei, wenn alle Voraussetzungen erlaubter Sterbehilfe erfüllt sind, oder haben sich (vorbehaltlich der weiteren Prüfung) durch die Organentnahme und den damit verbundenen Tod der Leibesfrucht strafbar gemacht.

I. Kritik an der Verortung als Rechtfertigungsgrund

Hatte das LG Ravensburg[198] anno 1986 – trotz Sympathien für einen Tatbestandsausschluss – noch offen gelassen, ob im Falle von Sterbehilfe (im engeren Sinne) der objektive Tatbestand oder erst die Rechtswidrigkeit zu verneinen war, hat der BGH anno 2010 nunmehr eine Entscheidung getroffen. Er erkennt einem Behandlungsabbruch unter den genannten Voraussetzungen nur eine rechtfertigende Wirkung zu und bejaht also bei Vorliegen einer Einwilligung regelmäßig den Tatbestand des in Rede stehenden Tötungsdelikts. Auch wenn der BGH damit einen gangbaren und für die handelnden Mediziner annehmbaren Weg gewählt hat, so wäre die frühere Abzweigung hin zum Tatbestandsausschluss die trittfestere Alternative gewesen.

1. Logisch-systematisches Argument

Ausgangspunkt der Diskussion, wie der (mutmaßliche) Wille das strafrechtliche Entscheidungsschema beeinflusst, muss das aktuelle Urteil sein: Darin gibt der BGH seine bisherige Linie auf, zur Straflosigkeit nur bei der passiven Sterbehilfe zu gelangen. Als Begründung dafür, neben dem Unterlassen nunmehr auch aktive Handlungen unter bestimmten Voraussetzungen in die zulässige Sterbehilfe einzubeziehen, führt er an, dass eine bloße naturalistische Betrachtung ungeeignet sei, zwischen Strafbarkeit und Straflosigkeit zu differenzieren.[199] Was bisher also schon für ein Unterlassen galt, soll (zusätzlich) nun für aktives Tun nicht minder gelten. Durch diese rechtliche Angleichung von Tun und Unterlassen macht der BGH mithin deutlich, dass für ein Tun auch in der Begründung nichts anderes gelten kann als für ein passives Handeln; die Frage kann folglich darauf reduziert werden, wa-

197 BGH, Urteil vom 25. Juni 2010 - 2 StR 454/09 Rn. 31 ff.

198 LG Ravensburg NStZ 87, 229, 230.

199 BGH, Urteil vom 25. Juni 2010 - 2 StR 454/09 Rn. 30.

rum die so genannte passive Sterbehilfe straflos ist und war. Oder pointierter ausgedrückt: warum *nur* die passive Sterbehilfe straflos war.[200]

Unterstellt man Rechtsprechung und Literatur, nicht willkürlich aktives Handeln als strafbar und passive Sterbehilfe als straflos bewertet zu haben, kann der Grund für die frühere Unterscheidung einzig und allein in den unterschiedlichen Deliktsaufbauten gelegen haben. Der Unterschied im Aufbau von Begehungsdelikten einerseits und Unterlassungsdelikten andererseits aber liegt vornehmlich auf Tatbestandsebene, namentlich bei der unterlassungstypischen Garantenstellung. Denn warum eine (mutmaßliche) Einwilligung nur bei einem Unterlassen, nicht aber bei einem aktiven Behandlungsabbruch *rechtfertigende* Wirkung hätte entfalten können, ist nicht zu erklären. Die Einwilligung ist zumal kein unterlassungstypischer Rechtfertigungsgrund (wie bspw. die rechtfertigende Pflichtenkollision); sie findet auf Tun und Unterlassen gleichermaßen Anwendung. Der Grund dafür, dass die passive Sterbehilfe auch ehedem straflos war, kann folglich nur darin gelegen haben, dass die Garantenstellung und also der Tatbestand entfielen.

Dass eine eventuelle Sperrwirkung des § 216 StGB für jedwedes (aktive) Tun nicht der Grund für eine Unterscheidung gewesen sein kann, sagt der BGH selbst implizit, wenn er an anderer Stelle darauf abstellt, dass § 216 StGB auch durch Unterlassen begangen werden kann.[201] Dann aber hätte § 216 StGB ebenso für Unterlassungsdelikte eine Sperrwirkung entfalten müssen.[202] Eine Rechtfertigung wäre so unter keinen Umständen möglich gewesen.

---

200 Der Vollständigkeit halber sei erwähnt, dass auch die so genannte indirekte Sterbehilfe, also eine auf Schmerzlinderung zielende Medikation mit dem Risiko einer lebensverkürzenden Wirkung, ehedem schon erlaubt war, etwa unter Rekurs auf § 34 StGB oder eine Kombination dessen mit dem Instrument der Einwilligung; vgl. nur die Nachweise bei *Habicht*, Sterbehilfe, S. 35 und 37 f. Diese Straflosstellung auf Ebene der Rechtswidrigkeit aber ist mit eben solchen Zweifeln behaftet wie die aktuelle Lösung des BGHs zum aktiven Behandlungsabbruch; insofern kann der bisherige Lösungsweg zur indirekten Sterbehilfe kein Fundament einer dogmatischen Herleitung für die Tatbestandslösung sein, sondern ist im Ergebnis zu korrigieren. Das ist anders bei der (bisher so genannten) passiven Sterbehilfe, weil hier eine dogmatisch konsistente Lösung existiert, auf deren Grundlage alle weiteren Formen des Behandlungsabbruchs durchdekliniert werden können. Angesichts der Tatsache, dass die indirekte Sterbehilfe aber praktisch ohnehin nur von marginaler Bedeutung ist (siehe hierzu *Borasio*, DÄBl. 2007; 104(5): A-224, der meint, die neuen wissenschaftlichen Daten aus der palliativmedizinischen Forschung zeigten, dass Opioide oder Benzodiazepine die Sterbephase nicht verkürzten, sondern sogar leicht verlängerten; siehe hierzu auch *Habicht*, Sterbehilfe, S. 39 f.), wird im Folgenden die indirekte Sterbehilfe nicht weiter thematisiert. Im Ergebnis läuft es dabei gleichermaßen auf eine Korrektur des Behandlungsauftrages und damit eine modifizierte Garantenstellung hinaus.

201 BGH, Urteil vom 25. Juni 2010 - 2 StR 454/09 Rn. 29.

202 Anders Schönke/Schröder/*Eser*, StGB, § 216, Rn. 10 m. w. N.

Letztlich spricht auch das Fehlen einer dem § 228 StGB vergleichbaren Regelung für die Tötungsdelikte gegen die Möglichkeit einer rechtfertigenden Einwilligung.[203]

So zeigt sich also, dass der BGH besser schon beim Tatbestand, genauer: bei der Garantenstellung hätte ansetzen müssen. Im Übrigen ist, als kleine Randnotiz, festzustellen, dass der BGH in seinem Urteil vom 13. September 1994 stets nur von *zulässiger* Sterbehilfe gesprochen hat,[204] es aber tunlichst vermied, von Rechtfertigung zu schreiben.[205] So gesehen hätte der BGH anno 2010 also durchaus Gelegenheit gehabt, auch pro Tatbestandslosigkeit zu argumentieren, ohne von der Rechtsprechung eines anderen Senats abzuweichen.

2. Inhaltliche Argumentation bzgl. des Wegfalls der Garantenstellung beim Unterlassungsdelikt

Um jenseits dieses logisch-systematischen Widerspruchs zu begründen, warum es auch inhaltlich richtig ist, trotz aktiver Lebensverkürzung zur Tatbestandslosigkeit der Sterbehilfe zu gelangen, sollen zwei Schritte gegangen werden. Zum Ersten ist die Frage zu beantworten, warum die Sterbehilfe durch Unterlassen der weiteren Behandlung tatbestandslos ist. Zum Zweiten kann aus der Antwort die Begründung dafür hergeleitet werden, warum auch beim (aktiven) Behandlungsabbruch schon der Tatbestand entfällt.

Eine methodische Anmerkung sei noch gemacht: Wenngleich der BGH nunmehr eine Trennung in Sterbehilfe im engeren und eine solche im weiteren Sinne nicht mehr vornimmt, soll hier dennoch diese Trennung zu Argumentationszwecken beibehalten werden. Einerseits ist die gesamte vor dem Grundsatzurteil zur Sterbehilfe erschienene Literatur demgemäß aufgeteilt, andererseits ist die Argumentation inhaltlich leicht verschieden, auch wenn sich am Ende doch wieder ein gemeinsamer Nenner finden lässt.

a) (Vormals) Sterbehilfe im engeren Sinne

Hat der Sterbeprozess bereits eingesetzt und steht der Tod unmittelbar bevor, fehlt die medizinische Indikation für eine weitere Lebenserhaltung. Eine Lebenserhaltungspflicht um jeden Preis nämlich gibt es nicht. So urteilte schon der BGH im 32. Band: „Angesichts des bisherige Grenzen überschreitenden Fortschritts medizinischer Technik bestimmt nicht die Effizienz der Apparatur, sondern die an der Achtung des Lebens *und* der Menschenwürde ausgerichtete Einzelfallentscheidung die Grenze ärztlicher Behandlungspflicht."[206] Unerheblich ist dabei, ob diese in-

---

203 *Lilie*, Strafrechtliche Gesichtspunkte, 75, 81.

204 BGHSt 40, 257.

205 Dafür, dass der BGH gleichwohl von einer Rechtfertigung ausging und die Entscheidung nicht offen ließ, hingegen *Lilie*, Strafrechtliche Gesichtspunkte, 2001, 81.

206 BGHSt 32, 367, 379 f. (Hervorhebung übernommen). Zuzustimmen ist gleichsam *Mattisseck-Neef*, Schwangerschaftsabbrüche und Neugeboreneneuthanasie, S. 326, dass

fauste Prognose erst während der Intensivtherapie gestellt werden kann oder sie (ex post betrachtet) schon vor Aufnahme der apparativen Behandlung hätte diagnostiziert werden können und die Therapie deshalb von vornherein nicht Erfolg versprechend war. Besteht bzw. bestand aber schon keine Chance auf Rettung, dann konnte auch keine Pflicht dazu fortbestehen bzw. entstehen. Liegt demzufolge eine Behandlung vor, die nicht (mehr) geboten ist, wirkt sich das dergestalt auf die Frage nach der Garantenpflicht aus, dass diese mit der infausten Prognose entfällt.[207] Wenn schon keine Handlung geboten ist, die unterlassen werden kann, kann es erst recht keine Einstandspflicht geben, einen nicht mehr aufzuhaltenden Erfolg abzuwenden. Der Arzt ist somit kein Einstandspflichtiger, kein Garant (mehr). Hat der Sterbeprozess also unaufhaltsam eingesetzt und wird die Behandlung deshalb unterlassen, fehlt es bereits am objektiven Tatbestand.[208]

b) (Vormals) Sterbehilfe im weiteren Sinne

Dass es inhaltlich richtig ist, gleichsam schon dann die Garantenstellung und die daraus folgende -pflicht verneinen zu können, wenn der Sterbeprozess noch nicht eingesetzt hat, hat u. a. schon *Lilie* in kurzer und prägnanter Argumentation festgestellt. Der (ausdrückliche oder vermutete) Wille des Patienten nämlich „wirkt sich unmittelbar auf den ärztlichen Behandlungsauftrag aus und begrenzt auch den Umfang der ärztlichen Aufgaben.“[209] Beinhaltet dieser Wille das Unterlassen der weiteren Behandlung, ändert sich gleichsam die Stellung des Arztes dergestalt, „dass der Wille des Patienten die Garantenstellung des Arztes für das Wohl und Wehe des Patienten aufhebt und damit eine wesentliche Voraussetzung für den Tatbestand eines Tötungsdelikts entfällt.“[210]

Wenn nämlich laut BGH das Selbstbestimmungsrecht des Einzelnen (Art. 1 Abs. 1, 2 Abs. 1 GG) ihn zur Abwehr gegen nicht gewollte Eingriffe in seine körperliche Unversehrtheit und in den unbeeinflussten Fortgang seines Lebens und Sterbens legitimiert,[211] muss diese Abwehr freilich schon dadurch möglich sein, dass er dem Garanten die Lebenserhaltungspflicht entziehen, ihn aus seiner Garantenstellung entlassen kann; auf zivilrechtlicher Ebene ließe sich von einer

---

statt des naturwissenschaftlich-technischen Erfolges vielmehr das menschliche Gesamtwohl als humane ärztliche Aufgabe maßgeblich ist.

207 *Hirsch*, Lackner-FS, S. 597, 605 f.; *Stoffers*, Schwerpunkt der Vorwerfbarkeit, S. 462 f.

208 Deshalb irrt auch *Merkel*, ZStW 107 (1995), 545, 570, wenn er anführt, das Argument der (In-) Humanität der weiteren Lebenserhaltung sei kein spezifisch juristisches, sondern ein moralisches, weshalb die Rechtfertigungsebene richtiger Anknüpfungspunkt für entsprechende Abwägungen sei: Die Würde des Sterbens ist vielmehr im Wesentlichen auf Art. 1 Abs. 1 GG zurückzuführen, die Argumentation mithin juristisch determiniert.

209 *Lilie*, Strafrechtliche Gesichtspunkte, 75, 81; ähnlich auch *Lilie*, Steffen-FS, 273, 281 ff.

210 *Lilie*, Strafrechtliche Gesichtspunkte, 2001, 75, 81. So auch *Gropp*, Schlüchter-GS, S. 173, 184 („*Entlassung des Arztes aus seiner Garantenstellung* aufgrund der Wahrnehmung des Selbstbestimmungsrechts durch den Patienten“ [Hervorhebungen übernommen]).

211 BGH, Urteil vom 25. Juni 2010 - 2 StR 454/09 Rn. 35.

Modifizierung des Behandlungsvertrages sprechen. Damit entfällt für den Unterlassenden aber schon der Tatbestand.

Der mutmaßliche Wille ist im Übrigen der gemeinsame Nenner, der sowohl für die Sterbehilfe im Weiteren als auch die im engeren Sinne gilt: Ist eine infauste Prognose gestellt und eine (Weiter-) Behandlung medizinisch nicht indiziert, beendet gleichsam der mutmaßliche Wille des Moribunden regelmäßig die Garantenstellung des Arztes.[212]

3. Ausschluss des Tatbestandes auch bei aktivem Handeln

Beim Begehungsdelikt freilich stellt sich die Frage nach einer Garantenstellung, die entfallen könnte, nicht. Dennoch ergibt sich aus dieser Argumentation auch die mögliche Tatbestandslosigkeit beim aktiven Abbruch der Behandlung.

a) (Vormals) Sterbehilfe im engeren Sinne

aa) Logisch-systematisches Argument

Ausgangspunkt und zugleich Kern der Lösung sei die treffende Erwägung *Hirschs*: Kann eine Rettungshandlung von niemandem verlangt werden, weil zur Vornahme des bewahrenden Kausalverlaufs wegen fehlender Rettungschance keine Rechtspflicht besteht, dann kann auch ein aktives Tun nicht tatbestandsmäßig sein, wenn es aktiv diesen Kausalverlauf unterbindet.[213] Oder anders ausgedrückt: Nimmt jemand eine potentiell rettende Handlung vor, die diese Wirkung aber nicht mehr zu entfalten vermag, eben weil der Sterbeprozess schon jenseits eines points of no return angelangt ist, dann kann auch ein positives Tun, durch das im Nachhinein der nicht (mehr) gebotene Rettungsversuch wieder aktiv abgebrochen wird, nicht tatbestandsmäßig sein.[214] Die Tatbestandslosigkeit beim Unterlassen der (Weiter-) Behandlung, so die rechtslogische Quintessenz, muss sich auch beim aktiven Abbruch eben jener Behandlung spiegeln.

bb) Teleologisches Argument

Überdies lässt sich auch aus einer genaueren Betrachtung des Schutzzwecks der Straftaten gegen das Leben ein Nutzen für die Diskussion ziehen. Wenn auch beispielsweise *Stoffers*[215] die folgende Lösung kritisiert[216] und statt ihrer nur das eben dargestellte logisch-systematische Argument anerkennt und vertritt, so übersieht er, dass sich beide Argumente ergänzen und nicht alternativ zueinander in einem Konkurrenzverhältnis stehen. Es sind zwei Seiten ein und derselben Medaille. Um eine Schutzzweckbetrachtung kommt man also nicht umhin.

---

212 Zum besseren Verständnis dieser Aussage vgl. die Ausführungen zur mutmaßlichen Einwilligung im 3. Kapitel, 1. Abschnitt, F. III., insbesondere dort unter 1. b) (S. 84 ff.).

213 *Hirsch*, Lackner-FS, S. 597, 605 f.

214 *Stoffers*, Schwerpunkt der Vorwerfbarkeit, S. 463.

215 *Stoffers*, Schwerpunkt der Vorwerfbarkeit, S. 450 ff., insbes. S. 452 f.

216 Zur Kritik an dieser Kritik sogleich.

So galt vor dem Urteil des BGHs der Grundsatz, dass die Rechtsordnung *jedes* Tun, das die natürliche Lebensspanne des Menschen (aktiv) verkürzt, strafrechtlich zu ahnden hat. Dieses Verbot aktiver Lebensvernichtung fand erst im Tod seine Grenze. Schon 1975 sah *Sax* hierin einen Widerspruch, indem er feststellte, dass dies beim Lebenserhaltungs*gebot* nicht per se der Fall sei. Wie oben schon festgestellt, kann eine Handlungspflicht nämlich nur dann von der Rechtsordnung aufgestellt werden, wenn sie nicht zu rechtlich inhumanem Verhalten verpflichte. Angesichts der Pflicht des Rechts, den menschlichen Tod und (zuvor) das menschliche Sterben zu achten, ist deshalb eine (Garanten-) Pflicht nicht begründbar, ein unaufhaltsam verlöschendes Leben durch mechanische Vorkehrungen zu verlängern. Das heißt also: Genau so, wie es verboten ist, durch das aktive Setzen einer neuen Todesursache dem Sterbenden die Gnade des natürlichen Todes zu versagen, sei es, so *Sax*, gleichsam nicht durchsetzbar, einem Garanten zu gebieten, das natürliche Sterben kurzfristig und um jeden Preis durch lebensverlängernde Maßnahmen zu unterbrechen. Mithin reicht das dem Garanten auferlegte Rechts*gebot* der Lebenserhaltung also nicht bis zum Tod, sondern endet bereits dort, wo das nahende Sterben unabänderlich geworden ist und Atmung sowie Herztätigkeit nur durch apparativ-mechanische Vorkehrungen aufrechterhalten werden.[217] Diesem Gesichtspunkt wird beim unechten Unterlassungsdelikt dadurch entsprochen, dass die Nichtvornahme der *gebotenen* Handlung Tatbestandsvoraussetzung und konstituierend für das Ent- oder Fortbestehen einer Garantenstellung ist, wobei objektiv Unmögliches – eben eine Rettung ab dem Zeitpunkt, in dem eine Rettungschance gar nicht mehr besteht – schon begrifflich nicht unterlassen werden kann.[218] *Sax* sah ein Ungleichgewicht nunmehr dadurch entstanden, dass sich durch das Aufkommen einer möglichen lebensverlängernden Intensivbehandlung das Tötungs*verbot*, das ja bis zum Tod reiche, ausgedehnt hat, wohingegen das Lebenserhaltungs*gebot* schon vorher ende (aus eben jenen Gründen der Humanität hinsichtlich der Achtung des Todes).

Diese Disparität zwischen der Reichweite des Verbots, Leben zu vernichten, und des Gebots der Lebenserhaltung sei nunmehr – so die Quintessenz – Begründung dafür, den Lebensschutz abzustufen. Bestehe keine Pflicht mehr, das verlöschende Leben durch nutzlose und lediglich das Sterben verlängernde Maßnahmen künstlich zu verlängern, ende ab diesem Zeitpunkt das rechtlich geschützte Interesse an der Lebenserhaltung überhaupt. Mithin könne, so *Sax*, dann auch keinem rechtlich geschützten Interesse zuwidergehandelt werden, wenn aktiv nur das Hindernis beseitigt wird, das den natürlichen Prozess des Sterbens behindert hat. Der Tatbestand liege also deshalb auch bei aktivem Tun nicht vor, wenn und weil die Haftung durch den Schutzzweck der Norm begrenzt ist.[219]

---

217 Vgl. zu dieser gesamten Herleitung *Sax*, JZ 1975, 137, 148 f.

218 *Wessels/Beulke*, AT, Rn. 708. Vgl. zum – späterhin noch zu thematisierenden – Aspekt der rechtlichen Gebotenheit im Erlanger Babyfall *Kiesecker*, Die Schwangerschaft einer Toten, S. 246 f.

219 *Sax*, JZ 1975, 137, 149.

Hiergegen wird eingewandt, dass konsequenterweise dann, wenn der Schutzzweck das unaufhaltsam verlöschende Leben nicht mehr deckt, auch eine Giftinjektion oder gar ein Erschlagen des Patienten tatbestandslos wäre.[220] Diese Kritik verkennt indes die Reichweite des Schutzzwecks und pauschaliert zu stark. Menschliches Leben verliert nicht schon deshalb seinen „*Wert als Rechtsgut*, weil es zufolge eines unaufhaltsamen Auflösungsprozesses unmittelbar vor dem Ende steht"; allein die Pflicht des Rechts zum Schutze des Rechtsgutes Leben ist abstufbar. [221] Und nur in dem Maße, wie das Lebenserhaltungsgebot abnimmt, kann auch das Verbot eingeschränkt sein. Zu beachten ist mithin stets die Konnexität zwischen Unterlassen und Tun, wobei weder *jedes* Unterlassen noch *jedes* Tun zur Haftungsbeschränkung geeignet ist. Gebildet sei folgender, wenn auch konstruierter Fall: Bei einem sterbenden Intensivpatienten (der Tod steht unmittelbar bevor) wird eine infauste Prognose gestellt und daraufhin die künstliche Ernährung unterlassen; zugleich droht irgendein Defekt an den weiterhin angeschlossenen Apparaten, den Patienten auf andere Weise (z. B. durch einen Brand) aber schon vorher zu töten. Eine Pflicht des Pflegepersonals, den sterbenden Patienten weiterhin zu ernähren, besteht nach oben Gesagtem nicht. Gleichwohl wird niemand bestreiten, dass mit Blick auf den defekten Apparat eine Garantenstellung und damit eine Handlungspflicht entstehen, den vorzeitigen Tod durch diesen Defekt zu verhindern. Der Schutzzweck der Norm, um mit *Sax* zu sprechen, gebietet nicht, einen unaufhaltsamen Sterbeprozess kurzzeitig aufzuhalten, jedoch umso mehr, jedwede anderen tödlichen Einflüsse abzuwehren. Wie es verboten ist, einen Dritten, der den sterbenden Patienten erschlagen will, nicht von seinem Vorhaben abzubringen, so ist es verboten, einen Sterbenden selbst zu erschlagen. Die Haftung ist einzig dann durch den Schutzzweck der Norm eingeschränkt, wo es um die künstliche Verlängerung des Sterbens geht und es keine Rechtspflicht zur Lebenserhaltung (mehr) gibt.

Wenn ferner kritisiert wird, dass die gesamte Argumentation von *Sax* dahingehe, in diesen Fällen das Tun dem Unterlassen gleichzustellen und es wie dieses zu behandeln,[222] wird zum einen übersehen, dass *Stoffers*, der auf diese Kritik verweist, mit seiner eigenen Lösung nichts anderes macht, indem er auf die (fehlende) Handlungspflicht abstellt und somit die Erlaubnis zum Handeln aus der Erlaubnis zum Unterlassen folgert.[223] Zum anderen ist aber genau das auch richtig, denn der wesentliche Gedanke ist gerade, dass für Tun und Unterlassen das Gleiche zu gelten hat, sie im Ergebnis also gleichzustellen sind. Dass sich die Argumentation für das Tun aus der hinsichtlich des Unterlassens entwickelt, kann aber kein ernstzunehmender Kritikpunkt sein.

---

220 *Hirsch*, Lackner-FS, S. 597, 605; *Stoffers*, Schwerpunkt der Vorwerfbarkeit, S. 450.

221 *Sax*, JZ 1975, 137, 147 (Hervorhebungen vom Autor übernommen).

222 *Stoffers*, Schwerpunkt der Vorwerfbarkeit, S. 453 (Fn. 214) mit Verweis auf *v. Dellinghausen*, Sterbehilfe, S. 458.

223 *Stoffers*, Schwerpunkt der Vorwerfbarkeit, S. 463.

Im Ergebnis vermag dieser Rückgriff auf den Schutzzweck das logisch-systematische Argument nur noch zusätzlich zu untermauern. Wenn es dort heißt, „[besteht] ein Gebot zur Vornahme dieser Handlung nicht (mehr) [...], dann kann ein Verhalten - positives Tun - [...] nicht verboten und somit auch nicht tatbestandsmäßig sein",[224] dann wird hier mit dem Rückgriff auf den Schutzzweck die Frage beantwortet, *warum* das nicht sein kann.

cc) Zwischenergebnis für die Sterbehilfe im engeren Sinne

Für die Fälle der Sterbehilfe im engeren Sinne ist also argumentativ begründet, warum schon der Tatbestand entfällt, wenn die Behandlung aktiv abgebrochen wird.

b) (Vormals) Sterbehilfe im weiteren Sinne

aa) Logisch-systematisches Argument

Hat der Sterbeprozess noch nicht eingesetzt, sind also intensivmedizinische Maßnahmen weiterhin indiziert, so ist abermals der Wille des Patienten das entscheidende Moment. Erinnert sei daran, dass der Einfluss des Selbstbestimmungsrechts des Patienten so groß ist, dass er den Arzt aus seiner Garantenstellung entlassen kann. Rechtslogisch muss aber dann, wenn in den Fällen der Sterbehilfe im engeren Sinne sich die fehlende Garantenpflicht in einer Gestattung positiven Tuns spiegelt, auch in Fällen der Sterbehilfe im weiteren Sinne das Selbstbestimmungsrecht auf den Tatbestand des Begehungsdelikts durchschlagen. Soll heißen: Kann der Arzt eine Rettungshandlung unterlassen, weil ihn der Patient vermöge seines Selbstbestimmungsrechts aus seiner Garantenstellung entlässt und somit zur Vornahme des bewahrenden Kausalverlaufs keine Rechtspflicht mehr besteht, dann kann auch ein aktives Tun nicht tatbestandsmäßig sein, wenn es aktiv diesen Kausalverlauf unterbindet und vom Willen des Patienten getragen ist.

bb) Teleologisches Argument

Ähnliches gilt für die Schutzzweckbetrachtung. Hatte *Sax* nur Fälle der einst so genannten Sterbehilfe *im engeren Sinne* im Blick, müssen die gleichen Erwägungen gleichsam dort gelten, wo der Sterbeprozess noch nicht eingesetzt hat, die vom BGH postulierten Voraussetzungen der Sterbehilfe aber vorliegen. Wenn das Gebot zur Lebenserhaltung dadurch eingeschränkt ist, dass der Patient in den Behandlungsabbruch eingewilligt hat, um einem Krankheitsprozess seinen Lauf zu lassen, muss sich auch der Schutzzweck des Tötungsverbots um genau diesen Bereich reduzieren. Der Wert des Rechtsguts Leben bleibt zwar auch dann unvermindert hoch;[225] der Schutzzweck jedoch ist gemäß der Einwilligung in den Behandlungsabbruch modifiziert. Der Tötungstatbestand ist mithin nicht erfüllt.

---

224 *Stoffers*, Schwerpunkt der Vorwerfbarkeit, S. 463.

225 *Sax*, JZ 1975, 137, 147.

cc) Zwischenergebnis für die Sterbehilfe im weiteren Sinne

Damit ist auch für die Fälle der Sterbehilfe im weiteren Sinne begründet, warum beim tätigen Behandlungsabbruch schon der Tatbestand entfällt.

4. Zwischenfazit

Damit scheint es so, als könnten sowohl das Unterlassen der Weiterbehandlung als auch der tätige Behandlungsabbruch (immer vorbehaltlich der weiteren Sterbehilfevoraussetzungen) schon tatbestandsausschließend wirken. Dass hier gleichwohl der Konjunktiv gebraucht wird, liegt schlicht daran, dass dieses Ergebnis noch einer letzten Prüfung unterzogen werden soll.

5. Überprüfung des gefundenen Ergebnisses

Praktisch wird es den handelnden Arzt nicht interessieren, ob seine Handlung tatbestandslos ist oder sie zwar den Tatbestand eines Tötungsdelikts verletzt, im Ergebnis aber eine Rechtfertigung erfährt. Für ihn relevant ist allein, dass er bei Vorliegen aller Sterbehilfevoraussetzungen[226] straffrei ausgeht. Für den Juristen indes ist die Frage dann von Bedeutung, wenn sich beispielsweise bei Vorliegen eines Irrtums oder bei Fehlen des subjektiven Elements Ergebnisse ändern. Letztlich sei noch eine Abgrenzung von der sog. Einheitslösung erlaubt, die die Einwilligung (gleich dem tatbestandsausschließenden Einverständnis) stets auf Tatbestandsebene behandelt wissen will.

a) Vorliegen eines Irrtums

Geht man nach der hier vertretenen Meinung davon aus, dass es sich bei den Sterbehilfevoraussetzungen um Tatbestandsmerkmale handelt, entfällt bei einem Irrtum des grundsätzlich Abbruchsberechtigten über die Sterbehilfevoraussetzungen der Vorsatz (§ 16 Abs. 1 S. 1 StGB); es bleibt bei einer möglichen Strafbarkeit wegen fahrlässiger Tötung (§ 16 Abs. 1 S. 2 i. V. m. § 222 StGB). Nichts anderes ergibt sich aber auch dann, wenn man nur eine potentiell rechtfertigende Wirkung annimmt: Irrt sich der Täter nämlich über die objektiven Voraussetzungen eines von der Rechtsordnung anerkannten Rechtfertigungsgrundes, hält also irrig Umstände für gegeben, die im Fall ihres wirklichen Gegebenseins die Tat rechtfertigten, handelt es sich um einen Erlaubnistatbestandsirrtum,[227] wobei der Irrende nach vorherrschender Meinung nicht wegen einer Vorsatztat bestraft werden kann, sondern einzig wegen einer Fahrlässigkeitstat.[228]

---

226 Dazu sogleich.

227 *Wessels/Beulke*, AT, Rn. 467.

228 So die eingeschränkte Schuldtheorie, die sich grob in zwei aktuell und vielfach vertretene Lehrmeinungen unterteilen lässt. Nach der eingeschränkten Schuldtheorie i. e. S. entfällt der Vorsatz über eine analoge Anwendung von § 16 Abs. 1 StGB; vgl. statt vieler Schönke/Schröder/*Sternberg-Lieben*, StGB, § 16, Rn. 18; *Kühl*, Strafrecht AT, § 13, Rn. 73; jeweils m. w. N. Nicht der Vorsatz, dafür aber der Vorsatzschuldvorwurf und damit gleichsam die Strafbarkeit aus dem vorsätzlichen Delikt entfällt, folgt man hingegen der rechts-

Ferner sei der Fall gebildet, dass der die Behandlung Abbrechende grundsätzlich weiß, dass er selbst gar nicht zum Kreise der Abbruchberechtigten zählt oder dass mindestens eine der anderen Abbruchvoraussetzungen nicht vorliegt, er sich aber dennoch für berechtigt hält abzubrechen. Nach beiden Lösungen liegt hier ein (in der Regel vermeidbarer) Verbotsirrtum nach § 17 StGB vor, sodass sich auch hier nichts ändert und es in beiden Fällen zu einer Bestrafung (mit fakultativer Strafmilderungsmöglichkeit, vgl. §§ 17 S. 2, 49 Abs. 1 StGB) kommt.

Unterschiede können sich, je nach Argumentation, einzig bei Fragen der Teilnehmerstrafbarkeit ergeben. Geht man bei einem Irrtum über die Sterbehilfevoraussetzungen von einem Tatbestandsirrtum aus, entfällt der Vorsatz und somit die aufgrund der Akzessorietät der Teilnahme notwendige vorsätzliche rechtswidrige Haupttat. Nach der Rechtfertigungslösung aber entfällt bei einem Erlaubnistatbestandsirrtum zumindest nach der rechtsfolgenverweisenden eingeschränkten Schuldtheorie lediglich der Vorsatzschuldvorwurf,[229] weshalb eine Teilnahme möglich bliebe.

Da die Anzahl solcher Fälle indes minimal sein dürfte, die Entstehung großer Strafbarkeitslücken also nicht zu befürchten ist, sollten die oben angestellten dogmatischen Erwägungen pro Tatbestandsausschluss in ihrer Argumentationskraft weit schwerer wiegen. Irrtumserwägungen sind mithin nicht geeignet, die Lösung des BGHs als die dogmatisch richtige erscheinen zu lassen.

b) Fehlen des subjektiven (Rechtfertigungs-) Elements

Unterschiede in der Rechtsfolge könnten sich ferner dann ergeben, wenn bei Vorliegen aller objektiven Voraussetzungen das subjektive Element beim Abbruch fehlt. Die Frage ist also, was rechtlich passiert, wenn die Zielsetzung die Tötung ist und nicht der Behandlungsabbruch gemäß dem Patientenwillen, oder wenn der die Behandlung Abbrechende gar keine Kenntnis davon hat, dass die objektiven Voraussetzungen für den Behandlungsabbruch vorliegen.

Bei der Einwilligung ist das subjektive Rechtfertigungselement eine elementare Voraussetzung für eine Rechtfertigung des vollendeten Delikts. Ist die Tat zwar objektiv gerechtfertigt, handelt der Täter aber ohne das subjektive Rechtfertigungselement, so ist sein Verhalten rechtswidrig.[230]

Argumentativ wird bei den Rechtfertigungsgründen wie auch speziell der Einwilligung auf die Struktur des Unrechtstatbestandes abgestellt: Dieser besteht aus einem Erfolgs- und einem Handlungsunwert. Während die objektiven Voraussetzungen der Rechtfertigungsgründe nur den Erfolgsunwert zu kompensieren vermögen, bedarf es noch eines Handlungswertes – eben in Form des subjektiven Recht-

folgenverweisenden eingeschränkten Schuldtheorie; vgl. nur *Wessels/Beulke*, Rn. 478; *Heinrich*, AT II, Rn. 1133; ebenso jeweils m. w. N.

229 Vgl. zuvor Fn. 228.

230 A. A. etwa LK[11]-Spendel, StGB, § 32, Rn. 138.

fertigungselements –, der den Handlungsunwert des subjektiven Tatbestandes kompensiert.[231]

Welche Rechtsfolge es aber zeitigt, wenn das subjektive Rechtfertigungsmoment fehlt, ist streitig. Nach der früheren Rechtsprechung[232] und Teilen der Literatur[233] wirkt sich der Umstand, dass nicht alle Voraussetzungen zur Rechtfertigung vorliegen, (vermeintlich) konsequent dahingehend aus, dass eine Rechtfertigung gänzlich ausscheidet und eine vollendete Tat vorliegt. Kennt also der die Behandlung Abbrechende die objektiv vorliegenden Voraussetzungen gar nicht und/oder bricht mit Tötungsabsicht die Behandlung ab, macht er sich wegen eines vollendeten Tötungsdelikts strafbar. Die im Vordringen befindliche Meinung im Schrifttum, die mittlerweile von der Rechtsprechung aufgegriffen wurde,[234] hingegen will (analog oder direkt) wegen untauglichen Versuchs bestrafen: Der mit der Tatbestandsverwirklichung verknüpfte Erfolgsunwert nämlich werde durch die objektiv gegebene Rechtfertigungslage kompensiert; es bleibe ein versuchsähnliches Unrecht übrig, das lediglich im *Willen* zur Rechtsverletzung zum Ausdruck komme (der Handlungsunwert).[235] Vergleichbar seien beide Konstellationen deshalb, weil es beim untauglichen Versuch zur Rechtsgutsverletzung nicht kommen konnte, bei Vorliegen aller objektiven Rechtfertigungsmerkmale indes das Rechtsgut (objektiv) verletzt werden durfte.[236] Jedoch auch nach dieser Lösung kann es zum gleichen Strafrahmen wie beim Vollendungsdelikt kommen, da die Strafmilderung nach § 23 Abs. 2 i. V. m. § 49 Abs. 1 StGB nur eine fakultative ist. Die maximale Strafhöhe ist also in beiden Fällen gleich.

Ein vergleichender Blick auf die verschiedenen Tatbestandsausschließungsgründe hingegen verrät, dass hier ein subjektives Element vergleichbar dem bei den Rechtfertigungsgründen regelmäßig nicht vorzuliegen braucht: Beim tatbestandsausschließenden Einverständnis beispielsweise muss nach überwiegender Auffassung weder der Einverstandene sein Einverständnis erklären, noch muss der Täter es im Zeitpunkt der Handlung kennen.[237] Gleichfalls gibt es beim Tatbestandsausschluss nach § 218a Abs. 1 StGB kein Analogon zu den subjektiven Rechtfertigungsele-

---

231 *Wessels/Beulke*, AT, Rn. 276 ff.; *Kühl*, Strafrecht AT, § 6, Rn. 12.

232 BGHSt 2, 111, 114 f.; BGH NStZ 2005, 332, 334.

233 *Krey*, Strafrecht AT 1, Rn. 419 ff.; LK[11]-*Hirsch*, StGB, vor §§ 32 ff., Rn. 59 ff., der jedoch eine Strafmilderung über den Milderungsschlüssel des § 49 I StGB befürwortet; *Alwart*, GA 1983, 43, 454 f.

234 BGHSt 38, 144, 155 f.

235 LK[12]-*Rönnau*, StGB, Vor § 32, Rn. 90, m. w. N.; *Wessels/Beulke*, AT, Rn. 279; *Kühl*, Strafrecht AT, § 9, Rn. 41; *Puppe*, Kleine Schule des juristischen Denkens, S. 98 (der zufolge eine Analogie weder nötig noch zulässig ist, da in jeder Vollendung ein Versuch begrifflich enthalten sei).

236 Schönke/Schröder/*Lenckner*/*Sternberg-Lieben*, StGB, Vorbem. §§ 32 ff., Rn. 15, m. w. N.

237 Statt vieler BayObLG NJW 1979, 729; *Rengier*, AT, § 23, Rn. 46; *Wessels/Beulke*, AT, Rn. 369.

menten.[238] Der objektive Tatbestand des vollendeten Delikts ist also unabhängig von einem etwaigen subjektiven Element stets dann ausgeschlossen, wenn nur die objektiven Voraussetzungen vorliegen.

Damit ist freilich noch nicht gesagt, dass subjektive Voraussetzungen gar keine Rolle spielen und mit dem Ausscheiden des vollendeten Delikts eine Strafbarkeit gänzlich entfällt. Der Struktur nach nämlich lassen sich Tatbestandsausschließungsgründe (wie bspw. § 218a StGB) nicht als eigene Straftatbestände, sondern vielmehr als negative Ausschlussumstände innerhalb des Tatbestands charakterisieren: Ihr Nichtvorliegen ist quasi eine Voraussetzung für die vollendete Tat. Das bedeutet im Umkehrschluss, dass ihr (objektives) Vorliegen den Tatbestand der vollendeten Tat schon ausschließt, weil den positiven Merkmalen die negativen gegenüberstehen. Dass diese Merkmale also dem objektiven Tatbestand angehören, bedeutet aber gleichsam, dass sie auch eine Entsprechung im Vorsatz finden müssen. Liegen diese negativen Merkmale (ein Einverständnis; die Voraussetzungen des § 218a Abs. 1 StGB; die Sterbehilfevoraussetzungen) objektiv nicht vor, muss der Handelnde auch subjektiv zumindest Eventualvorsatz diesbezüglich haben (er muss also zumindest billigend in Kauf genommen haben, dass ein Einverständnis des Betroffenen nicht vorliegt; dass eine oder mehrere Merkmale des § 218a Abs. 1 StGB nicht vorliegen; dass zumindest eine Sterbehilfevoraussetzung nicht vorliegt), sonst greift § 16 Abs. 1 StGB ein und er handelt ohne Vorsatz. Sind diese negativen Merkmale allerdings objektiv doch gegeben, obzwar der Täter sie nicht kannte oder (im Fall des Behandlungsabbruchs) Tötungsvorsatz hatte, so hatte er in der Regel wenigstens Eventualvorsatz hinsichtlich der Tatbestandsverwirklichung, weshalb dann eine Strafbarkeit wegen (untauglichen) Versuchs in Betracht kommt.[239]

Auch in diesem Fall also ist die maximale Strafhöhe (wegen der nur fakultativen Strafmilderung beim untauglichen Versuch) die aus dem vollendeten Delikt.

Sonach ergeben sich im Ergebnis keine signifikanten Unterschiede zur Rechtfertigungslösung, die gegen den hier präferierten Tatbestandsausschluss sprechen.

c) Abgrenzung zur sog. Einheitslösung

Wenn hier die Auffassung vertreten wird, dass die Einwilligung des in der Sterbehilfesituation Befindlichen schon den Tatbestand des jeweils in Rede stehenden Tötungsdelikts berührt, dann ist auch die im Vordringen befindliche Einheitslösung anzusprechen. Dieses Modell beinhaltet nichts anderes als die Begründung dafür, warum Einverständnis und Einwilligung nicht systematisch verschieden, sondern

---

238 NK-*Merkel*, StGB, § 218a, Rn. 66.

239 Zu dieser gesamten Herleitung siehe NK-*Merkel*, StGB, § 218a, Rn. 66 ff., dessen spezielle Ausführungen zu § 218a I StGB universelle Geltung für alle Tatbestandsausschließungsgründe beanspruchen können. Vgl. zur selben Rechtsfolge bei Unkenntnis eines (objektiv vorliegenden) tatbestandsausschließenden Einverständnisses nur *Wessels/Beulke*, AT, Rn. 369.

vielmehr stets gleichbedeutend auf Tatbestandsebene abgehandelt werden sollten.[240]

Ansatzpunkt für diese Begründung ist eine auf das Individuum bezogene Rechtsgutlehre, wonach Rechtsgüter der freien Entfaltung des Einzelnen dienten. Dann aber könne eine Rechtsgutverletzung nicht vorliegen, wenn der Betroffene mit der Einwilligung eine Disposition treffe, die ihm die Rechtsordnung gerade freistelle.[241] Damit folge die tatbestandsausschließende Wirkung unmittelbar aus der allgemeinen Handlungsfreiheit, die in Art. 2 Abs. 1 GG verfassungsrechtlich garantiert ist. Die Gegenmeinung, wonach Rechtsgüter wie die körperliche Unversehrtheit und Eigentum einen Eigenwert hätten und deshalb generell verbotene, mit einer Werteinbuße verbundene Eingriffe in fremde Rechtsgüter zunächst einen abstrakten Unwert darstellten,[242] verkenne den Unterschied zwischen Tatobjekt und Rechtsgut: Mag bspw. eine Beschädigung der konkreten Sache gegeben sein, so sei darin nicht zwangsläufig auch ein Angriff auf das Eigentum zu sehen, wenn eben eine entsprechende Einwilligung vorliege.[243] Im Ergebnis sei die Einwilligung in jedem Fall schon tatbestandsausschließend.

Mit der vielfach geäußerten Kritik an dieser Begründung[244] aber braucht man sich hier schon deshalb nicht im Detail auseinanderzusetzen, weil jedenfalls die auf Grund einer Einwilligung erlaubte Sterbehilfe eine entscheidende Besonderheit aufweist. Unabhängig also von der Frage, ob eine Einwilligung *immer* schon den Tatbestand ausschließt, entfällt der Tatbestand *jedenfalls bei der erlaubten Sterbehilfe*. Wenn nämlich die Kritiker an der Einheitslösung darauf abstellen, dass nicht die Selbstbestimmung in Bezug auf die jeweiligen Rechtsgüter geschützt werde, sondern vielmehr „diese [Rechtsgüter] selbst als Voraussetzung und Bezugsobjekt möglicher Selbstbestimmung",[245] dann muss aber mit Blick auf die in Rede stehenden Sterbehilfesituationen Folgendes gelten: Das durch die Tötungsdelikte geschützte Rechtsgut ist das Leben. Kehrseite dessen, das sei nie vergessen, ist das Recht auf ein menschenwürdiges Sterben (-lassen): Der Tod als Teil der natürlichen Existenz ist von der diese Existenz im Sinne eines status negativus schützenden Garantie des Art. 2 Abs. 2 S. 1 GG umfasst.[246] Nun ist aber das abstrakte Gut

240 *Roxin*, AT I, § 13, Rn. 12.

241 *Weigend*, ZStW 98 (1986), 44, 61; *Roxin*, AT I, § 13, Rn. 12.

242 *Kühl*, Strafrecht AT, § 9, Rn. 22; *Wessels/Beulke*, AT, Rn. 363; jeweils m. w. N.

243 *Roxin*, AT I, § 13, Rn. 13.

244 Vgl. Fn. 242 sowie ferner *Krey*, Strafrecht AT 1, Rn. 615 ff.; Schönke/Schröder/*Lenckner*/*Sternberg-Lieben*, StGB, Vorbem. §§ 32 ff., Rn. 33a, m. w. N.

245 Schönke/Schröder/*Lenckner*/*Sternberg-Lieben*, StGB, Vorbem. §§ 32 ff., Rn. 33a, m. w. N. Gegen die Entmaterialisierungstendenz beim Rechtsgutsbegriff allgemein siehe *Krüger* in seiner gleichnamigen Dissertation.

246 *Lorenz*, HStR[1] VI, § 128, Rn. 66. Ähnlich neuerdings *Müller-Terpitz*, HStR[3] VII, § 147, Rn. 100, wonach die durch Art. 1 Abs. 1 GG geschützte Autonomie des Individuums sich für die Sterbephase zu einem Recht auf einen menschenwürdigen Tod konkretisiert, sowie

Leben durch den ohne Behandlung zum Tode führenden Krankheitsprozess dergestalt modifiziert, dass das geschützte Rechtsgut eben dieses konkrete Leben, das eben im Begriffe zu verlöschen ist, sein muss. Geschützt ist damit keine statische Idealform des Lebens, sondern der prozesshafte natürliche Verlauf. Die etwaig eingeleitete Behandlung ist dabei nichts anderes als ein (bis zur Einwilligung in den Behandlungsabbruch gerechtfertigter) Eingriff in dieses modifizierte Rechtsgut. Schützt nun aber das jeweilige Tötungsdelikt die ungeschmälerte Existenz[247] des konkreten, sprich: verlöschenden Lebens,[248] dann ist jedwede Beseitigung des Eingriffs (also der Behandlung) seinerseits kein mit einer Wert*einbuße* verbundener Eingriff und also nicht tatbestandsmäßig. Mithin ist belegt, dass jedenfalls in den Sterbehilfesituationen schon der Tatbestand betroffen und ausgeschlossen ist.

6. Zusammenfassung

Ist dem BGH auch darin zuzustimmen, Tun und Unterlassen im Ergebnis gleich zu behandeln, so wäre der richtige Ort im Deliktsaufbau doch der Tatbestand gewesen. Sowohl dann, wenn es sich um ein Unterlassen handelt, aber auch bei aktiven Abbruchhandlungen ist schon der Tatbestand tangiert, unabhängig davon, ob der unmittelbare Sterbevorgang schon eingesetzt hat oder nicht. Wäre es anders und die Lösung erst auf Rechtfertigungsebene zu suchen, fiele gerade beim Unterlassen die Argumentation schwer, warum trotz Unmöglichkeit der Rettung oder trotz entgegenstehenden Willens die Rettungshandlung gleichwohl geboten und der Arzt einstandspflichtig für die Abwendung des Erfolges sein soll, der Tatbestand also zu bejahen wäre. Dass aber sowohl beim Behandlungsabbruch durch Tun als auch durch Unterlassen die besseren Argumente nicht nur gegen die Rechtfertigungs-, sondern für die Tatbestandslösung streiten, wurde gezeigt.

II. Sterbehilfesituation

Ganz gleich, an welcher Stelle man die Prüfung ansetzt, es müssen stets die vom BGH zusammengefassten Voraussetzungen erfüllt sein.[249] Hierzu zählt zum einen

---

Sachs/*Murswiek*, GG, Art. 2, Rn. 212 (Freiheit des Sterbens auf Autonomiegehalt von Art. 2 Abs. 2 1 GG gestützt).

247 Vgl. Schönke/Schröder/*Lenckner*/*Sternberg-Lieben*, StGB, Vorbem. §§ 32 ff., Rn. 33a, der auf „die ungeschmälerte Existenz der konkreten Sache" beim Sachbeschädigungsdelikt Bezug nimmt.

248 Wenn nach *Lorenz*, HStR[1] VI, § 128, Rn. 66, der „Staat grundsätzlich nicht berechtigt [ist], sich unmittelbar oder mittelbar hindernd dem vom aktuellen Willen des Rechtsträgers getragenen, natürlichen Geschehensablauf entgegenzustellen", dann meint eine solche Hinderung zweierlei: das Verbot der (bisher sog.) aktiven Sterbehilfe durch Setzen einer neuen Todesursache, und ein Verbot, entgegen dem Patientenwillen den Sterbeprozess aufzuhalten.

249 Dabei sei eigens betont, dass die vom BGH aufgestellten Grundsätze der Sterbehilfe hier direkt und nicht bloß entsprechend, etwa weil es sich bei der Leibesfrucht nicht um einen

das Vorliegen der hier so genannten Sterbehilfesituation. Das bedeutet, dass der Patient an einer lebensbedrohlichen Erkrankung leiden muss, sein Leben aber durch eine Behandlung verlängert oder erhalten wird oder werden kann.[250] Hierdurch wird der Rahmen abgesteckt, innerhalb dessen ein lebensbeendendes Handeln im Sinne einer Sterbehilfe überhaupt erst erlaubt zu sein vermag: Die Tötung eines lebensmüden, aber physisch gesunden Menschen kann mithin nie durch Einwilligung gerechtfertigt sein, ebenso wenig die Tötung eines unheilbar letal Erkrankten, der aber keine lebensverlängernde oder -erhaltende Behandlung erfährt oder erfahren kann, bspw. in einem frühen Stadium der Krankheit.

1. Lebensbedrohliche Erkrankung

Eine lebensbedrohliche Krankheit in diesem Sinne liegt vor, wenn ein Krankheitsprozess eingesetzt hat, der jedenfalls bei ungehindertem Fortgang zum Tod führt.[251] Unerheblich ist, wie hoch der Grad der Heilungschancen durch eine Behandlung ist. Eine Behandlung, bei der die Chancen auf Heilung 50:50 stehen, kann mit Einwilligung des Betroffenen genauso unterlassen oder abgebrochen werden wie eine Palliativbehandlung, die den unvermeidlichen Tod nur noch hinauszögert. Es versteht sich von selbst, dass die lebensbedrohliche Erkrankung schon ausgebrochen sein muss, sei sie auch noch in einem frühen Stadium; allein die Gefahr, dass irgendwann eine solche Krankheit ausbrechen könnte, genügt nicht.[252]

Menschen im Rechtssinne handelt, heranzuziehen sind. Eine Sterbehilfe setzt begrifflich und denklogisch einzig voraus, dass ein „Leben" beendet wird, und da es vorliegend um Sterbehilfe im strafrechtlichen Sinne geht: menschliches Leben. Dass es sich nun bei einer Leibesfrucht um menschliches Leben handelt, kann nicht ernsthaft bestritten werden. Zwar waren bisher alle Fälle von Sterbehilfe tatsächlich erst ab der Geburt denkbar, eben weil für vorgeburtliches Leben die §§ 218 ff. StGB im Regelfall eindeutige Lösungen bereithalten und es so eines Rückgriffs auf die Grundsätze der Sterbehilfe nicht bedurfte. Dass nunmehr für den Fall der hirntoten Schwangeren die Grundsätze der Sterbehilfe aber sehr wohl herangezogen werden können, und zwar direkt, ist kein Grund dafür, die Sterbehilfegrundsätze generell erst ab der Geburt für anwendbar zu halten.

250 BGH, Urteil vom 25. Juni 2010 - 2 StR 454/09 Rn. 33.

251 BGH, Urteil vom 25. Juni 2010 - 2 StR 454/09, vgl. den ersten LS. a. E.

252 Beispiel für einen „fertigen" Menschen: Eine voll ausgeprägte Magersucht (Anorexie) lässt sich als lebensbedrohliche Erkrankung einordnen, eine bloße Nikotinabhängigkeit, die sich gesundheitlich noch nicht lebensbedrohlich manifestiert hat, eher nicht. Auf Ungeborene bezogen: Bei „nur" mischerbigen Mutationen der Fanconi-Anämie, die ein hohes Risiko („nur" ein erhöhtes Risiko, keine sichere Wahrscheinlichkeit) für Brustkrebs und Ovarialkarzinome vor allem bei weiblichen Trägerinnen aufweisen, ist nicht schon die Fanconi-Anämie, sondern erst der Brustkrebs die lebensbedrohliche Krankheit; zu diesem Krankheitsbild vgl. den Fall „Gibt es eine Pflicht zum pränatalen Nichtwissen", Ethik Med 2009, 325 f., kommentiert von *Vogel*, Ethik Med 2009, 325 ff. – Im Übrigen lassen sich hier die Wertungen des GenDG heranziehen: Wenn nach § 15 II GenDG schon eine Pränataldiagnostik verboten ist, die darauf abzielt, genetische Eigenschaften für eine Erkrankung festzustellen, die erst nach Vollendung des 18. Lebensjahres ausbricht, muss es erst recht verboten sein, eine Schwangerschaft nur auf Grund einer solchen Diagnose abzubrechen.

Bei der Urteilsfindung hatte der BGH freilich Fälle vor Augen, in denen ein „fertiger" Mensch an einer Krankheit leidet. Ist die Gesundheit von Ungeborenen betroffen, greifen regelmäßig die speziellen Regeln zum Schwangerschaftsabbruch. Dass jedenfalls aber § 218a Abs. 1 StGB hier unanwendbar ist, wurde oben schon gezeigt;[253] ob § 218a Abs. 2 StGB im Fall hirntoter Schwangerer noch eine Bedeutung hat, wird später geklärt.[254] In jedem Falle aber können die allgemeinen Regeln zur Sterbehilfe grundsätzlich auch im Falle noch Ungeborener greifen. Die Frage ist also, ob und ggf. wann hier von einer lebensbedrohlichen Krankheit gesprochen werden kann.

a) Lebensbedrohliche Erkrankung des Ungeborenen im engeren Sinne

Vergleichsweise unproblematisch ist eine lebensbedrohliche Erkrankung dann gegeben, wenn die Leibesfrucht eine embryonale oder fetale Störung aufweist, die für sich genommen, also auch wenn die Mutter noch lebte, das Leben des ungeborenen Kindes (sei es prä-, peri- oder postnatal) bedroht. Sind beispielsweise die Organe nicht so ausgeprägt, dass das Kind nach der Geburt lebensfähig wäre, oder steht zu befürchten, dass andere schwerwiegende Schädigungen ex- oder intrauterin zu lebensbedrohlichen Zuständen führen, ist dieser Prüfungspunkt mit Verweis auf die medizinische Diagnose zu bejahen.

Beispiele hierfür sind diverse Chromosomenstörungen wie das (sehr seltene) Pallister-Killian-Syndrom (oder auch Tetrasomie 12p) mit einer Sterberate von 50 % während der prä- und perinatalen Periode; Triploidie, bei der der Betroffene statt der üblichen 46 Chromosomen 69 aufweist und die häufig zu einer Fehlgeburt oder zum Tod kurze Zeit nach der Entbindung führt; Trisomie 9 (im Regelfall tödlich); Trisomie 10 (tödlich, bei Mosaik-Trisomie 10 zumindest stark verkürzte Lebenserwartung); Trisomie 13, auch Patau-Syndrom genannt, die in 50 % der Fälle zu Fehlgeburten oder zum Tod innerhalb der ersten sechs Lebensmonate führt (85 % sterben innerhalb des ersten Jahres); oder Trisomie 18 (Edwards-Syndrom) mit einer Überlebensrate von nur 10 % nach einem Jahr.[255]

Ferner ist in diesem Zusammenhang die Anenzephalie zu nennen, eine schwere Fehlbildung des Zentralnervensystems, bei der das Großhirn, Teile der Hypophyse (Hirnanhangdrüse), des Zwischenhirns und des Schädeldachs vollständig oder zumindest weitgehend fehlen; die Kinder werden meist schon tot geboren, sterben aber jedenfalls kurz nach der Geburt.[256]

Unter die Voraussetzung der lebensbedrohlichen Krankheit sind grundsätzlich auch solche Fälle zu subsumieren, in denen die Krankheit die Lebenserwartung auf

253 3. Kapitel, 1. Abschnitt, E. (S. 53 ff.).

254 4. Kapitel, 1. Abschnitt (S. 142 ff.).

255 Für nähere medizinische Details vgl. nur *Entezami/Albig/Gasiorek-Wiens/Becker*, Sonographische Fehlbildungsdiagnostik, S. 174 ff., m. w. N.

256 *Saati*, Früheuthanasie, S. 26 f.; *Nagel*, Früheuthanasie, S. 100 f.; *Isemer/Lilie*, MedR 1988, 66, 67.

nur wenige Jahre begrenzt. Ein Beispiel ist das Tay-Sachs-Syndrom: Der Tod tritt hier regelmäßig nach spätestens vier Jahren ein.[257] (Damit ist aber noch keine Vorentscheidung darüber getroffen, ob ein Behandlungsabbruch hier auch erlaubt ist; das ist dann Frage der weiteren Prüfung, vor allem der Interessenabwägung, wie sie unter F. III. 3. im 1. Abschnitt des 3. Kapitels, S. 108 ff., noch angestellt wird.)

Ebenso in Fällen, in denen die Leibesfrucht ursprünglich keine Krankheit aufwies, jedoch der Hirntod der Mutter aufgrund einer längeren Unterbrechung der Sauerstoffzufuhr zum Gehirn eingetreten ist, kann, wenn und weil mit der Unterversorgung auch der Fötus potentiell in Mitleidenschaft gezogen wurde, schließlich von einer lebensbedrohlichen Erkrankung ausgegangen werden.[258]

In all diesen Fällen kann man freilich schon davon sprechen, dass die Krankheit *ausgebrochen* ist, auch wenn das Kind noch im Mutterleib heranwächst. Bei vielen dieser Krankheiten nämlich besteht auf Grund der Anomalien schon im Mutterleib die Gefahr des (Frucht-) Todes. Und auch bei anderen angeborenen Störungen, die sich mit 100-prozentiger Sicherheit alsbald nach der Geburt manifestieren, also nicht „bloß" ein erhöhtes Erkrankungsrisiko aufweisen (z. B. Tay-Sachs-Syndrom: ab dem dritten bis sechsten Lebensmonat), liegt eine Sterbehilfesituation auch vor der Geburt schon vor, da die Krankheit schon im Körper angelegt ist, nur die Symptome erst verzögert auftreten.[259]

Die hier genannten Fälle sind alles in allem nicht abschließend. Vielmehr sind die genannten Krankheiten lediglich Beispiele für das große Spektrum an prä-, peri- und postnatalen Störungen, die auftreten können. Zumindest aber lassen sich aus den gegebenen Beispielen gewisse Krankheitstypen abstrahieren (Chromosomenstörungen, Schädigungen des Zentralnervensystems u. a.), mit denen andere Krankheiten im Einzelfall verglichen werden können.

b) Hirntod der Mutter als lebensbedrohliche Erkrankung des Ungeborenen?

Ist das ungeborene Kind hingegen gesund, so fragt sich, ob allein der Umstand, dass es unter intensivmedizinischen Bedingungen im Körper seiner hirntoten Mutter heranwächst, als lebensbedrohliche Krankheit angesehen werden kann. Diesen Punkt aber muss man wohl dann bejahen, wenn die Chance einer Lebendgeburt im Vergleich zum „Normalfall lebende Mutter" verringert ist. Anders gewendet: Sind die Risiken, dass es zum Tod der Leibesfrucht noch vor der Geburt kommt, gegenüber dem allgemeinen Risiko sonstiger Schwangerschaften signifikant höher, so liegt eine lebensbedrohliche Situation vor, die der einer lebensbedrohlichen Krank-

---

257 Vgl. *Merkel*, Früheuthanasie, S. 574 f.

258 LK[11]-*Kröger*, StGB, § 218, Rn. 25, benennt einen Zeitraum von fünf bis 20 Minuten nach dem Zusammenbruch des mütterlichen Kreislaufs (ohne Reanimation), innerhalb dessen es zu schweren Hirnschäden beim Kind bis hin zum Tode kommen kann.

259 Beachtet seien aber auch hier die Wertungen des GenDG (vgl. Fn. 252 a. E.), wonach Krankheiten, die erst nach Vollendung des 18. Lebensjahres ausbrechen, nicht von einer pränatalen Sterbehilfe erfasst sein können, so z. B. Chorea Huntington.

heit vergleichbar ist. In beiden Fällen nämlich bedarf es (intensiv-) medizinischer Therapie, um das Rechtsgut Leben zu erhalten. Der Unterschied ist einzig, dass es beim „fertigen Menschen" um einen krankhaften Zustand des eigenen Organismus geht, im Falle der Leibesfrucht einer Hirntoten jedoch um eine krankhafte Störung der Mutter-Kind-Symbiose, begründet eben im Hirntod der Mutter.

Damit ist aber bisher nur gesagt, dass eine vergleichbare Situation gegeben sein *könnte*. Um aus dem Konjunktiv den Indikativ zu machen, ist ferner noch die Frage zu stellen, ob denn die Chance einer Lebendgeburt tatsächlich vermindert ist im Falle hirntoter Schwangerer gegenüber dem Normalfall. Könnte man eine solche Hirntodschwangerschaft ohne besondere Risiken bis zur vollständigen Entwicklung des Feten aufrechterhalten, wäre diese Frage nämlich zu verneinen. Sucht man sich nun einer Antwort auf diese Frage zu nähern, so sind zwei Herangehensweisen möglich und nötig.

aa) Extrauterine Überlebenswahrscheinlichkeit bei Frühgeborenen

Zum Ersten ist der Zeitpunkt relevant, der den Beginn auch der extrauterinen Überlebensfähigkeit markiert. Von Interesse ist, wie lange also die intensivmedizinischen Maßnahmen bei der Mutter mindestens – oder bestenfalls – aufrechterhalten werden müssen, um ein überlebensfähiges Kind auf die Welt bringen zu können. Referenzgruppe dafür sind die „normal" Schwangeren. Obzwar die Angaben bzgl. der Überlebensraten Frühgeborener etwas divergieren, lässt sich dennoch ein recht genaues Bild zeichnen.

Nach einer englischen Studie, die in einer repräsentativen Region die Frühgeburten der Jahre 1994 bis 1999 mit denen von 2000 bis 2005 verglich, wurde für Frühgeborene, die schon nach 22 Schwangerschaftswochen geboren wurden, jeweils eine Überlebensrate von 0 % ermittelt. Nach 23 Wochen Geborene konnten in 18 % der Fälle lebend aus dem Krankenhaus entlassen werden. Die Überlebensrate nach 24 Wochen stieg im Vergleich zu den Jahren 1994-1999 von 24 % auf 41 % an, nach 25 Wochen von 52 % auf 63 %.[260]

Andernorts wird auf eine Überlebenswahrscheinlichkeit für Frühgeborene, die nach 23 Wochen zur Welt kommen, von 10 % verwiesen, nach 24 Wochen von 50 % und nach 28 Wochen von 90 %.[261]

Eine fast 100-prozentige Überlebenswahrscheinlichkeit weisen Frühgeborene nach einer irischen Review ab 32 Schwangerschaftswochen auf. Dagegen überleben nur 56 von 100 Frühgeborenen, die zwischen der 23. und 26. Schwangerschaftswoche geboren wurden (bei Zwillingen sind es gar nur 38 %). In der 24. Woche Geborene haben überdies in 54 % der Fälle eine Behinderung oder sonstige Krankheit (52 % nach 24 Wochen und 45 % nach 25 Wochen).[262]

260 *Field/Dorling/Manktelow/Draper*, BMJ 2008;336;1221-1223.

261 *Ertelt*, Brain Dead Woman Susan Torres Gives Birth to Baby Girl, LifeNews.com, 03.08.2005.

262 *Slattery/Morrison*, Lancet 2002; 360: 1489–97.

Eine der aktuell (2011) neuesten Studien wurde 2009 veröffentlicht und untersucht die Ein-Jahr-Überlebensrate aller von 2004-2007 in Schweden geborenen Kinder, deren Geburt vor Abschluss der 26. Schwangerschaftswoche stattfand. 707 von 1011 Kindern wurden überhaupt lebend geboren, was eine Todgeburtrate von 30 % bedeutet. Die perinatale Mortalitätsrate insgesamt betrug 45 % (von 93 % in der 22. Woche bis zu 24 % in der 26./27. Woche). Betrachtet man alle Lebendgeburten bis zum Ende der 26. Schwangerschaftswoche, erlebten 70 % oder 497 Kinder ihren ersten Geburtstag. Dabei betrug die Überlebensrate nach einem Jahr bei in der 22. Schwangerschaftswoche Geborenen 9,8 %, in der 23. und 24. Woche schon 53 % bzw. 67 % sowie 82 % nach 25 Wochen und 85 % nach 26 Wochen.[263] Zwei Kinder, die noch vor der 22. Woche geboren wurden, starben hingegen bereits eine Stunde bzw. zehn Stunden nach der Geburt.[264]

Von einigem Einfluss sind auch die Faktoren Geburtsgewicht und Geschlecht. Nach 23 Wochen beispielsweise hat ein Junge von 520 Gramm Gewicht eine theoretisch 20-prozentige Überlebenschance, wohingegen ein Mädchen von 740 Gramm eine Überlebenswahrscheinlichkeit von 60 % aufweist.[265]

Fälle wie der vom Juni 2009, als in Göttingen der möglicherweise leichteste Junge zur Welt kam, sind hingegen rar: Wegen Problemen bei der Schwangerschaft und einer akuten Gefährdung des Säuglings kam mehr als 15 Wochen vor dem errechneten Geburtstermin (also mutmaßlich 22./23. Woche) ein 27 cm großes und 275 Gramm leichtes Frühchen zur Welt – und das, obwohl die Sterblichkeitsrate bei frühgeborenen Jungen 25 % höher liegt als bei Mädchen und Kinder mit einem Geburtsgewicht von unter 350 Gramm als nicht lebensfähig angesehen werden.[266] Nach neun Monaten konnte der Junge in die Obhut seiner Eltern nach Hause entlassen werden.[267]

Mithin wird deutlich, dass jedenfalls bis zur 20./21. Schwangerschaftswoche keine statistisch erfasste Chance für ein Frühgeborenes besteht, außerhalb des mütterlichen Körpers zu überleben. Bis frühestens zur 22./23. Woche also müssten Feten in utero weiterversorgt werden, damit überhaupt eine Überlebenswahrscheinlichkeit besteht, wobei die Chance dann noch kleiner ist, wenn es sich bei dem Fötus um einen Jungen handelt oder es gar Zwillinge sind (Zwillinge gleichen Geschlechts scheinen überdies eine schlechtere Prognose zu haben als Zwillinge unterschiedli-

263 *Maršál*, JAMA 2009; 301: 2225-2233.

264 Vgl. auch die Daten bei *Mercurio*, Journal of Perinatology (2005) 25, 685-689.

265 *MacDonald*, Pediatrics 2002;110_1024-1027.

266 275 Gramm, Leichtester Junge der Welt geboren, Spiegel Online, 04.03.2010, abrufbar im Internet:http://www.spiegel.de/wissenschaft/medizin/275-gramm-leichtester-junge-der-welt-in-goettingen-geboren-a-681802.html (Stand: 05.10.2012).

267 Vgl. hierzu die entsprechende Meldung, abrufbar im Internet: http://www.baby2see.com/worlds_most_premature_baby_boy_LBW.html (Stand: 05.10.2012).

chen Geschlechts)[268]. Aber auch in einem Stadium von 22 bis 23 Wochen sind die Überlebenschancen gering. Die eben aufgezeigten Wahrscheinlichkeiten aber sind nicht das Einzige, was es zu bedenken gilt.

bb) Aufrechterhaltung des Herz-Kreislauf-Systems

Hinzu kommt der Grundsatz, dass der Herz-Kreislauf-Stillstand regelmäßig dem Hirntod binnen einiger Zeit nachfolgt und der Blutkreislauf der Mutter trotz medikamentöser Unterstützung im Durchschnitt nur einige Tage maschinell aufrechterhalten werden kann.[269] Zwar sind in der medizinischen Fachliteratur viele Ausnahmen von diesem Grundsatz bekannt, jedoch ist er jedenfalls auf Erwachsene anwendbar, wie eine Meta-Analyse von 1998 zeigt: Dort wurden 12.219 (Fach-) Artikel von 1966 bis 1997 nach Fällen durchsucht, in denen der Herzkreislauf nach Feststellung des Hirntodes noch wenigstens eine Woche aufrechterhalten wurde. Von 56 Fällen, die für die Meta-Analyse nutzbar gemacht werden konnten, erreichte kein Erwachsener die Vier-Monats-Grenze; bei Überdreißigjährigen setzte der Herzschlag spätestens nach zweieinhalb Monaten aus.[270] Da in die Studie auch alle zu diesem Zeitpunkt bekannten Fälle hirntoter Schwangerer aufgenommen wurden – Fälle, in denen die intensivmedizinischen Maßnahmen mit Blick auf den Fötus von besonders hoher Qualität waren und sind –, wird mithin deutlich, dass es trotz größter ärztlicher Anstrengungen (faktische) Grenzen gibt.

Die Hypophyse kann komplett versagen, die Regulierung der Körpertemperatur verlustig gehen, eine Sepsis kann auftreten, eine Bradyarrhythmie (sehr langsamer Herzschlag) kann zum Herzstillstand führen, die kardiovaskuläre Stabilität verloren gehen.[271] Da die Aufrechterhaltung des utero-plazentalen Blutflusses einer der wichtigsten Punkte bei der Fortführung der Schwangerschaft ist, sind hämodynamische Instabilitäten auch besonders gefährlich; nicht zuletzt führen niedriger Blutdruck bei der Mutter und eine Hypoxämie (Sauerstoffmangel im Blut) zu einer verschlechterten Selbstregulierung der uterinen Vaskulatur (Gefäßsystem der Gebärmutter), was sich auf die Versorgung des Feten mit Elektrolyten, Hormonen und Nährstoffen auswirkt; neben vermehrt auftretenden Infektionen kann es infolge des Hirntodes ferner zu einem Diabetes insipidus kommen.[272] Kurzum: Es gibt eine Reihe von verschiedenen und nicht vorhersehbaren Komplikationen, die, wie beim Erlanger Fall 1992, zu einem Spontanabort führen können.[273]

---

268 *Slattery/Morrison*, Lancet 2002; 360: 1489, mit Verweis auf *Rydhstroem/Heraib*, Twin Res 2001; 4: 227–31 (229).

269 *Farragher/Laffey*, Neurocrit. Care 2005;3:99, 100, mit Verweis auf diverse Studien.

270 *Shewmon*, Neurology 1998;51;1538-1545 (1540 ff.).

271 *Farragher/Laffey*, Neurocrit. Care 2005;3:99 (103).

272 *Powner/Bernstein*, Crit Care Med 2003; 31:1241–1249.

273 Vgl. auch die detaillierte Zusammenfassung möglicher Komplikationen bei *Mejía/Badariotti/de Diego/Ridruejo/O'Flaherty*, MEDICINA (Buenos Aires) 2008; 68: 447-452.

cc) Schlussfolgerung

Angesichts der Unwägbarkeiten bei der Aufrechterhaltung des mütterlichen Blutkreislaufs, den unvorhersehbaren Komplikationen und der steten Möglichkeit eines Spontanaborts ist bei allen Ungeborenen, die sich zum Zeitpunkt des Hirntodes der Mutter in einem Stadium vor der 22./23. Schwangerschaftswoche befinden, bei dem gegenwärtigen Erkenntnis- und Erfahrungsstand von einer lebensbedrohlichen Lage auszugehen. Bis zu diesem Zeitpunkt nämlich ist bei einer per Kaiserschnitt durchgeführten Geburt ein Überleben praktisch ausgeschlossen und das Ungeborene muss zwingend weiterversorgt, die Mutter-Kind-Symbiose also künstlich weiter aufrechterhalten werden. Aber auch nach Erreichen der Phase, in der eine Geburt früh erfolgreich sein kann, muss mit Blick auf die anfangs geringe Überlebenswahrscheinlichkeit eine Lebensgefahr bejaht werden. Diese nimmt ab, je weiter das Stadium der Schwangerschaft vorangeschritten ist. Angesichts einer Mortalitätsrate von „nur" 90 % und weniger ab der 28. Schwangerschaftswoche könnte man versucht sein, ab diesem Zeitpunkt eine lebensbedrohliche Erkrankung zu verneinen. Da eine Frühgeburt jedoch immer mit einem gegenüber normalen Geburten gesteigerten Mortalitätsrisiko behaftet ist, sollte eine lebensbedrohliche Erkrankung stets solange angenommen werden, bis eine Geburt ohne eben diese Lebensgefahr möglich ist.[274] Regelmäßig wird man deshalb im Fall einer hirntoten Schwangeren eine lebensbedrohliche Lage für das Kind annehmen müssen. Damit ist aber freilich noch nicht gesagt, dass ein Behandlungs- und damit Schwangerschaftsabbruch möglich ist. Hierfür bedarf es noch der weiteren Voraussetzungen.

2. Lebensverlängernde/-erhaltende Behandlung

Ein Behandlungsabbruch ist freilich nur dann möglich, wenn überhaupt eine Behandlung vorliegt, die „medizinisch zur Erhaltung oder Verlängerung des Lebens geeignet ist"[275] und die abgebrochen werden kann. Der Terminus Behandlung meint in diesem Zusammenhang indes nicht zwangsläufig eine Therapie im eigentlichen Sinne, mit der die lebensbedrohliche Krankheit zu kurieren versucht wird; auch eine bloße Ventilation oder künstliche Ernährung, die rein auf die Versorgung des Patienten mit Sauerstoff bzw. Nahrung abzielt, am Krankheitsbild aber nichts zu verändern vermag, ist ausreichend. Eine solche Maßnahme findet mittelbar dadurch statt, dass die Mutter-Kind-Symbiose auch über den Tod der Mutter aufrechterhalten wird. Über die künstliche Ernährung der Mutter und die Fortführung des Herz-Lungen-Kreislaufs wird die Leibesfrucht so weiterhin mit den Nährstoffen versorgt, die sie für eine normale Entwicklung benötigt. In solchen Fällen wird regelmäßig auch der mütterliche Körper bewegt und eine relativ normale Ge-

274 Gerade in den westlichen Ländern ist der Umstand „Frühgeburt" die häufigste Todesursache in der Neonatalperiode. Vgl. hierzu nur *Lawn/Mwansa-Kambafwile/Horta/Barros/Cousens*, International Journal of Epidemiology, 39(Suppl 1), i144-154 sowie *Howson/Kinney/Lawn*, Born Too Soon, S. 9.

275 BGH, Urteil vom 25. Juni 2010 - 2 StR 454/09 Rn. 33.

räuschkulisse erzeugt (durch Abspielen von Kassetten, Gespräche am Bett etc.), sodass für das Ungeborene der Anschein einer normalen Schwangerschaft erzeugt wird.[276] Würde man die Beatmung, künstliche Ernährung und Medikamentengabe einstellen, würde die Leibesfrucht absterben. Mithin ist die Behandlung der (wenn auch toten) Mutter mit Blick aber auf den Embryo/Fötus die Behandlung, die das Leben des Ungeborenen erhält und verlängert.

3. Zwischenergebnis

Mithin liegt eine Situation vor, die einen Behandlungsabbruch im strafrechtlichen Sinne denkbar erscheinen lässt.

III. Einwilligung

Schon der erste Leitsatz der Grundsatzentscheidung des BGHs zur Sterbehilfe besagt, dass eine Rechtfertigung nur möglich ist, „wenn dies [der Behandlungsabbruch] dem tatsächlichen oder mutmaßlichen Patientenwillen entspricht (§ 1901a BGB)“.[277] Auch für die hier vertretene Lösung ergibt sich nichts anderes: Die Einwilligung ist als schutzzweckbegrenzendes und damit tatbestandsausschließendes Merkmal konstitutiv. Um den behandlungsbezogenen Patientenwillen festzustellen, sind angesichts der hohen Bedeutung der betroffenen Rechtsgüter beweismäßig strenge Maßstäbe anzusetzen;[278] insbesondere ist „der Gefahr, daß Arzt, Angehörige oder Betreuer unabhängig vom Willen des entscheidungsunfähigen Kranken nach eigenen Maßstäben und Vorstellungen das von ihnen als sinnlos, lebensunwert oder unnütz angesehene Dasein des Patienten beenden, […] von vornherein [entgegenzuwirken].“[279]

Problematisch ist hier indes, dass ein noch ungeborener Mensch noch nie einen eigenen Willen hat bilden können. Deshalb kann es in Fällen hirntoter Schwangerer schon gar nicht auf einen tatsächlichen Willen, aber auch nicht auf zuvor geäußerte individuell-subjektive Präferenzen ankommen. Welche Kriterien stattdessen maßgeblich sind, soll in einem ersten Schritt beschrieben werden. Zweitens ist darauf einzugehen, *wer* überhaupt die Entscheidung trifft, ehe dann in einem dritten Punkt die entscheidende Frage, *wann* ein Behandlungs- und damit Schwangerschaftsabbruch in der Regel tatbestandslos ist, anhand von Fallgruppen geklärt wird.

---

276 Vgl. zu den detaillierten medizinischen Determinanten zur Fortführung der Schwangerschaft (Ernährung, Medikation, Wärmehaushalt etc.) *Powner/Bernstein*, Crit Care Med 2003; 31:1241–1249; *Catlin/Volat*, Crit Care Nurs Clin N Am 21 (2009) 267–276; sowie die Dokumentationen der einzelnen Fallberichte im 2. Kapitel, B. (oben S. 10 ff.).

277 BGH, Urteil vom 25. Juni 2010 - 2 StR 454/09 LS. 1.

278 BGH, Urteil vom 25. Juni 2010 - 2 StR 454/09 Rn. 38.

279 BGHSt 40, 257, 260 f.

1. Maßstab der Entscheidungsfindung

a) Allgemeine Kriterien

Da mangels einer zuvor schon bestehenden Einwilligungsfähigkeit keine (subjektiven) Wünsche des Ungeborenen hinsichtlich des eigenen physischen Wohls denkbar sind, kommt es mithin auf anderweitige Faktoren und Interessenabwägungen an; eine Hauptrolle dabei spielt – so viel sei vorab schon verraten – die medizinische Indikation.[280] Es darf allerdings nicht außer Acht gelassen werden, dass auch nach dem Hirntod der Mutter eine Symbiose zwischen Leibesfrucht und Mutter bestehen bleibt. Zwar ist diese Symbiose zunächst nur biologischer Natur, doch ist es nicht ganz abwegig, dass auch über den Tod der Mutter hinaus noch Rechtspositionen bestehen oder gar erwachsen, die eine (Nicht-) Fortsetzung der Schwangerschaft und damit eine Beendigung der Symbiose determinieren. Die Frage ist also, ob bei der Sterbehilfe eine rein auf die Leibesfrucht zentrierte Betrachtungsweise angezeigt ist, oder ob nicht vielmehr etwaige mütterliche Interessen oder die Interessen Dritter in die Abwägung einzufließen haben.

aa) Einbezug mütterlicher Interessen

Zum Teil wird die Ansicht geäußert, dass eine Weiterbehandlung „ethisch nur vertretbar und rechtlich nur zulässig“ sein könne, wenn auch ein entsprechender mutmaßlicher Wille der Mutter dahingehend ermittelt werden kann, ihre Vitalfunktionen zur Rettung der Leibesfrucht aufrechtzuerhalten.[281] Einen Grad schwächer formuliert es *Kröger*, die zwar kein mutmaßliches Einverständnis fordert, hingegen einen mutmaßlichen entgegenstehenden Willen für beachtlich hält.[282] Die vermittelnde Lösung wird von *Gropp* vertreten: Liege ein befürwortender Wille der Mutter vor, bestehe eine Behandlungspflicht; widerspreche es ihrem Willen, sei den Ärzten eine Weiterbehandlung verwehrt; könne kein Wille ermittelt werden, liege die Weiterbehandlung im Ermessen des Arztes, wobei die Erfolgsaussichten, das Persönlichkeitsrecht der Verstorbenen und die Haltung der Totensorgeberechtigten zu berücksichtigen seien.[283]

Im ersten Falle (vgl. Fn. 281) bedeutete das, dass ein Behandlungsabbruch unabhängig von etwaigen Erfolgsaussichten des Ungeborenen stets dann möglich wäre, wenn kein mutmaßlicher Wille der Mutter zur Weiterbehandlung ermittelt werden kann; eine mutmaßliche Einwilligung des Ungeborenen respektive eine objektive Interessenabwägung (ganz gleich mit welchem Ergebnis) wäre dann unbeachtlich, da sie von den mütterlichen Interessen überlagert würde. Im zweiten Falle

---

280 *Knauf*, Mutmaßliche Einwilligung, S. 169. Dazu sogleich.

281 *Lackner/Kühl*, StGB, § 218a, Rn. 7. Ähnlich, im Rahmen von § 34 StGB, stellt auch *Hilgendorf*, JuS 1993, 97, 102, auf den mutmaßlichen Willen der hirntoten Mutter in Bezug auf die Rettungsaktion ab.

282 LK[11]-*Kröger*, StGB, § 218, Rn. 26.

283 MüKo-*Gropp*, StGB, § 218, Rn. 9.

(*Kröger*) müsste man grundsätzlich von einer mutmaßlichen Einwilligung ausgehen, sodass es für die Frage des Behandlungsabbruchs auf die mutmaßliche Einwilligung bzw. die objektive Interessenabwägung bzgl. der Leibesfrucht (dazu sogleich) ankäme. Läge aber ein entgegenstehender Wille der Mutter vor, überlagerte dieser wiederum die Interessenbetrachtung hinsichtlich der Leibesfrucht. Nach der Lösung *Gropps* schließlich wäre für die Interessen des Nasciturus nur Platz, wenn ein ausdrücklicher oder mutmaßlicher Wille der Mutter nicht ermittelt werden kann.

Folgte man einer dieser drei Sichtweisen, wäre freilich jede Entscheidung eine solche des Einzelfalls, auch wenn die Grundkonstellation in den hier betrachteten Fällen regelmäßig die gleiche ist: Die Schwangere freut sich auf ihr Kind, sie hat sich über den Fall ihres Hirntodes bei einer darüber hinaus intakten Schwangerschaft keine Gedanken gemacht,[284] und sie ist potentielle Organspenderin.[285] Das AG Hersbruck nahm im Erlanger Fall einen mutmaßlichen Willen der Mutter zur Aufrechterhaltung der Vitalfunktionen (auch) auf Grund ihrer „Lebenseinstellung und Lebensführung" an,[286] namentlich weil sie sich auf das Kind freute und zuvor keinen Versuch eines Schwangerschaftsabbruchs unternommen hatte.[287] Eingedenk der Bereitschaft zur Organspende, die in der hier untersuchten Konstellation hinzukommt, lässt sich fernerhin argumentieren, dass die Solidarität, die im altruistischen Akt der Spendebereitschaft zum Ausdruck kommt, erst recht für eine Fortsetzung der Schwangerschaft spricht, da nun „nicht ein unbekannter Dritter, sondern das eigene Kind auf diesen Akt zwischenmenschlicher Solidarität angewiesen ist".[288] All dies aber sind nur (noch dazu vage) Indizien, weshalb vielfach die Meinung vertreten wurde, ein mutmaßlicher Wille der Mutter pro oder contra Aufrechterhaltung der Schwangerschaft sei im Regelfall gar nicht ermittelbar.[289] Wird in der Literatur gleichwohl ein mutmaßlicher Wille der Mutter gefordert, stellt man indes zumeist auf die medizinische Indikation, namentlich die Lebenschancen der

---

284 Unter den im 2. Kapitel unter B. (S. 10 ff.) dargestellten Fällen war kein einziger, bei dem die werdende Mutter bekanntermaßen zu Lebzeiten über eine solche Konstellation nachgedacht hat; vielmehr freuten sich die Schwangeren über das Kind.

285 So die hier angenommene Konstellation.

286 AG Hersbruck NJW 1992, 3245, Beschl. v. 16.10.1992.

287 So deuten *Kiesecker*, Die Schwangerschaft einer Toten, S. 261, und LK[11]-*Kröger*, StGB, § 218, Rn. 26, den Beschluss des AGs Hersbruck.

288 So auch *Hilgendorf*, JuS 1993, 97, 102. Mit eben diesem Argument kritisiert im Übrigen *Kiesecker*, Die Schwangerschaft einer Toten, S. 261, das AG Hersbruck, da im Erlanger Fall die hirntote Marion Ploch eben keine Organspenderin war und sich „damit gegen die Verfügung über ihren Körper nach dem Tod ausgesprochen hatte."

289 Vgl. LK[11]-*Kröger*, StGB, § 218, Rn. 26; ferner auch *Kiesecker*, Die Schwangerschaft einer Toten, S. 262, deren Ausblick, nach dem Stuttgarter und dem Erlanger Fall könnten sich schwangere Frauen evtl. bewusst mit diesem Thema auseinandersetzen, auf Grund der bis heute vergangenen Zeit wieder sehr unrealistisch geworden ist. Ebenso ist eine Eintragung im Mutterpass, wie *Heuermann*, JZ 1994, 133, 139, sie benennt, reine Utopie.

Leibesfrucht ab:[290] Liege eine Indikation zur Weiterbehandlung des Nasciturus vor, müsse man auch einen entsprechenden Willen der Mutter mutmaßen.

Abgesehen davon, dass also im Regelfall von der objektiven Interessenabwägung hinsichtlich des Ungeborenen unmittelbar auf die mütterlichen Interessen geschlossen wird und sich somit im Ergebnis keine Unterschiede zur unten vorgestellten Lösung[291] ergeben, ist der Einbezug eines mutmaßlichen Willens der Mutter in die Betrachtung dennoch fraglich. Zuweilen wird zwar auf das Selbstbestimmungsrecht der Frau abgestellt und mit dem grundsätzlichen Verbot einer Zwangsbehandlung zu Gunsten Dritter (wie etwa bei einer abgenötigten Blutspende) oder dem Beispiel Organspende argumentiert; [292] diese Argumente vermögen aber nicht zu überzeugen.

Der erste Fall (die erzwungene Blutentnahme zur Rettung fremden Menschenlebens) unterscheidet sich von der hirntoten Schwangeren deshalb maßgeblich, weil die Frau hier schon tot ist, während sie dort lebt. Ein Eingriff in die körperliche Integrität und damit das Selbstbestimmungsrecht ist nach dem Tod aber von anderer, nämlich geringerer Wertigkeit als zu Lebzeiten. Verglichen mit einem Lebensrecht des Ungeborenen muss deshalb das Selbstbestimmungsrecht der Frau bezogen auf die Unversehrtheit ihres Leibes zurücktreten.[293]

Ebenso ist der Vergleich mit der Organexplantation, die den tatsächlichen oder mutmaßlichen Willen des Verstorbenen zur Organspende voraussetzt (vgl. §§ 3, 4 TPG), nicht zielführend: Geht es, erstens, bei der Organspende um einen altruistischen Akt, bei dem es zwischen dem Verstorbenen und dem Organempfänger keinen irgendwie gearteten persönlichen Bezug gibt, ist die Verbindung zwischen Schwangerer und Nasciturus von einer biologischen Verbindung geprägt. Während der Organempfänger auf *ein* Organ angewiesen ist, ist das Ungeborene auf *den* mütterlichen Körper angewiesen.[294] So kommt es, zweitens, dass das Gesetz grundsätzlich von einer Pflicht zur Austragung des Kindes ausgeht (eine Pflicht zur Organspende gibt es hingegen nicht), indem es einen Schwangerschaftsabbruch von den begrenzten Voraussetzungen des § 218a StGB abhängig macht.[295]

290 *Hilgendorf*, JuS 1993, 97, 102, der auch andere Faktoren wie die religiösen Überzeugungen der Mutter oder ihr soziales Umfeld bei der Ermittlung des mutmaßlichen Willens beachtet wissen will.

291 3. Kapitel, 1. Abschnitt, F. III. 1. b) (S. 84 ff.).

292 So *Hilgendorf*, JuS 1993, 97, 102.

293 *Kiesecker*, Die Schwangerschaft einer Toten, S. 245. Zum gleichen Ergebnis gelangen auch SK-*Rudolphi/Rogall*, StGB, § 218, Rn. 26, wenn sie schreiben, das „Interesse [der Mutter] an dem Unterbleiben der Aufrechterhaltung ihrer Vitalfunktionen hat nicht das gleiche Gewicht wie das Interesse einer lebenden Mutter an der Vermeidung einer Zwangsbehandlung.“

294 Ebenso *Heinemann*, Frau und Fötus, S. 279.

295 Vgl. zur Rechtspflicht der Schwangeren zur Austragung ihrer Leibesfrucht BVerfGE 88, 203, LS. 3 (S. 2 und 3) sowie S. 255 f.; kritisch hierzu NK-*Merkel*, StGB, Vor §§ 218 ff, Rn. 17 ff., § 218, Rn. 96 ff., der in der Schwangeren eine „Überwacher“-Garantin aus „In-

Ist also der Frau zu Lebzeiten die autonome Entscheidungsmacht über das Leben der Leibesfrucht grundsätzlich entzogen, kann dann aber nicht nach ihrem Tod plötzlich eine entsprechende Befugnis, quasi postum, erwachsen.[296] Da demzufolge die „intensive Verflechtung [man möchte einfügen: emotionale Verflechtung] mit dem werdenden Leben [...] für die Mutter mit ihrem Tod aufgehört [hat]",[297] können auch die höchstpersönlichen Gründe, die eine lebende Mutter zum Abbruch der Schwangerschaft berechtigen (vgl. § 218a StGB), über den Tod hinaus keine Geltung für die Mutter mehr beanspruchen. Da jedoch eine biologische Verflechtung weiterhin besteht, mithin auch die Rechtspositionen des Nasciturus ungehindert fortbestehen, muss ebenso die grundsätzliche Pflicht zur Fortsetzung der Schwangerschaft weiter existent sein. Die Rechtspflicht der Schwangeren, ihren Körper zur Austragung des Kindes „zur Verfügung zu stellen", beginnt und endet mit der Schwangerschaft, ist also nicht automatisch mit ihrem Tod aufgehoben, auch wenn der personell Verantwortliche zur Durchsetzung dieser Pflicht, also der, der die Interessen des Ungeborenen zu wahren und über die Fortsetzung der Schwangerschaft zu wachen hat, nunmehr ein anderer ist.[298] Wenn *Hilgendorf* mit Blick auf die Organspende davon spricht, dass eine „schrankenlose, vom Willen der Spender gänzlich unabhängige Sozialpflichtigkeit des Leichnams [...] unserer Rechtsordnung fremd [ist]",[299] und daraus Rückschlüsse auf den Fall der hirntoten Schwangeren ziehen will, verkennt er eben, dass ein Schwangerschaftsabbruch nur die Ausnahme von einer ansonsten bestehenden gesetzlichen Pflicht zu Gunsten des Nasciturus ist.

Dass *allein die Frau*, solange sie lebt, einwilligungsberechtigt für die Leibesfrucht ist, vermag argumentativ ebenso nicht zu verfangen: „[Da] die Frau nicht über ihren Tod hinaus zur Ausübung der elterlichen Sorge bzw. ihrer Vorwirkungen berechtigt ist", „[scheidet eine] Bindung an den vor dem Tod geäußerten Willen der Frau als sorgerechtliche Entscheidung für den Fötus […] aus."[300] Selbst ein zu Lebzeiten geäußerter Wille zum Abbruch der Schwangerschaft ist mithin nach dem Tod unbeachtlich.

Auch das sonst so scharfe verfassungsrechtliche Schwert von der Menschenwürde vermag letztlich kein anderes Ergebnis hervorzubringen. Zwar wird hier der Körper der Mutter instrumentalisiert, um den Embryo/Fötus weiter zu versorgen. Gleichwohl kann die Objektformel, die verbietet, den lebenden Menschen zum

---

gerenz" sieht und ihr deshalb eine Pflicht auferlegt, die Leibesfrucht zu schützen. Für die Arbeit im Folgenden ergeben sich indes keinerlei Unterschiede.

296 *Kiesecker*, Die Schwangerschaft einer Toten, S. 246.

297 *Coester-Waltjen*, Gernhuber-FS, 837, 854.

298 Dazu sogleich 2. (S. 99 ff.), wenn die Entscheidungsbefugnis und das Verfahren erörtert werden, sowie im 4. Kapitel, 1. Abschnitt, B. I. (S. 142 ff.).

299 *Hilgendorf*, JuS 1993, 97, 102, mit Verweis auf *Rüping*, GA 1978, 129, 133.

300 *Heinemann*, Frau und Fötus, S. 284. Zur Anwendbarkeit der Kategorie „elterliche Sorge" auf den Zeitraum vor der Geburt siehe unten 3. Kapitel, 1. Abschnitt, F. 2. b) bb) (S. 102 f.).

bloßen Objekt oder Mittel zum Zweck zu machen,[301] nicht auf Verstorbene gleichermaßen angewendet werden; andernfalls wären, worauf *Coester-Waltjen* zurecht hinweist, auch Organspenden nicht erlaubt, da auch dort der Herz-Blut-Kreislauf der Mutter bis zur Organentnahme aufrechterhalten wird.[302] Die Menschenwürdegarantie gebietet lediglich, auch den Verstorbenen Achtung entgegenzubringen und sie angemessen zu behandeln; hiergegen aber verstößt eine Behandlung zu Gunsten des Ungeborenen (medizinische Versorgung, Bewegung der Toten durch das Pflegepersonal u. Ä.) nicht.[303]

Im Ergebnis spielen also die Interessen der Mutter keine (rechtliche) Rolle. Wäre also in dem hier diskutierten Fall bekannt, dass die Mutter im Falle des Hirntodes die Schwangerschaft abbrechen und sogleich Organspenderin werden wollte, darf man diesen Willen in die Entscheidungsfindung nicht mit einbeziehen. Er ist rechtlich irrelevant.

Zu selbigem Ergebnis sollte im Übrigen auch eine ethische Betrachtung gelangen. Wo das Leben eines Menschen auf dem Spiel steht und nur die Autonomie als einziges Gut dagegenspricht, sollte die Autonomie zurücktreten.

bb) Interessen Dritter

Können schon die Interessen der Mutter, die nichts weniger als ihren Körper nach Todeseintritt noch zu Gunsten der Leibesfrucht „zur Verfügung stellt", nicht einbezogen werden, so dürfen erst recht keine Drittinteressen maßgeblich sein. Denn wenn die objektive Interessenabwägung ein Quasi-Surrogat zur sonst zumeist subjektiv determinierten mutmaßlichen Einwilligung ist (dazu sogleich), können keine anderen als die Interessen des Betroffenen zur Entscheidung herangezogen werden. Damit sind beispielsweise auch wirtschaftliche Interessen außen vor, aber selbst originäre Interessen von Angehörigen oder gar des leiblichen Vaters dürfen bei der Frage nach einem Behandlungsabbruch nicht berücksichtigt werden. So schrieb § 16 S. 3 der (Muster-) Berufsordnung für die deutschen Ärztinnen und Ärzte (Stand 2006) fest, dass Ärztinnen und Ärzte „weder ihr eigenes noch das Interesse Dritter über das Wohl der Patientin oder des Patienten stellen [dürfen]." Und auch die neueste Fassung (Stand 2011) stellt in § 16 S. 1 einzig auf die Würde und den Willen des Sterbenden ab; oben zitierter § 16 S. 3 a. F. im Übrigen ist nunmehr wegen dessen grundsätzlicher Bedeutung für jedwede ärztliche Behandlung in § 2 Abs. 2 S. 2 n. F. übernommen und also weiterhin – auch für den Bereich der Sterbehilfe – gültig. Somit lässt sich auch (zumindest an dieser Stelle) nicht in Ansatz bringen, dass durch eine Organspende mehreren Menschen das Leben gerettet werden kann – eine solche quantitative Betrachtung ist ausgeschlossen, da es einzig um die Interessen des Ungeborenen geht. Gelöst wird vielmehr eine Binnenkollisi-

301 Vgl. nur Sachs/*Höfling*, GG, Art. 1, Rn. 15, m. w. N.

302 *Coester-Waltjen*, Gernhuber-FS, 837, 853 f.

303 So auch *Kiesecker*, Die Schwangerschaft einer Toten, S. 244; *Coester-Waltjen*, Gernhuber-FS, 837, 854.

on innerhalb der Sphäre des Nasciturus mit einer Abwägung über das eigene Leben; es geht „nicht um eine von außen herangetragene Abwägung dieses Lebens gegen externe Interessen anderer."[304]

Dass eine Interessenabwägung vorzunehmen ist, bedeutet indes nicht, dass es stets nur *eine* objektiv richtige Entscheidung geben muss: Dort, wo ein Beurteilungsspielraum besteht, fließen zwangsläufig subjektive Vorstellungen in den Entscheidungsprozess mit ein, wie später noch zu sehen sein wird;[305] Menschen sind eben immer noch Subjekt, niemals Objekt, auch wenn eine rein objektive Betrachtung freilich das Idealbild ist.

cc) Leibesfruchtzentrierte Betrachtung

Deutlich geworden ist damit, dass einzig die Interessen des Ungeborenen Maßstab einer Sterbehilfeentscheidung sein können. Wie und ob überhaupt sich diese Interessen in die Figur der (mutmaßlichen) Einwilligung einfügen lassen, ist Schwerpunkt der folgenden Betrachtung.

b) Mutmaßliche Einwilligung?

Ist ein tatsächlicher Wille wegen aktueller Einwilligungsunfähigkeit nicht feststellbar, ist regelmäßig auf eine mutmaßliche Einwilligung zurückzugreifen, § 1901a Abs. 2 S. 1 BGB. Die sich dabei stellende Frage, ob der Betroffene eingewilligt *hätte*, setzt die Ermittlung seines hypothetischen Willens voraus, wobei auf seine individuellen Wünsche, Bedürfnisse, Interessen und Wertvorstellungen zu rekurrieren ist.[306] Bezogen auf einen Behandlungsabbruch (durch Unterlassen) lässt sich auch von einer mutmaßlichen *Nicht*einwilligung (nämlich in eine lebensverlängernde Behandlung) sprechen, die jedoch nicht mit einer mutmaßlichen Einwilligung in eine Tötung verwechselt werden darf: Es handelt sich vielmehr um die mutmaßliche Verweigerung der Einwilligung in die mit einer lebensverlängernden oder -erhaltenden Behandlung verbundene Körperverletzung.[307] Fehlen Anhaltspunkte für den mutmaßlichen Willen, so geht man davon aus, dass der Betroffene das Beste für sich wolle, was u. U. auch ein Behandlungsabbruch sein kann.[308]

Umstritten ist, was in dem Fall gilt, in dem die Person auch vor der momentanen Einwilligungsunfähigkeit noch nie einwilligungsfähig war.

---

304 *Glöckner*, Ärztliche Handlungen, S. 97.

305 Siehe unten 3. Kapitel, 1. Abschnitt, F. III. 2. c) (S. 105 ff.).

306 *Kühl*, Strafrecht AT, § 9, Rn. 47, mit Verweis auf BGHSt 45, 219, 221.

307 *Ebert*, Strafrecht AT, S. 89.

308 *Kühl*, Strafrecht AT, § 9, Rn. 47. Nach BGHSt 45, 219, 221 wird dann, wenn keine Anhaltspunkte für einen hypothetischen Willen vorliegen, davon auszugehen sein, dass das gewollt ist, was gemeinhin als vernünftig und normal angesehen wird.

aa) Lebensinteresse und Lebensrecht des Nasciturus

Vereinzelt wurde in der Literatur die Auffassung vertreten, Ungeborene hätten kein Lebens*recht*. Dies folge daraus, dass ein Nasciturus prinzipiell kein Lebens*interesse* haben könnte, da Ungeborene keinen zukunftsbezogenen Wunsch zu bilden vermögen, der durch ihre Tötung frustriert würde. Darüber hinaus könne durch einen Schwangerschaftsabbruch auch ein späteres, quasi antizipiertes Interesse des Menschen an seinem Leben oder Weiterleben nicht verletzt werden, da es dieses Interesse realiter nie gegeben hätte, eben wenn schon der Nasciturus abgetötet worden wäre.[309] Die (vermeintlich) logische Konsequenz also lautet: kein Lebensinteresse – kein Lebensrecht. Folgte man dieser Ansicht, mit der sich *Hoerster* im Übrigen gegen das Verbot von Abtreibungen im Allgemeinen wendet, müsste man sagen, dass es auf eine mutmaßliche Einwilligung des Nasciturus in den Behandlungsabbruch dann auch nicht mehr ankäme, ein solcher vielmehr stets straflos wäre.

Zu kritisieren ist diese Ansicht aber aus mindestens zwei Gründen. Zum einen verkennt *Hoerster*, dass schon die Leibesfrucht Grundrechtssubjekt ist: Mit der Verschmelzung von Ei und Samenzelle und der damit bewerkstelligten genetischen Individualisierung und Einmaligkeit beginnt das Menschsein nicht nur im biologischen, sondern auch im Rechtssinne. Mithin kommt auch dem noch ungeborenen Leben qua Existenz ein Recht auf Leben zu.[310] Im Ergebnis also ist jene Ansicht schon aus diesem Grunde falsch. Der zweite Punkt ist, dass die Schlussfolgerung, aus dem fehlenden Lebensinteresse folge das Fehlen des Lebensrechts an sich,[311] falsch ist. *Hoerster* selbst gesteht ein, dass Neugeborene – im Gegensatz zum Nasciturus – ein ungeschmälertes Lebensrecht innehaben, obwohl auch sie noch nicht über ein eigenständiges Lebensinteresse verfügen. Er relativiert diesen Widerspruch damit, dass nur eine alle Menschen gleichermaßen typisierende Betrachtungsweise den Bedürfnissen an Sozialmoral und Rechtsordnung gerecht würde.[312] Dann aber leuchtet nicht ein, warum diese Typisierung nicht auch das noch ungeborene Leben mit umfassen kann, sondern willkürlich am Zeitpunkt der Geburt ansetzt, obgleich eben sein Hauptkriterium des eigenständigen Lebensinteresses auch noch im perinatalen Stadium versagt.[313] Im Übrigen, und das als letzter Punkt, wäre dann der Zeitpunkt, mit dem ein Lebensrecht erst und damit eine strafrechtliche Verantwortung überhaupt erst entstehen, manipulierbar, da eine Geburt in gewissen Grenzen hinausgezögert, aber auch beschleunigt werden kann.

---

309 *Hoerster*, ARSP 1990, 255; *ders.*, ARSP 1991, 385, 388.

310 BVerfGE 39, 1, 36 f.; BVerfGE 88, 203, 251 f. Unabhängig davon ist, *wie* das Strafrecht den Lebensschutz ausgestaltet, vgl. hierzu BVerfGE 88, 203, 254 sowie unten 4. Kapitel, 2. Abschnitt, D. II. (S. 158 f.).

311 *Hoerster*, ARSP 1991, 385, 388.

312 *Hoerster*, ARSP 1991, 385, 392.

313 Zur weiteren Kritik hierzu siehe die Nachweise bei *Müller-Terpitz*, $HStR^3$ VII, § 147, Fn. 57.

Im Ergebnis also hat der Nasciturus sehr wohl ein Lebensrecht, das zudem als ein verobjektiviertes Lebensinteresse zu begreifen ist. Zu beachten ist indes schon hier, dass Ausgangspunkt einer *jeden* Abwägung *immer* das Lebensinteresse ist: Es wird vermutet, dass der Grundrechtsinhaber ein unbeeinträchtigtes Fortdauern seines Lebens begehrt, dass also der Nasciturus geboren werden und losgelöst von der mütterlichen Symbiose leben will. Für diese Regelvermutung spricht die mit Art. 2 Abs. S. 1 GG getroffene Grundentscheidung des Verfassungsgebers, dass typischerweise lebende Menschen ihr Leben geachtet wissen wollen.[314] Das heißt, dass von diesem grundsätzlich 100-prozentigen Lebensinteresse jedwede Faktoren, die gegen eine (Weiter-) Behandlung sprechen, abgezogen werden müssen. Lassen sich aber keine Sterbensinteressen anhand medizinischer Fakten untermauern, bleibt das Lebensinteresse das Maß der Entscheidung.

bb) Selbstbestimmungsrecht und/oder objektive Interessenabwägung

Grundsätzlich ist also – beim Einwilligungsfähigen genauso wie bei demjenigen, der entweder nur aktuell einwilligungsunfähig ist oder noch nie einwilligungsfähig war – positiv von einem Lebensinteresse auszugehen. Sucht man nun aber die negativen und gegenläufigen Sterbensinteressen auszuloten, muss man auf die Grundsätze der Sterbehilfe zurückgreifen. Die Frage ist, von welchem anderen Recht das Lebensinteresse überlagert zu werden vermag, sodass es hinter andere Interessen zurücktritt. Zwei Antworten sind hierauf möglich, auf deren Anwendbarkeit der Fall des Nasciturus im Folgenden untersucht werden soll: vom subjektiv determinierten Selbstbestimmungsrecht sowie anderweitigen, objektiv ermittelbaren höherrangigen Interessen.

(1) Selbstbestimmungsrecht?

Die erste mögliche Antwort hat explizit der BGH in seinem Grundsatzurteil zur Sterbehilfe gegeben, indem er dem verfassungsrechtlich garantierten Selbstbestimmungsrecht der Person einen so hohen Wert beimaß, vermöge dessen ein behandlungsfreies Leben- und eben auch Sterbenlassen verlangt werden kann.[315] Obwohl also das Leben durch eine Behandlung eventuell verlängert werden kann, ist ein Behandlungsabbruch gleichwohl möglich, sofern nur diese Entscheidung auf dem Selbstbestimmungsrecht fußt. Ausdruck dieses Selbstbestimmungsrechts ist die ausdrückliche oder die mutmaßliche Einwilligung.

Fraglich ist, ob das Selbstbestimmungsrecht auch bei Ungeborenen (und generell solchen, die keinen eigenen Willen kundgetan haben oder überhaupt jemals kundtun konnten) in Ansatz gebracht werden kann.

Das Recht auf Leben entsprechend hoch gewichtend, erachten manche Stimmen in der Literatur jede Entscheidung eines Dritten über das Ende des Lebens, die

---

314 *Höfling*, JuS 2000, 111, 117. – Vgl. aber die Gegenmeinung *Merkels* zu dieser Regelvermutung (Fn. 323).

315 BGH, Urteil vom 25. Juni 2010 - 2 StR 454/09 Rn. 35.

nicht originär auf eine Entscheidung des Patienten zurückgeführt werden kann, als verfassungsrechtlich bedenklich: Sind also keine individuell-subjektiven Präferenzen und damit keine Ausübung des Selbstbestimmungsrechts bekannt und gibt es auch keine gesetzliche Grundlage, die eine Beeinträchtigung des Rechtsguts Leben durch Dritte legitimiert, muss grundsätzlich in dubio pro vita entschieden werden. Denn, so *Storr*: „Welches Selbstbestimmungsrecht eines Selbstbestimmungsunfähigen soll hier beachtet werden", wenn eben kein selbstbestimmtes Handeln zuvor gegeben war?[316]

Das müsste dann auch erst recht für ungeborenes Leben gelten: Der Entschluss nämlich, eine lebensverlängernde Behandlung abzubrechen, unterfällt dem Schutzbereich des Art. 2 Abs. 1 GG;[317] ungeborenes Leben aber erfasst der personelle Schutzbereich des Art. 2 Abs. 1 GG nicht.[318] Daraus ergibt sich zum einen, dass der Nasciturus sich nicht auf ein Selbstbestimmungsrecht „berufen" kann. Aus einem nicht bestehenden Recht für einen Ungeborenen kann aber auch, zweitens, dann keine Entscheidungsbefugnis für einen *Vertreter* erwachsen. Mithin ist eine auf dem Selbstbestimmungsrecht des Ungeborenen basierende Vertreterentscheidung unmöglich.

Mit dem Hinweis auf „eine begrifflich unmögliche Fiktion" verneinen gleichsam Andere die Annahme einer mutmaßlichen Einwilligung in diesen Fällen: Wo eine Selbstverfügung über das eigene Leben noch nie denkbar war und auch keinerlei subjektive Präferenzen bezüglich einer lebenserhaltenden Behandlung ersichtlich sein können (wie bei Neu- und erst recht bei Ungeborenen), sei eine mutmaßliche Einwilligung nichts mehr als ein Kunstgriff.[319]

Mithin könnte man beim Nasciturus der hirntoten Schwangeren über das Selbstbestimmungsrecht und namentlich über eine mutmaßliche Einwilligung nicht zu einer Entscheidung pro Behandlungsabbruch gelangen.

(2) Selbstbestimmungsrecht *und* objektive Interessenabwägung?

Angesichts des Fehlens einer individuell-subjektiven Komponente beim Nasciturus wird deshalb einhellig auf eine objektive Interessenabwägung abgestellt und das Selbstbestimmungsrecht aus eben genannten Gründen für unanwendbar für die

---

316 So *Storr*, MedR 2002, 436, 440 f. Vgl. auch die weiteren Nachweise bei *Glöckner*, Ärztliche Handlungen, S. 86 (Fn. 395-397).

317 Vgl. Dreier/*Dreier*, GG, Art. 2 I, Rn. 31. Das Selbstbestimmungsrecht hinsichtlich des eigenen Körpers wird zuweilen auch aus Art. 2 Abs. 2 S. 1 GG (vgl. nur BVerfGE 52, 131, 171), zuweilen aus Art. 1 Abs. 1, 2 Abs. 1 GG hergeleitet (vgl. BGH, Urteil vom 25. Juni 2010 - 2 StR 454/09 Rn. 35).

318 Statt vieler Dreier/*Dreier*, GG, Art. 2 I, Rn. 46.

319 *Merkel*, Früheuthanasie, S. 325 ff.; *ders.*, ZStW 107 (1995), 545, 564. Diese Probleme sieht auch *Rieger*, Mutmaßliche Einwilligung, S. 109 f., der sich jedoch im Ergebnis der daraus folgenden Konsequenz (uneingeschränkte Weiterbehandlung, wenn individuelle Kriterien fehlen) bewusst ist und für extreme Fälle doch eine objektive Bewertung für zulässig erachtet.

Sterbehilfe am Lebensanfang erklärt. Bevor auf die objektive Interessenabwägung im Detail einzugehen sein wird, soll zunächst jedoch die Meinung Gehör finden, die gleichwohl und entgegen der oben dargestellten Kritik doch das Selbstbestimmungsrecht *als Basis* dieser objektiven Interessenabwägung ansieht.

So merkt beispielsweise *Glöckner* an, das Selbstbestimmungsrecht sei auch in den Fällen heranzuziehen, in denen der Patient noch nie einwilligungsfähig war und anderweitige Schlüsse vom Verhalten auf den Willen nicht möglich sind. Gleichsam in diesen Fällen könne man nämlich vom mutmaßlichen Willen sprechen, den es zu ermitteln und beachten gilt. Dieser Rückgriff auf die Patientenautonomie und damit das Selbstbestimmungsrecht sei im Übrigen auch *notwendig*, um das Lebensrecht aus Art. 2 Abs. 2 S. 1 GG, das grundsätzlich gegen einen Behandlungsabbruch spricht, überhaupt (verfassungsrechtlich konsistent) relativieren zu können. Fiele das Selbstbestimmungsrecht indes als ein das Lebensrecht potentiell überlagernder Faktor aus, bliebe nur noch die Menschenwürde als Abwägungsfaktor, die aber zum einen dieser Rolle nur sehr bedingt gerecht werden könne und zum anderen bei der Frage, was denn menschenunwürdiges Sterben sei, doch wieder (fremdbestimmt) ausgelegt werden müsse.[320]

Zu dem Ergebnis, das Selbstbestimmungsrecht auch schon am Lebensanfang heranziehen zu können, gelangt *Glöckner* wie folgt: Bei der Erforschung des mutmaßlichen Willens gehe es nicht um die Feststellung eines realen, sondern eines hypothetischen Willens. Falsch wäre es deshalb, nur *individuelle* Vorstellungen als Indizien für die Erforschung des Willens zuzulassen. Vielmehr könnten (und müssten ggf.) allgemeine und *objektive* Wertvorstellungen einbezogen werden. Auch der Einbezug von ausschließlich objektiven Kriterien schließe aber nicht aus, dass es sich gleichwohl um eine mutmaßliche Einwilligung handelt. Bei der Mutmaßung nämlich gehe es einzig „um ein Wahrscheinlichkeitsurteil, was es geboten erscheinen lässt, das vorhandene Indizienmaterial vollständig zu würdigen", ganz gleich, ob die Indizien subjektiv-individuellen oder objektiven Ursprungs sind.[321]

Sonach schlössen sich die Begriffe „Selbstbestimmungsrecht" und „objektive Interessenabwägung" nicht aus; das Selbstbestimmungsrecht bilde vielmehr die rechtliche Grundlage für die Abwägung, die im Rahmen der mutmaßlichen Einwilligung zu erfolgen habe.

(3) Jedenfalls: objektive Interessenabwägung ...

Betrachtet man diese Diskussion indes genau und ganzheitlich, kommt man um die (vielleicht kühne) Aussage nicht umhin, dass die inhaltlichen Argumente vieler Diskutanten sehr dicht beieinander liegen, auch wenn im Detail andere Wege gegangen werden. So ist jedenfalls die Konzeption zur Ergebnisfindung vielerorts eine ähnliche, wenngleich Divergenzen in der Terminologie nicht ausbleiben. Des-

320 *Glöckner*, Ärztliche Handlungen, S. 94.

321 *Glöckner*, Ärztliche Handlungen, S. 93.

halb sei hier für den kleinsten gemeinsamen Nenner plädiert, der dogmatisch ausreichend ist, um als Grundlage für praktisch sinnvolle Ergebnisse zu dienen. Dieser kleinste gemeinsame Nenner ist schlicht die objektive Interessenabwägung. Denn wie noch zu sehen sein wird, ist die Frage, ob das Selbstbestimmungsrecht tangiert ist oder nicht, von untergeordneter Bedeutung, und auch die Diskussion, ob man überhaupt von mutmaßlicher Einwilligung sprechen kann, ist keine inhaltliche, sondern einzig eine begriffliche. Es sei deshalb im Folgenden erklärt, warum um eine objektive Interessenabwägung kein Weg vorbeiführt, ohne das Thema Selbstbestimmungsrecht überhaupt nur anschneiden zu müssen.

Der Ausgangspunkt ist grundsätzlich derselbe, nämlich dass es eine Pflicht zur Lebenserhaltung um jeden Preis nicht geben darf. Damit relativieren sich auch alle Postulate vom Grundsatz des absoluten Lebensschutzes: Richtig ist zwar, dass das „Leben [...] unabhängig vom physischen und psychischen Zustand des jeweiligen Menschen immer und ausnahmslos ein Rechtsgut und damit stets etwas Wertvolles [ist].“[322] Damit ist aber noch nichts über die *Pflicht*, das konkrete Leben zu erhalten, ausgesagt. Denn freilich ist eine rechtlich auferlegte Pflicht nicht von Natur aus gegeben, sondern entsteht erst nach Abwägung der für und wider diese Pflicht sprechenden rechtlichen Werte, Güter und Interessen. Ist nämlich eine weitere Erhaltung des Lebens gar nicht im Interesse des Patienten, kann keine rechtliche Pflicht es gebieten, dieses Leben gleichwohl und unter Aufbietung aller zur Verfügung stehenden intensivmedizinischen, maximaltherapeutischen Mittel zu verlängern.

Ist es nun richtig, dass eine Lebenserhaltungspflicht um jeden Preis nicht existiert, bedeutet das im Umkehrschluss, dass eine Lebenserhaltungspflicht grundsätzlich immer besteht und nur ausnahmsweise davon ausgegangen werden kann, das Sterbensinteresse höher zu gewichten. Es ist in dubio pro vita zu entscheiden.[323] Zweifel bestehen jedoch in zwei Fällen nicht.

---

322 *Lee*, Straflose Sterbehilfe, S. 122; vgl. auch näher zum vermeintlichen Grundsatz des absoluten Lebensschutzes *ders.*, a. a. O., S. 119 ff. mit diversen Fundstellen.

323 So ausdrücklich *Glöckner*, Ärztliche Handlungen, S. 267 und 278 f. – Gegen den Gedanken „in dubio pro vita“ aber *Merkel*, Früheuthanasie, S. 540. Dabei hat *Merkel* durchaus nicht Unrecht: Entscheidet man sich im Zweifel irrtümlich für das Leben, obgleich tatsächlich die Sterbensinteressen die Lebensinteressen überwiegen, ist dieser Irrtum nicht moralisch besser, als irrte man sich in der entgegen gesetzten Situation: „Denn *beide* Seiten, Sterbenlassen und Lebenserhaltung, können je nach den Umständen das größere und damit jeweils das überhaupt größte Übel für ein Neugeborenes sein.“ (Hervorhebungen übernommen) Was gemeinhin aber wohl mit dem Satz „in dubio pro vita“ gemeint ist, ist eine Handlungsmaxime für die Praxis, die sowohl die Rechtsfolgen als auch die Revisibilität der Entscheidung in den Blick nimmt: Ein Irrtum, der den Tod eines Menschen zur Folge hat, wiegt unabhängig von der moralischen Komponente jedenfalls juristisch schwerer, als wenn durch eine irrtümliche Lebensverlängerung „nur“ das Selbstbestimmungsrecht und der Körper verletzt werden. Überdies kann eine falsche Entscheidung pro vita zumeist korrigiert werden, was andersherum unmöglich ist.

Erstens bestehen Zweifel dann nicht, wenn auf Grund zuvor geäußerter individuell-subjektiver Präferenzen ein ausdrücklicher oder mutmaßlicher Wille zum Behandlungsabbruch besteht; das gilt sowohl für die (vormals so bezeichnete) Sterbehilfe im engeren sowie die im weiteren Sinne. Hier ist das Selbstbestimmungsrecht der dominierende Faktor, der eine Behandlung des Patienten gegen seinen Willen verbietet.[324] Da solche individuell-subjektiven Präferenzen aber höchstens am Ende eines schon (irgendwie) erlebten Lebens und unter keinen Umständen am unmittelbaren Lebensanfang vorliegen können, lässt sich eine Sterbehilfe so in der vorliegenden Konstellation jedenfalls nicht begründen.

Anerkannt ist aber gleichermaßen, dass in Fällen der Sterbehilfe im engeren Sinne ein Behandlungsabbruch auch dann erlaubt sein soll, wenn individuell-subjektive Präferenzen beim einwilligungsunfähigen Patienten fehlen. Dies liegt daran, dass es Situationen geben kann, in denen nur ein Sterbenlassen noch der jedem Menschen eigenen Menschenwürde gerecht wird. So müsse nach *Storr*, der grundsätzlich den Satz „in dubio pro vita" angewendet sehen will,[325] in den Grauzonen zwischen Leben und Tod ein ärztlicher Beurteilungsspielraum bleiben, wobei dies nicht nur Fälle betreffen soll, in denen der Sterbeprozess schon begonnen hat, sondern auch solche, in denen „der Sterbevorgang unmittelbar abzusehen ist, in nächster Zeit also mit an Sicherheit grenzender Wahrscheinlichkeit eintreten wird und jede Lebensverlängerung nur eine Verlängerung von Leiden bedeutet".[326] Auch *Duttge* erkennt an, dass für das todesnahe Stadium (=Terminalphase) belastende lebenserhaltende Maßnahmen nicht zwingend indiziert sind.[327] Nimmt man nun beides zusammen – nämlich dass erstens individuell-subjektive Präferenzen bei Neu- und erst recht bei Ungeborenen nicht vorliegen können, und dass zweitens trotzdem unter noch näher zu bestimmenden Umständen ein menschenwürdiges Sterben möglich sein muss, ja ggf. zwingend geboten ist –, ergibt sich, dass auf objektive Kriterien zurückgegriffen werden muss und kann, selbst wenn der Patient noch nie ein bewusstes Leben gelebt hat. Alles andere liefe darauf hinaus, nur dem „fertigen" Menschen, der wenigstens ein paar Lebensjahre gelebt und der Präferenzen und Lebenseinstellungen geäußert hat, ein Recht auf ein menschenwürdiges Sterben zu gewähren; Neu- und Ungeborene aber wären dazu „verdammt", jedes Leben, auch das sehr kurze und menschenunwürdige, zu führen. Das jedoch ist ethisch und juristisch nicht angezeigt, da es tatsächlich Fälle geben kann, in denen eine Lebensverlängerung um jeden Preis gegen Art. 1 Abs. 1 GG verstoßen würde.[328]

---

324 BGH, Urteil vom 25. Juni 2010 - 2 StR 454/09 Rn. 35.

325 Vgl. Fn. 316.

326 *Storr*, MedR 2002, 436, 441.

327 *Duttge*, Ethik Med 2008, 71, 74. – Zur Indikation sogleich unter (4) (S. 92 ff.).

328 Vgl. beispielsweise einige der sogleich unter 3. a) und b) vorgestellten Konstellationen, Krankheitsbilder und Fehlbildungen (S. 109 ff.).

Damit ist deutlich geworden, dass es jedenfalls mangels subjektiver Präferenzen auf eine objektive Interessenabwägung ankommt.[329] Abzuwägen sind dabei die Lebens- gegen die Sterbensinteressen, hier des noch Ungeborenen. Deutlich geworden ist damit zugleich, dass eine Entscheidung zum Behandlungsabbruch, die nicht originär auf einem zuvor ausgeübten Selbstbestimmungsrecht fußt, nur in engen Grenzen möglich ist. Denn freilich kann das Recht auf Leben, wenn das Selbstbestimmungsrecht für die Abwägung ausfällt, nur von einem anderen auf Art. 1 Abs. 1 GG fußenden Interesse überwogen werden. Ausschließlich in den Fällen, in denen also das Sterbenlassen die einzig menschenwürdige Alternative ist, ist ein Behandlungsabbruch erlaubt. Dies wird regelmäßig nur dann der Fall sein, wenn es sich um eine Konstellation handelt, die oben als Sterbehilfe im engeren Sinne umschrieben wurde.[330] Denn nur dort, wo die Sterbensinteressen die Lebensinteressen deutlich überwiegen, weil eine Lebensverlängerung nur eine Leidensverlängerung ist und/oder nur das Sterben verlängert wird, kann auf einen zuvor geäußerten Willen des Patienten verzichtet werden.

Ob man dieses Ergebnis erreicht, indem man dieser Interessenabwägung noch (wie *Glöckner*) das Selbstbestimmungsrecht argumentativ vorschaltet oder doch die Abwägung quasi als Surrogat dafür ansieht, kann im Endeffekt dahinstehen. Die Konzeption dieser objektiven Abwägung bleibt unbestritten.

Deshalb ist diese objektive Interessenabwägung auch der gemeinsame Nenner, der in der Strafrechtspraxis die meisten Vertreter gefunden hat, auch wenn die inhaltlichen Argumentationen auseinander gehen.

Damit ist indes erst geklärt, *dass* eine Bewertung des Weiterlebens für den Fall, man setzte die Behandlung fort, stattzufinden hat. Würde man nämlich diese Bewertung nicht anstellen, liefe doch alles darauf hinaus, stets alle technischen Möglichkeiten zur (auch qualvollen) Lebensverlängerung auszunutzen; auch die Grenze zum Humanexperiment wäre bald erreicht. Das aber ist nicht Konsens, weder in der Strafrechtswissenschaft noch in der Gesellschaft allgemein. *Wann* jedoch ein Sterbensinteresse, das (wesentlich) größer ist als das Lebensinteresse, angenommen werden kann, wurde damit noch nicht gesagt.

---

329 Im Ergebnis spielt es keine Rolle, ob man grundsätzlich in einem ersten Schritt immer von einer objektiven Interessenabwägung ausgeht und diese unter einen subjektiven Korrekturvorbehalt stellt, oder ob man mit den subjektive Präferenzen beginnt und diese um die objektive Interessenlage gedanklich erweitert (zu dieser Unerheblichkeit der Perspektive siehe *Knauf*, Mutmaßliche Einwilligung, S. 65 f.) : Im Ergebnis muss dann, wenn gar keine subjektiven Präferenzen vorliegen, notgedrungen *immer* und *allein* eine objektive Interessenabwägung angestellt werden.

330 3. Kapitel, 1. Abschnitt, C. II. 3. a) (S. 45). Im Ergebnis so wohl auch *Duttge*, ZfL 2004, 30, 36 f.; *Rieger*, Mutmaßliche Einwilligung, S. 110.

(4) … anhand der medizinischen Indikation

Wenngleich vielfach in verschiedener Weise kritisiert, ist die medizinische Indikation die einzig praktisch handhabbare Möglichkeit, auf Grund derer eine solche objektive Interessenabwägung vorgenommen zu werden vermag. Bevor jedoch inhaltlich argumentiert werden kann, empfiehlt sich an dieser Stelle erst einmal eine Klarstellung hinsichtlich der Terminologie „Indikation". Es scheint, als verstehe im juristischen Schrifttum jeder etwas anderes unter diesem Begriff, sodass für die folgende Lösung eine einleitende Erklärung als nötig erachtet wird.

(a) Zum Indikationsbegriff

Verwendet werden soll der Begriff der Indikation im Folgenden als ein duales Konstrukt. So definiert beispielsweise der Jurist *Nagel* die medizinische Indikation einerseits als das in einer konkreten Situation fachliche Urteil über den Wert oder Unwert einer ärztlichen Behandlungsmethode, sieht darüber hinaus aber auch den Wert des Weiterlebens zwangsläufig mit angesprochen.[331] Der Indikation ist also die objektive Abwägung schon immanent, indem zwei Urteile gefällt werden, die jedoch eng zusammengehören: Zum einen wird also ein Urteil über den medizinischen Wert der (Weiter-) Behandlung gefällt. Die sich stellende Frage lautet: Ist eine (gegebenenfalls Fortsetzung der schon eingeleiteten) Behandlung in der konkreten Situation (noch) indiziert? Zum anderen kommt man dadurch (zwangsläufig) um ein Urteil über den Wert des Weiterlebens, also eine qualitative Betrachtung menschlichen Lebens, nicht umhin.[332] Das bedeutet gleichsam nicht, dass damit auch nur in irgendeiner Form eine Debatte über lebensunwertes Leben geführt wird; es geht einzig und allein um eine Bewertung der Behandlungspflicht aus rein medizinischer Sicht. Da jedoch eine medizinische Maßnahme niemals Selbstzweck ist, sondern stets auf einen therapeutischen Zweck abzielt, ist auch der therapeutische Erfolg – also der Wert des Weiterlebens – immer mit von der Indikation tangiert.[333] Dies unterstützend, lassen sich gleichsam Stimmen aus der Medizin vernehmen: Medizinische Indikation bedeute, „dass eine Erkrankung und deren Befunde mit medizinischen Möglichkeiten gebessert, vor einer Verschlechterung bewahrt oder in ihrer Bedrohlichkeit vermindert werden [können] und dem Kranken so ein Nutzen entsteht." Neben der diagnostischen Begründung werde also auch ein zeitlicher und *Ergebnis* orientierter Aspekt in den Fokus gerückt."[334]

Dieser doppelt konnotierte Indikationsbegriff hat zwei Vorteile. Zum einen wird deutlich, dass medizinisches Handeln nicht Selbstzweck ist, sondern stets Patienten bezogen ausgeübt werden muss. Nur dort, wo Sinn, Nutzen und Erfolg einer Behandlung für den Patienten die Maxime ärztlicher Bewertungen sind, ist die Me-

331 *Nagel*, Früheuthanasie, S. 93 f. und 96.

332 So treffend *Nagel*, Früheuthanasie, S. 93 ff.; *Coester-Waltjen*, Gernhuber-FS, 837, 839.

333 *Nagel*, Früheuthanasie, S. 95 f. Ebenso *Stratenwerth*, Schreiber-FS, S. 893, 896.

334 *Müller-Busch*, Therapiebegrenzung bei Patienten mit infauster Prognose, S. 47, 48 f. (Hervorhebungen nachträglich vorgenommen).

dizin eine menschliche. Und nur dann kann eine ärztliche Maßnahme auch als indiziert angesehen werden. Zum anderen verhindert dieser Indikationsbegriff zuweilen abstrus anmutende und schwer verständliche Ergebnisse, wie wenn *Glöckner* zunächst eine Indikation zur Weiterbehandlung auch in den Fällen bejaht, in denen „der Sterbeprozess unwiderruflich eingesetzt hat und die lebenserhaltende Maßnahme eine Belastung für das Frühgeborene bedeutet",[335] und dann trotz dieser Indikation zur Weiterbehandlung ein Sterbenlassen auf Grundlage der Merkmale „Todesnähe" und „Grad der Schmerzen" doch wieder zulassen will.[336]

Der hier vertretene Indikationsbegriff beinhaltet also stets schon den Patientenwillen oder – wenn individuell-subjektive Präferenzen nicht vorliegen – die objektive Interessenabwägung und ist diesen nicht etwa erst noch vorgeschaltet.

(b) Zur Kritik an der Indikation als Anknüpfungspunkt

Zum einen werden immer wieder die vermeintlich erheblichen prognostischen Schwierigkeiten, gerade in der Intensivmedizin, angeführt, die es im Regelfall verböten, vom sicheren Wegfall der Indikation zu sprechen. So schreibt zum Beispiel *Duttge*: „Bei aller über Jahrhunderte hinweg gesammelten Erfahrung der Medizin samt ihrer immer weiter voranschreitenden Verwissenschaftlichung bleibt unweigerlich doch ein Rest an Unvorhersagbarkeit, von schicksalhaftem Verlauf und Nichtbeherrschbarkeit durch menschliche (z.B. medikamentöse oder operative) Intervention." Vielmehr seien die Entscheidungen zum Behandlungsabbruch „selbst heute noch häufig weit entfernt von wissenschaftlicher Expertise und offenbar mehr von der (erfahrungsabhängigen) Intuition des jeweiligen Entscheidungsträgers denn von der Orientierung an einem rationalen und für alle transparenten Entscheidungsmaßstab getragen."[337] Wer diesen Argumenten folgt, ist dogmatisch auf der sicheren Seite: 100-prozentige Sicherheit im Grenzbereich zwischen Leben und Tod kann es nicht geben; wer von Ärzten verlangt, eine Garantie für ihre Prognose abzugeben, wird eine solche regelmäßig nicht erhalten, nur eben ggf. sehr hohe Wahrscheinlichkeiten. Die Frage ist, welche Konsequenz man daraus zieht.

Verlangt man in dubio pro vita tatsächlich 100 %, hat man zwar dogmatisch alle Argumente auf seiner Seite, muss sich aber davon verabschieden, eine Handhabe für die Praxis abliefern zu können. Denn verfolgte man diese Strategie des „Wait until Certainty",[338] müsste man erstens *jede* Schwangerschaft einer Hirntoten so lange aufrechterhalten, bis die Geburt oder zumindest der Fruchttod eintritt, denn ein Rest Unvorhersehbarkeit bleibt tatsächlich immer. Und zweitens wäre dann auch *jedes* dadurch neugeborene Leben durch eine notfalls aggressive Lebenserhaltung zu schützen, denn ebenso in der Neonatalmedizin ist 100-prozentige Sicher-

---

335 *Glöckner*, Ärztliche Handlungen, S. 260. Kritisch hierzu *Duttge*, Ethik Med 2008, 71, 74.

336 *Glöckner*, Ärztliche Handlungen, S. 284 ff. (indirekte Früheuthanasie) und 290 ff. (passive Früheuthanasie).

337 *Duttge*, Biomedical Law & Ethics 1/2009, S. 81, 96 f.

338 So *Glöckner*, Ärztliche Handlungen, S. 279.

heit Utopie. Wie die Forderung *Duttges* nach „einem rationalen und für alle transparenten Entscheidungsmaßstab" im Übrigen mit seiner Aussage zusammenpasst, für das todesnahe Stadium seien oftmals belastende lebenserhaltende Maßnahmen auch bei Frühgeborenen eher nicht indiziert,[339] bleibt rätselhaft, lassen sich doch gerade am Lebensanfang zwar starke Erfahrungswerte, aber eben schwerlich verobjektivierte transparente Entscheidungsmaßstäbe anführen, ab welchem Zeitpunkt ein Sterben zu 100 % unausweichlich geworden und das todesnahe Stadium erreicht ist.

Deshalb sei hier dafür plädiert, ärztliche Prognoseentscheidungen, die auf ausreichendem Erfahrungswissen fußen, mit medizinischen Fakten untermauert und objektiv nachvollziehbar sind sowie stets den Einzelfall hinreichend berücksichtigen, auch dann anzuerkennen, wenn nur *annähernd* 100-prozentige Sicherheit gewährleistet werden kann. Denn in der Pränatal- wie auch allgemein in der Medizin sind Garantien nur begrenzt zu erhalten; wer aber tatsächlich daran interessiert ist, am Lebensanfang nicht doch zu einer Lebenserhaltungspflicht um jeden Preis zu gelangen, sollte bei aller nötigen Dogmatik die klinische Praxis und Realität nicht vergessen.[340]

Es sei schließlich noch erwähnt, dass in der Prä- und Neonatalmedizin, aber insbesondere auch beim Fall der hirntoten Schwangeren nicht wenig mit statistischen Aussagen gearbeitet wird. Auch dies wird an der Indikation als dem relevanten Entscheidungskriterium kritisiert. Gerade mit Blick auf Frühgeborene wird argumentiert, dass Statistiken in solchen Extremfällen und Grenzsituationen nicht zuletzt auf relativ geringem Datenmaterial basieren. Außerdem dürfe nicht vergessen werden, dass es sich bei Statistiken um abstrakte rechnerische Größen handele, die nichts über den Einzelfall auszusagen vermögen. Ob ein Kind geschädigt sei, stürbe oder doch lebe, lasse sich einzig anhand von statistischem Datenmaterial nicht im Vorhinein feststellen. Deshalb sei eine Behandlung immer dann angezeigt, wenn nach den konkreten, den Einzelfall einbeziehenden Überlebenschancen ein Überleben nicht auszuschließen sei. Nur dann, wenn noch andere klinische Umstände hinzuträten, die die Nutzen-Risiko-Abwägung negativ beeinflussten oder zu einem Überwiegen der Sterbensinteressen führten, könne auch ein Behandlungsabbruch indiziert sein.[341]

Richtig hieran ist, dass der Einzelfall stets im Zentrum der Prognose stehen muss und statistische Erfahrungswerte nur Argumentations*hilfen* bieten können.

---

339 *Duttge*, Ethik Med 2008, 71, 74.

340 Im Übrigen wird auch in anderen Risikobereichen (fernab der Medizin) eine 100-prozentige Sicherheit nicht gefordert. Selbst bei Atomkraftwerken beispielsweise steht eine Sicherheitsrate von 100 % nicht in Rede: Gefordert ist vielmehr eine dem Schadenspotential entsprechende Restrisikogrenze, die nicht überschritten werden darf, die aber realistischerweise auch nicht bei 0 % liegen kann. Vgl. hierzu *Murswiek*, Die staatliche Verantwortung für die Risiken der Technik, S. 281 f.

341 *Glöckner*, Ärztliche Handlungen, S. 238 ff., m. w. N.

Gerade im Bereich der Pränatalmedizin aber, auf den es bei dem Nasciturus einer hirntoten Schwangeren ankommt, sind Erfahrungswerte und Statistiken Bestandteil der täglichen Arbeit, wobei der prädiktive Wert der Diagnoseverfahren so hoch ist, dass im Verbund auch mit allgemeinen Statistiken gute und richtige Ergebnisse erzielt werden. So sind nicht zuletzt die auf solchen Statistiken basierenden Prognoseentscheidungen ja auch vielfach Grundlage für Schwangerschaftsabbrüche, was kaum der Fall wäre, wenn Anlass zum Misstrauen gegen diese Vorgehensweise bestünde. Auch ist die Pränataldiagnostik heute so weit, dass Chromosomenstörungen frühzeitig erkannt und so für den Einzelfall hinreichend sichere Diagnosen und Prognosen getroffen werden können. In die richtigen Hände gelegt, ist die Pränataldiagnostik heutzutage ein relativ sicheres medizinisches Verfahren, das weit über Mutmaßungen hinausgeht.

Überdies besteht die Gefahr, dass dann, wenn man auch bei kleinsten Überlebenschancen die Behandlung fortsetzt, jedenfalls nach allgemeinen Wertvorstellungen, insoweit sei dem nächsten Punkt (5) schon vorgegriffen, ziemlich schnell die Grenze zum Humanexperiment erreicht oder gar überschritten wird. Erinnert sei an die Medienartikel beim Erlanger Fall: „Menschenversuch", „Schwangerschaftsmaschine", „Degradierung der Mutter zur Nährlösung", die „Frau als Brutkasten", „der weibliche Körper als Objekt männlicher Experimentierfreude", „menschen- und frauenverachtendes Vorgehen", „Terror der Medizin", „schwer erträgliche Perversion von Menschlichkeit".[342] Die Reaktionen von 1992 und die Tatsache, dass seitdem kein weiterer Fall einer hirntoten Schwangeren in Deutschland publik wurde, obgleich es sie (nur eben inoffiziell) mehrfach gab, lassen vermuten, dass auch heute noch Skepsis gegenüber einer solchen maximaltherapeutischen Behandlung bestünde, wenn sie entgegen jeder Wahrscheinlichkeit durchgeführt würde. Freilich darf eine Presseschau nicht über Leben und Tod entscheiden; deutlich wird aber, dass alles technisch Mögliche nicht von der Medizin gefordert wird, sich Ärzte also auch mit Wahrscheinlichkeiten unter 100 % zufrieden geben können, insbesondere dann, wenn Datenmaterial zu Fällen mit erfolgreichem Ausgang rar ist.

(5) Lebens- und Sterbensinteressen: Kriterien

Die nächste und daran anknüpfende Frage ist, anhand welcher Kriterien über den Nutzen einer Behandlung für den (ungeborenen) Patienten die Abwägung vorzunehmen ist. Während der Bundesgerichtshof in Strafsachen noch „allgemeine Wertvorstellungen" als mögliche Kriterien erachtete,[343] ging der BGH in Zivilsachen vom Fehlen verbindlicher oder allgemeiner Wertmaßstäbe aus; auch die Verfassung biete keine sichere Handhabe. Stattdessen sei Richtschnur ein Verständnis

---

342 Vgl. die Zitate und Nachweise bei *Beckmann*, MedR 1993, 121 (Fn. 1); *Hilgendorf*, JuS 1993, 97 (Fn. 9); *Furger*, Christliche Sozialethik in pluraler Gesellschaft, S. 276; siehe auch die Pressedokumentation „Das Experiment der Erlanger Klinik" Oktober/November 1992 des Archivs für Sozialpolitik e. V.

343 BGHSt 40, 257, 263.

des Wohls des Betroffenen, „das einerseits eine ärztlich für sinnvoll erachtete lebenserhaltende Behandlung gebietet, andererseits aber nicht jede medizinisch-technisch mögliche Maßnahme verlangt.[344] Was der BGH damit meinte, blieb indes ebenfalls vage.

Im Allgemeinen jedenfalls, so die Theorie, soll sich ein Bild objektiv feststellbarer Kriterien ergeben, die individuell auf den Nasciturus bezogen sind und unter objektiven und medizinischen Aspekten als ‚Übersetzungsregeln'" für ein Interesse des Ungeborenen sprechen.[345] Diese auf Grundlage der medizinischen Fakten durchzuführende objektivierende Betrachtungsweise hat dabei auf allgemeine Wertvorstellungen zurückzugreifen, die dann einen Rückschluss auf das hypothetische Interesse des Ungeborenen zulassen. Wie das im Detail auszusehen hat, wird späterhin anhand der Fallgruppen deutlicher.

Klar ist jedenfalls, dass es im Rahmen dieser objektiven Interessenabwägung auf die Lebens- und die Sterbensinteressen des Nasciturus ankommt. Eine Lebenserhaltungspflicht besteht deshalb dann nicht, wenn die Chance auf eine Lebendgeburt bei 0 % liegt, also mit der Behandlung der Fruchttod nur hinausgezögert würde oder es zur Geburt eines lebensunfähigen Kindes käme.[346] Auch bei sehr geringen Wahrscheinlichkeiten, die eine Behandlung eher zum Experiment machen, kann eine Pflicht nicht angenommen werden. Dagegen ist das Lebensinteresse umso höher einzuschätzen, je größer die Chancen sind.[347] Ist das Kind schon extrauterin lebensfähig, ohne dass sonstige Komplikationen hinzukommen, ist eine Rettungspflicht zu bejahen.[348] Ob und ggf. wann zwischen diesen beiden Extremen eine Behandlungs*pflicht* oder nur ein Behandlungs*recht* erwächst,[349] wird sich beispielhaft anhand der einzelnen Fallgruppen zeigen lassen, die jedoch immer nur Indiz für eine individuell anzustellende Einzelfallbetrachtung sein können. Einzubeziehen jedenfalls in die Ermittlung der Lebens- und Sterbenschancen sind die bisherige Schwangerschaftsdauer, eine etwaige Unterbrechung der Sauerstoffversorgung,[350] der Zeitraum, für den das Leben des Patienten (hier des Kindes) erhalten werden könnte,[351] Krankheiten des Ungeborenen insgesamt (Chromosomenstörungen etc.), möglicherweise auch damit verbundene Schmerzen, aber ebenso die Aussichten, den mütterlichen Herz-Blut-Kreislauf aufrechterhalten zu können. Von besonderer

---

344 BGHZ 154, 205, 218 f.

345 So treffend *Glöckner*, Ärztliche Handlungen, S. 95, mit Verweis auf *Höfling/Rixen*, JZ 2003, 884, 892.

346 SK-*Rudolphi/Rogall*, StGB, § 218, Rn. 25.

347 Grafisch aufbereitet hat diesen Zusammenhang *Lee*, Straflose Sterbehilfe, S. 125, Abb. 3.

348 *Koch*, Štěpán-FS, S. 187, 200; Schönke/Schröder/*Eser*, StGB, § 218, Rn. 27.

349 So Schönke/Schröder/*Eser*, StGB, § 218, Rn. 27.

350 LK[11]-*Kröger*, StGB, § 218, Rn. 26.

351 *Lee*, Straflose Sterbehilfe, S. 125.

Bedeutung sind letztlich die Irreversibilität der Krankheit und des Bewusstseinsverlusts.[352]

Ergibt sich nach Auswertung all dieser Kriterien im Einzelfall, dass sich der Fall innerhalb der Grenzen der Sterbehilfe im engeren Sinne einordnen lässt, ist ein Behandlungsabbruch erlaubt. Freilich sind diese engen Grenzen hier dahingehend zu modifizieren, dass schon pränatal ein etwaiger Sterbeprozess ab dem Geburtszeitpunkt gedanklich miteinzubeziehen ist, denn um eine bloße Verlängerung des biologischen Lebens in utero ohne Aussicht auf eine extrauterine Lebensfähigkeit kann es hier nicht ankommen. Vielmehr ist dann der Sterbeprozess schon intrauterin initiiert, weshalb auch ein Abbruch noch vor der Geburt möglich sein muss. Ist eine Behandlung nach der Geburt aber indiziert, verbleibt für eine (pränatale) Höhergewichtung der Sterbens- über die Lebensinteressen kein Raum mehr.

(6) Die Begriffe „Fremdbestimmung" und „mutmaßliche Einwilligung"

An dieser Stelle lassen sich im Übrigen auch die Divergenzen um diverse Begrifflichkeiten und damit ein letzter Kritikpunkt ausräumen. Wird zuweilen davon gesprochen, bei dieser objektiven Interessenabwägung handele es sich um Fremdbestimmung,[353] so heißt das richtigerweise schlicht, dass eben ein Dritter die Entscheidung zu treffen hat, nicht aber, dass er sie auf Grundlage eigener egoistischer Motive treffen darf. Dies gilt für geborenes Leben genauso wie für ungeborenes. Der Nasciturus nämlich ist (wie jeder andere Einwilligungsunfähige) nicht nur im objektiven Sinne von der Grundrechtsordnung geschützt, nicht also bloßer Destinatär, sondern Rechtsträger, dem auch eine Rechtssubjektivität eigen ist. Art. 2 Abs. 2 GG gibt dem Ungeborenen mithin ein (subjektives) Abwehrrecht. Dass der so geschützte Nasciturus sich nicht selbst artikulieren kann, steht dem nicht entgegen.[354] Da es aber andererseits auch beim noch ungeborenen Leben keine Lebensrettungspflicht um jeden Preis geben kann, muss ein Abwehrrecht auch gegen Maßnahmen bestehen, die dann, wenn das Kind schon lebte, einen Behandlungsabbruch legitimierten. Dass sich der Nasciturus bei dieser Entscheidung freilich vertreten lassen muss, kann wiederum kein Gegenargument sein. Ansonsten müssten alle, die laut „Fremdbestimmung" schreien und darin ein Argument gegen eine objektive Interessenabwägung sehen, im Ergebnis doch wieder eine Lebensrettungspflicht um jeden Preis befürworten, da Un- und Neugeborene sich nie selbstbestimmt dahingehend äußern können, in Würde sterben zu wollen.

Wollte man indes doch den Weg über das Selbstbestimmungsrecht gehen, könnte man im Übrigen feststellen, dass ab dem Zeitpunkt des Menschseins (also mit Verschmelzung von Ei und Samenzelle) wenn auch nicht ein vollwertiges Selbstbestimmungsrecht, so aber doch „das Prinzip der potentiellen Selbstbestim-

---

352 *Lee*, Straflose Sterbehilfe, S. 125.

353 *Lee*, Straflose Sterbehilfe, S. 122, mit Verweis auf *Duttge*, ZfL 2004, 30, 37.

354 von Münch/Kunig/*Kunig*, GG, Art. 2, Rn. 47; *Müller-Terpitz*, HStR^3 VII, § 147, Rn. 31; m. w. N.

mungsfähigkeit [...] im Sinne einer unverwechselbaren und einzigartigen persönlichen Profilbildung zur Anwendung zu bringen“ sei.[355] Dieses Prinzip träte dann an die Stelle der Fremdbestimmung.

Ob man dieses gesamte Konstrukt unter dem Namen „mutmaßliche Einwilligung“ firmieren lässt, oder ganz offen § 34 StGB als Abwägungsmaxime nennt, ist dann letztendlich wieder eine Detailfrage. *Merkel*[356] und *Lee*[357] beispielsweise verstehen den Begriff „mutmaßliche Einwilligung“ eher enger und stellen deshalb sogleich auf § 34 StGB ab.[358] Hiergegen wird eingewandt, dass grundsätzlich immer dann, wenn individuell-subjektive Präferenzen nicht vorliegen, der mutmaßliche Wille anhand einer objektiven Interessenabwägung ermittelt werde. Warum auf solch objektive Abwägungen dann nicht zurückgegriffen werden können sollte, wenn eine vorherige Ausübung des Selbstbestimmungsrechts aus konstitutionellen Gründen unmöglich war, leuchte nicht ein. Der Gesetzgeber selbst stelle im Übrigen in § 40 Abs. 4 Nr. 3 S. 2 AMG auf einen „mutmaßlichen Willen des Minderjährigen“ ab, obgleich er zuvor nie einwilligungsfähig war.[359] Schließlich sei § 34 StGB auf intrapersonelle Interessenkonflikte nicht anwendbar.[360]

Unabhängig von diesem Streitpunkt aber ergeben sich schließlich nur marginale Unterschiede. So schätzt *Knauf* die praktische Bedeutung dieser Frage – mutmaßliche Einwilligung oder Abwägung nach den Kriterien des § 34 StGB? – als gering ein,[361] und *Lee* geht gar so weit, der Ebene der Abwägung (Tatbestand, Rechtswidrigkeit, Schuld, bei der mutmaßlichen Einwilligung oder bei den allgemeinen Wertvorstellungen) kein Gewicht beizumessen, solange nur die richtigen Kriterien Anwendung finden.[362] Deshalb soll es auch hier bei der nur kurzen Darstellung des Streitstandes sein Bewenden haben, um prompt dazu übergehen zu können, die Befugnis zur Entscheidungsfindung sowie das zugehörige Verfahren aufzuzeigen.[363]

---

355 *Fink*, Jura 2000, 210, 214, m. w. N.

356 *Merkel*, Früheuthanasie, S. 528 ff.; *ders.*, ZStW 107 (1995), 545, 568 ff. Bei Neugeborenen sieht *Merkel*, Früheuthanasie, S. 327, die dogmatische Figur der mutmaßlichen Einwilligung deshalb auch als prinzipiell ungeeignet an.

357 *Lee*, Straflose Sterbehilfe, S. 122 ff.

358 *Stratenwerth*, Schreiber-FS, 893, 900, denkt demgegenüber eine Parallele zur rechtfertigenden Pflichtenkollision an.

359 *Knauf*, Mutmaßliche Einwilligung, S. 70. Von der grundsätzlichen Möglichkeit, dass auch bei Ungeborenen von einem mutmaßlichen Willen gesprochen werden kann, geht auch *Heuermann*, JZ 1994, 133, 137.

360 *Knauf*, Mutmaßliche Einwilligung, S. 83 ff., vgl. auch die Nachweise S. 89, Fn. 413.

361 *Knauf*, Mutmaßliche Einwilligung, S. 71.

362 *Lee*, Straflose Sterbehilfe, S. 124.

363 Auf diese Diskussion näher eingehend *Glöckner*, Ärztliche Handlungen, S. 93 ff.

2. Entscheidungsbefugnis und Verfahren

Es stellt sich weiterhin die Frage, wer die Interessen des Nasciturus gegeneinander abzuwägen hat. Freilich genügt es nicht, dass eine abstrakte Gewichtung der Lebens- und Sterbensinteressen im juristischen Raum schwebt; im klinischen Alltag müssen klare Entscheidungsstrukturen ausgewiesen sein. Deshalb soll die Entscheidung, für die eben ein abstraktes Korsett geschnürt wurde und der sogleich unter 3. anhand praktischer Fallgruppen eine noch schärfere Kontur verliehen werden soll, auch auf konkrete Schultern verteilt werden. Die Sterbehilfe kann schließlich nur erlaubt sein, wenn auch die Entscheidung betreffend die objektive Interessenabwägung ordnungsgemäß zustande gekommen ist.

a) Alleinentscheidungsrecht der Ärzte?

Sinnvoll erscheint prima facie, demjenigen die Entscheidung zuzubilligen, der die größte Expertise und Sachnähe aufweist. Mithin stünde den Ärzten ein Alleinentscheidungsrecht zu – unabhängig von der detaillierten konkreten Ausgestaltung (entweder Alleinentscheidung des behandelnden Arztes[364] oder eines Ärzteteams[365], ggf. ergänzt um Teile des Pflegepersonals[366]) –, „weil [eben] nur der Arzt im Umgang mit menschlichem Leid und mit dem Tod die entsprechende Erfahrung hat, die ihn zu verantwortlichem Handeln befähigt.“[367] Dass dieses Ergebnis nicht richtig sein kann, lässt sich zweifach belegen: Zum einen verbalisiert und normiert der mit Wirkung vom 01.09.2009 eingefügte § 1901a Abs. 2 S. 1 BGB ausdrücklich, dass nicht der Arzt, sondern der Betreuer die Behandlungswünsche oder den mutmaßlichen Willen des Patienten festzustellen und auf dieser Grundlage zu entscheiden hat. Zum anderen kann der Arzt die für die konkrete Entscheidung relevanten Fakten und Kenntnisse auch einem Dritten verschaffen, was bei jeder Operation im Rahmen der Aufklärung geschieht, ja geschehen muss.[368]

Ferner verfängt das Argument nicht, es handelte sich bei der Entscheidung Dritter in Sachen Behandlungsabbruch lediglich um eine „Scheinentscheidung“, die der Arzt durch seine innere Haltung und Gesprächsführung in der Regel hervorgerufen, quasi provoziert habe.[369]. Gerade wenn es um Entscheidungen über Leben

364 So bspw. *Schlund*, Gynäkologe 32 (1999) 7, 579, 580, hinsichtlich der Behandlung schwerstgeschädigter Neugeborener; MüKo-*Gropp*, StGB, § 218, Rn. 9, für den Fall der hirntoten Schwangeren, wenn kein Wille der Mutter pro oder contra Weiterbehandlung des Ungeborenen ermittelt werden kann (siehe oben schon III. 1. a) aa) auf S. 79 und Fn. 283)

365 *v. Loewenich*, MedR 1985, 30, 33, hinsichtlich der Behandlung schwerstgeschädigter Neugeborener.

366 *Murrer*, Behandlungsabbruch, 20, 25, allgemein zum Behandlungsabbruch.

367 *Schlund*, Gynäkologe 32 (1999) 7, 579, 580, bezogen auf die Behandlung schwerstgeschädigter Neugeborener.

368 *Nagel*, Früheuthanasie, S. 86.

369 *Ewerbeck*, in: Hiersche/Hirsch/Graf-Baumann, S. 68, in der Diskussion zu den Referaten v. Loewenich und Hohlschneider. Auch *Saati*, Früheuthanasie, S. 144 f., folgt diesem Argument, unterscheidet aber zwischen dieser faktischen (Allein-) Kompetenz des Arztes und

und Tod des eigenen (wenn auch noch ungeborenen) Kindes geht, sollte den Eltern die Möglichkeit eröffnet werden, sich auch anderweitig zu informieren und die Letztentscheidungskompetenz zu behalten.[370] Andernfalls könnte man auch der Abschaffung jedweder Aufklärungsgespräche vor größeren Operationen das Wort reden, denn eine vermeintliche Scheinentscheidung würde genauso getroffen, wenn es um komplexe Eingriffe in die eigene Integrität geht.

Damit ist zugleich das Argument vom Tisch, dass betroffene Angehörige oft zu emotional reagierten, um eine vernünftige Entscheidung treffen zu können, wohingegen der Arzt zumeist rational[371] entscheide: Eine solche Emotionalität verspürt jeder von einer größeren Operation Betroffene; gleichwohl entscheidet letztlich der (einwilligungsfähige) Patient, nicht der behandelnde Arzt. Dass es bei einer eigenen OP um Motive geht, die den Patienten selbst betreffen, somit auch egoistischer Natur sein können, wohingegen die Entscheidung zugunsten der Leibesfrucht anhand objektiver Kriterien zu fällen ist, vermag gleichfalls keinen signifikanten Unterschied zu machen: Immerhin kann der Arzt im Gespräch mit dem/den Angehörigen dergestalt auf sie einwirken, dass eine vernünftige Entscheidung getroffen werden kann, wie er das auch dann tut, wenn es um eine für den Aufzuklärenden eigene OP ginge.

Warum ausnahmsweise bei Ungeborenen den Ärzten eine Alleinentscheidungskompetenz bezogen auf das Ob eines Behandlungsabbruchs zugesprochen werden sollte, lässt sich nicht plausibel begründen. Einzubeziehen in die Entscheidung sind also noch bestimmte andere Personen, vgl. b). Das heißt aber nicht, dass den Ärzten gar keine Kompetenz zukommt, wie sogleich unter c) deutlich wird.

b) Entscheidungsrecht und Entscheidungsträger

aa) Grundsätzliche Erwägungen

Gemäß § 1901a Abs. 2 S. 1 BGB entscheidet dann, wenn eine Patientenverfügung nicht vorliegt oder eine solche nicht auf die aktuelle Lebens- und Behandlungssituation zutrifft, der Betreuer über die (Nicht-) Fortsetzung einer lebenserhaltenden Behandlung. Diese zivilrechtlichen Vorschriften, darauf hat der BGH ausdrücklich hingewiesen, sind auch für das Strafrecht, namentlich die rechtfertigende Wirkung

---

der rechtlichen Kompetenzfrage, weshalb (jedenfalls bei schwerstgeschädigten Neugeborenen) auch die Eltern – trotz der geäußerten Bedenken um die „Scheinentscheidung“ – mit in den Entscheidungsprozess einzubeziehen seien.

370 Ähnlich *Nagel*, Früheuthanasie, S. 86.

371 Dass auch Ärzte im Übrigen nicht frei von wertenden Tendenzen sind, deutet eine amerikanische Studie an, wonach die Überlebenschancen sowie die Behinderungswahrscheinlichkeiten Frühgeborener von den Ärzten tendenziell schlechter eingeschätzt wurden. Vgl. *Morse/Haywood/Goldenberg/Bronstein/Nelson/Carlo*, Pediatr 2000; 105: 1046-1050. Insofern ist ein Korrektiv in Gestalt eines anderen Letztentscheidungsträgers auch aus diesem Grunde sinnvoll.

eines Behandlungsabbruchs, zu beachten.[372] § 1901a BGB gilt indes nur für einwilligungsunfähige Volljährige (vgl. § 1901a Abs. 1 S. 1 BGB).

Bei Kindern treten an die Stelle des Betreuers üblicherweise die Eltern. Das bedeutet, dass bei minderjährigen Kindern die Eltern das Recht haben, für das Kind die Zustimmung oder Ablehnung zu einer ärztlichen Behandlung zu erklären; es ist dies das gemäß Art. 6 Abs. 2 S. 1 GG natürliche Recht der Eltern und die zuvörderst ihnen obliegende Pflicht. Das Wächteramt der staatlichen Gemeinschaft (Art. 6 Abs. 2 S. 2 GG) im Übrigen übt hierbei die Familiengerichtsbarkeit aus, die Wohlschranke des § 1666 BGB prüfend. Ein Behandlungsabbruch widerspricht dabei weder stets dem Kindeswohl, noch ist er in das gänzlich freie Belieben der Eltern gestellt: Vielmehr dürfen die Eltern eine Entscheidung für das Kind „nach ihrer eigenen elterlichen Wertewelt […] treffen“, sofern dies eben dem Kindeswohl entspricht und sie dieses Ermessen nicht missbrauchen.[373] Eine missbräuchliche Ausübung der elterlichen Sorge aber liegt schließlich dann vor, wenn die Eltern die Einwilligung in eine Behandlung verweigern, welche medizinisch indiziert ist[374] (und auch hier zeigt sich wieder der oben[375] schon erörterte Zusammenhang zwischen der Indikation und den Interessen des Kindes).

Damit ist jedoch noch nichts darüber ausgesagt, wer das Entscheidungsrecht im Falle der hirntoten Schwangeren innehat; § 1626 Abs. 1 S. 1 BGB, der die elterliche Sorge festschreibt, nämlich gilt erst ab dem Zeitpunkt der Geburt des Kindes.[376] Zwei Erwägungen aber bringen Klarheit darüber, wer nach dem Tod der Mutter über die (Nicht-) Behandlung der Leibesfrucht zu entscheiden hat.

---

372 Der BGH selbst hat in seinem Urteil vom 25. Juni 2010 - 2 StR 454/09 Rn. 25 (mit Verweis auf *Reus*, JZ 2010, 80, 83 f.) darauf hingewiesen, dass die §§ 1901a ff. BGB mitsamt der darin enthaltenen „verfahrensrechtliche Absicherung für die Verwirklichung des Selbstbestimmungsrechts von Patienten […] unter dem Gesichtspunkt der Einheitlichkeit der Rechtsordnung […] bei der Bestimmung der Grenze einer möglichen Rechtfertigung von kausal lebensbeendenden Handlungen berücksichtigt werden [müssen].“ Er hat dies bekräftigt in BGH NJW 2011, 161.

373 So treffend die Rspr. des OLG Hamm, Beschl. v. 24.05.2007, 1 UF 78/07, die auch nicht durch die einstweilige Anordnung vom BVerfG, Beschl. v. 06.06.2007 – 1 BvQ 18/07, abgedruckt in FamRZ 2007, 2046, korrigiert wurde: Bevor die Verfassungsbeschwerde in der Hauptsache verhandelt wurde, starb die minderjährige Beschwerdeführerin (vgl. *Schmidt*, Spiegel 42/2007, 44, 48). Etwas ausführlicher zum Entscheidungsrecht der Eltern noch *Nagel*, Früheuthanasie, S. 80 ff.

374 *Nagel*, Früheuthanasie, S. 124 ff. Wenn *Kern*, NJW 1994, 753, 755, hingegen schreibt, eine andere Entscheidung als die, das Kind austragen zu lassen, verstieße stets gegen das Kindeswohl, übersieht er eben, dass es Konstellationen geben kann, in denen das erfolgreiche Austragen des Kindes unmöglich und eine Behandlung damit nicht indiziert ist.

375 3. Kapitel, 1. Abschnitt, F. III. 1. b) bb) (4) (S. 92 ff.)

376 PWW/*Ziegler*, BGB, § 1626, Rn. 7; Palandt/*Diederichsen*, BGB, § 1626, Rn. 25.

bb) Lösung über § 1666 BGB

Kind im Sinne von § 1666 BGB, der gerichtliche Maßnahmen bei Gefährdung des Kindeswohls zum Inhalt hat, ist nur, wer unter der elterlichen Sorge steht; damit gilt diese Norm grundsätzlich und dem Wortlaut nach nur für das geborene Kind. Ob man indes auch den Nasciturus in den Schutzbereich von § 1666 BGB einbeziehen kann, ist fraglich.[377] Hierfür spricht, dass die Leibesfrucht verfassungs-[378], straf-[379] und zivilrechtlichen[380] Schutz genießt (auch gegenüber seiner Mutter). Insbesondere ergibt sich aus § 1912 Abs. 2 BGB mittelbar die Gleichstellung von geborenem und ungeborenem Leben, wenn es dort heißt, die „Fürsorge für die Leibesfrucht steht [...] den Eltern insoweit zu, als ihnen die elterliche Sorge zustünde, wenn das Kind bereits geboren wäre."[381] Gegen das Wortlautargument – „Kind" im Sinne der Norm meine nur das geborene – wird ferner Art. 2 Abs. 2 S. 1 GG angeführt, der mit „jedermann" auch den Menschen vor der Geburt meint; dann müsse aber ebenso § 1666 BGB das ungeborene Kind einbeziehen, da beide des gleichen Schutzes gegenüber versagenden Eltern bedürfen.[382] Hat sich der Staat schützend vor das ungeborene Leben zu stellen, dann muss auch die Wohlschranke des § 1666 BGB hier gelten, auch wenn der Mutter gleichsam ein großer Ermessensspielraum in der eigenen Lebensführung einzuräumen ist und überdies die in § 218a StGB berücksichtigten Interessen der Schwangeren nicht übergangen werden dürfen.[383] Mithin ist auch der Nasciturus unter den Anwendungsbereich des § 1666 BGB zu fassen.

Das bedeutet aber zugleich, dass diese Vorwirkungen der elterlichen Sorge mit dem Tod der Mutter auf den Vater als den noch verbleibenden Elternteil übergehen, wenn auch im Normalfall „geborenes Kind" die elterliche Sorge auf den Vater übergehen würde. Waren die Eltern also verheiratet und stand ihnen die elterliche Sorge gemeinsam zu (§§ 1680 Abs. 1, 1626 Abs. 1 S. 1 BGB) oder haben die nicht miteinander verheirateten Eltern erklärt, dass sie die Sorge gemeinsam übernehmen wollen (§§ 1680 Abs. 1, 1626a Abs. 1 Nr. 1 BGB)[384], so ist automatisch der Vater

---

377 Palandt/*Diederichsen*, BGB, § 1666, Rn. 6.

378 Vgl. nur BVerfGE 39, 1; 88, 203.

379 Über § 218 StGB.

380 Bspw. § 1912 I BGB.

381 So auch das AG Celle, Beschl. v. 09.02.1987 – 25 VII K 3470 SH, abgedruckt in FamRZ 1987, 738, 739.

382 *Geiger*, FamRZ 1987, 1177.

383 AG Celle, Beschl. v. 09.02.1987 – 25 VII K 3470 SH, abgedruckt in FamRZ 1987, 738, 739 f., zust. *Geiger*, FamRZ 1987, 1177; AnwK-BGB/*Rakete-Dombek*, § 1666, Rn. 3; MüKo-*Olzen*, BGB, § 1666, Rn. 42.

384 Zu § 1626a Abs. 1 Nr. 1 BGB vgl. die Entscheidung des BVerfGs, Beschl. v. 21.07.2010 – 1 BvR 420/09, wonach diese Norm mit Art. 6 Abs. 2 GG unvereinbar ist und bis zum Inkrafttreten einer gesetzlichen Neuregelung Folgendes gilt: „[D]as Familiengericht [überträgt] den Eltern auf Antrag eines Elternteils die elterliche Sorge oder einen Teil davon gemeinsam […], soweit zu erwarten ist, dass dies dem Kindeswohl entspricht; dem Vater ist

entscheidungsbefugt. Stand hingegen die elterliche Sorge der Mutter nach § 1671 BGB (Getrenntleben bei gemeinsamer elterlicher Sorge) oder § 1672 Abs. 1 BGB (Getrenntleben bei elterlicher Sorge der Mutter) allein zu, so hat das Familiengericht unter Mitwirkung des Jugendamtes (vgl. § 50 Abs. 1 S. 1 SGB VIII) die elterliche Sorge dem Vater zu übertragen, wenn dies dem Kindeswohl nicht widerspricht (§ 1680 Abs. 2 S. 1 BGB). Stand im Falle, dass die Eltern nicht verheiratet waren, das Sorgerecht allein der Mutter zu, so hat das Familiengericht unter Mitwirkung des Jugendamtes die elterliche Sorge nur dann dem Vater zu übertragen, wenn dies dem Wohl des Kindes dient (§§ 1680 Abs. 2 S. 2, 1626a Abs. 2 BGB).

Kommt es hingegen zu einer Konstellation, in der entweder der Vater unbekannt ist, oder wird ihm die elterliche Sorge nach eben genannten Vorschriften vom Familiengericht nicht übertragen, kommt § 1912 Abs. 1 BGB ins Spiel.

cc) Lösung über § 1912 BGB

§ 1912 BGB normiert die Pflegschaft für eine Leibesfrucht und ist auch auf den Fall der hirntoten Schwangeren anwendbar.[385] Problematisch ist zwar, dass die Vorschrift nach § 1912 Abs. 1 BGB nur zur Wahrung *künftiger* Rechte gilt: Das Recht auf Leben aus Art. 2 Abs. 2 S. 1 GG aber ist hier aktuell schon betroffen. *Schwab* jedoch argumentiert (wenn auch hinsichtlich lebender Schwangerer) zutreffend mit einem Erst-recht-Schluss: Wenn schon zukünftige Vermögensinteressen des Nasciturus einer treuhänderischen Interessenwahrung zugänglich sind, dann müssen erst recht auch seine Lebensinteressen gegenüber illegalen Gefährdungen auf diesem Wege geschützt sein.[386] Dass dieses Ergebnis *Schwabs* indes nicht nur auf lebende Schwangere (wie er es verstanden wissen wollte), sondern auch auf solche, die den Hirntod erlitten, zutrifft,[387] zeigt folgende Überlegung: Hat *Schwab* andernorts mit Blick auf den Erlanger Fall 1992 noch ausgeführt, ein Pfleger nach § 1912 BGB „hätte keinesfalls die Befugnis [...], im Namen der Toten in die vorgesehene ärztliche Maßnahme einzuwilligen“[388], so kann das nach dem Tod der Mutter schlicht deshalb nicht richtig sein, weil die Behandlung die Leibesfrucht betrifft (nicht die Mutter!) und es um eine Einwilligung im Namen des Nasciturus geht; *wer* im Namen der Leibesfrucht einwilligen kann, ist eben Frage von § 1912 BGB.

---

auf Antrag eines Elternteils die elterliche Sorge oder ein Teil davon allein zu übertragen, soweit eine gemeinsame elterliche Sorge nicht in Betracht kommt und zu erwarten ist, dass dies dem Kindeswohl am besten entspricht.“

385 MüKo-*Schwab*, BGB, § 1912, Rn. 7.

386 So die Argumentation zur Verhinderung eines illegalen Schwangerschaftsabbruchs bei MüKo-*Schwab*, BGB, § 1912, Rn. 12. Sehr überzeugend argumentiert gleichsam *Zeising*, Der Nasciturus im Zivilverfahren, S. 27 f., unter Zuhilfenahme der historischen, systematischen und teleologischen Auslegung.

387 So im Ergebnis auch *Kern*, NJW 1994, 753, 755.

388 *Schwab*, FamRZ 1992, 1471, 1472.

Ob § 1912 BGB im Übrigen direkt[389] Anwendung findet oder nur analog, weil der Wortlaut der Norm explizit auf künftige Rechte abstellt,[390] ist nicht von Belang, da jedenfalls eine Analogie zulässig wäre, weil zumindest eine planwidrige Regelungslücke festgestellt werden kann: Über die Vorwirkungen der elterlichen Sorge und die Anwendbarkeit von § 1666 BGB auf den Nasciturus ergibt sich für den Normalfall ein klares Normgefüge, wer wie für das Wohl der Leibesfrucht Sorge zu tragen hat. Fällt der Vater als Sorgeberechtigter aus und ist die Mutter einwilligungsunfähig, kann zu ihren Lebzeiten ein Betreuer bestellt werden (§ 1896 BGB), der bei medizinischen Entscheidungen die Interessen von Mutter und Leibesfrucht abwägt. Ist aber die Mutter tot, der Nasciturus indes am Leben, überwiegen stets die Interessen des Ungeborenen, sodass ein Betreuer für die Tote nicht bestellt zu werden braucht, sondern vielmehr ein Interessenvertreter einzig für den Nasciturus erforderlich ist.[391] § 1912 Abs. 1 BGB lässt die Bestellung eines Pflegers zwar zu, jedoch nur für zukünftige Interessen. Deshalb besteht hier (wenn man nicht schon eine direkte Anwendung für möglich hält) eine Regelungslücke, die auch planwidrig ist: Den Fall der hirntoten Schwangeren hat der Gesetzgeber nicht bedacht.[392] Überdies ist auch die Sach-, Rechts- und Interessenlage vergleichbar, da der Ungeborene mehr als bei zukünftigen Rechten auf die Wahrung seines aktuellen Wohls angewiesen ist und ein Pfleger diese Interessen wahrnehmen kann. Die Voraussetzungen einer Analogie lägen demnach vor.

Ist also der Vater nicht sorgeberechtigt, ist nach § 1912 Abs. 1 BGB ein Pfleger zu bestellen, der die Letztentscheidung bezüglich der (Nicht-) Fortsetzung der Behandlung trifft; § 1904 BGB hat entsprechend Anwendung zu finden. Dass dieser dann zugleich eine Entscheidung über die weitere Verfahrensweise mit dem Körper der toten Frau trifft, ist unvermeidlich, aber auch unschädlich.[393]

Zum Pfleger, so viel zuletzt, werden wohl regelmäßig die im Falle einer Geburt Sorgeberechtigten (wie beispielsweise die Eltern der Toten) bestellt werden, es sei denn, diese wollen oder können nicht.

dd) Zwischenergebnis

Das Recht zur Letztentscheidung steht also formal entweder dem Vater über § 1680 Abs. 1, 2 BGB oder einem Pfleger, der nach § 1912 Abs. 1 BGB bestellt wird, zu. In den Fällen des § 1680 Abs. 2 und des § 1912 Abs. 1 BGB ist das Familiengericht anzurufen.

---

389 So wohl MüKo-*Schwab*, BGB, § 1912, Rn. 12.

390 *Kern*, MedR 1993, 112.

391 An dieser Stelle irrte auch das AG Hersbruck, NJW 1992, 3245, Beschl. v. 16.10.1992.

392 Ein Rückgriff auf § 1774 S. 2 BGB, wonach schon pränatal ein Vormund bestellt werden kann, ist indes keine die Regelungslücke ausschließende Möglichkeit. Denn die Bestellung eines Vormunds vor der Geburt wird gemäß § 1774 S. 2 Halbs. 2 BGB erst mit der Geburt des Kindes wirksam. Ein Vormund darf also vorgeburtlich gar nicht entscheiden, weil es einen wirksamen Vormund noch gar nicht gibt. Für alles Pränatale ist der Pfleger zuständig.

393 So auch *Kiesecker*, Die Schwangerschaft einer Toten, S. 264.

c) Zusammenspiel zwischen Ärzten und Entscheidungsträgern

Dass das soeben erörterte Letztentscheidungsrecht nicht den Ärzten zusteht, bedeutet indes nicht, dass sie nur Randfiguren sind. Ihnen kommt eine maßgebliche, wenn auch nicht die alleinige Rolle im Entscheidungsprozess zu. Genau genommen obliegen beiden Parteien – Ärzten und Vater oder Pfleger – eigene Kompetenzbereiche, die nur im Zusammenwirken zu einer rechtlich richtigen Entscheidung führen können.

So ist der Arzt grundsätzlich verpflichtet zu entscheiden, ob eine Behandlung im konkreten Fall indiziert ist oder nicht (vgl. § 1901b Abs. 1 S. 1 BGB). Im ersten Fall muss der Arzt ein Behandlungsangebot machen, ansonsten darf er darauf verzichten.[394] Das bedeutet konkret: Kommen die die hirntote Schwangere behandelnden Ärzte zu dem Schluss, dass eine Überlebenswahrscheinlichkeit für die Leibesfrucht nicht besteht, ist eine Weiterbehandlung nicht indiziert, sodass sie dem Letztentscheidungsträger auch ein Behandlungsangebot nicht zu machen brauchen, ja vernünftigerweise nicht machen können. Das Indikationsgespräch mit dem Vater oder dem Pfleger (vgl. § 1901b Abs. 1 S. 2 BGB; ggf. unter Hinzuziehung der in § 1901b Abs. 2 BGB Genannten) hat dann, obgleich an dessen Ende freilich eine formale Zustimmung zum Behandlungsabbruch stehen muss, hauptsächlich Informationscharakter, da die Indikation und mithin die Frage der Weiterbehandlung schon durch die klaren medizinischen Fakten determiniert sind.[395] Angemerkt sei aber, dass damit eine Entscheidung über den Tod des Nasciturus eben noch nicht getroffen ist; vielmehr hat der Letztentscheidungsträger immer noch die Möglichkeit, die Meinung eines anderen Arztes einzuholen, ehe er eine Entscheidung trifft.[396] Besteht indes die Möglichkeit, dass ein lebensfähiges Kind geboren wird, so ist ein Behandlungsangebot obligat. Unterschieden werden muss in diesen Fällen wiederum zwischen einer sicheren und einer zweifelhaften Indikation.[397]

Weisen die medizinischen Fakten darauf hin, dass eine Weiterbehandlung auf Grund der Erfolgsaussichten zwingend angezeigt ist, muss das auch im Behandlungsangebot des Arztes zum Ausdruck kommen (so beispielsweise dann, wenn das Kind schon extrauterin lebensfähig ist). Dann weist die eindeutige Indikation einzig den Weg zur Weiterbehandlung. Auch wenn der Letztentscheidungsträger sich also gegen eine Behandlung und für einen Abbruch durch die Organentnahme entscheiden würde, dürften die Ärzte dem nicht Folge leisten, da dies eine missbräuchliche Ausübung der elterlichen Sorge und somit eine Kindeswohlgefährdung nach § 1666 BGB wären.[398]

---

394 *Nagel*, Früheuthanasie, S. 88.

395 *Nagel*, Früheuthanasie, S. 128 f.

396 *Nagel*, Früheuthanasie, S. 134 f.

397 Zum Zusammenspiel zwischen Arzt und Letztentscheidungsträger hinsichtlich eines Behandlungsabbruchs vgl. den Beschluss des OLG München MedR 2007, 425.

398 Gleichwohl darf sich der Arzt über eine solche Fehlentscheidung nicht einfach hinwegsetzen, da die medizinische Indikation und die Gefährdung des Kindes durch die (falsche) Ab-

Häufig aber werden im Fall der hirntoten Schwangeren auch Konstellationen mit unsicherer Indikation auftreten. Dies wird all die Fälle betreffen, in denen eine Überlebenswahrscheinlichkeit auf der einen Seite nicht sicher auszuschließen ist, auf der anderen Seite aber ebenso eine Weiterbehandlung als nicht sicher Erfolg versprechend prognostiziert werden muss. Hier ist das Prozedere wie folgt:[399] Im Indikationsgespräch, das als dynamischer und gemeinsamer Entscheidungsfindungsprozess aufgefasst werden muss, hat der Letztentscheidungsträger die Interessen des Ungeborenen wahrzunehmen. Ausgangspunkt dabei sind die medizinischen Fakten, die der Arzt mit Hilfe von Wahrscheinlichkeiten, möglichen Szenarien und Erfahrungswerten veranschaulichen kann. Einzubeziehen sind sowohl die Wahrscheinlichkeit hinsichtlich einer erfolgreichen Geburt als auch bezüglich etwaiger Folgen (Gesundheitszustand nach der Geburt, Abhängigkeit von intensivmedizinischen Maßnahmen etc.). Auf Grundlage dessen vermag sich dann im gemeinsamen Gespräch ein Bild herauszukristallisieren, das einer zumindest ungefähren Gewichtung von Lebens- und Sterbensinteressen entspricht. Bei der gemeinsamen Entscheidung schließlich, wie mit der unsicheren Indikation zu verfahren ist, fließen dann auch zwangsläufig (nicht idealerweise) subjektive Interessen mit ein: Wenn Menschen Lebens- und Sterbensinteressen gegeneinander abwägen, die noch dazu nicht in genauen Prozentzahlen messbar sind, dann ist eine rein objektive Entscheidung schon denknotwendig gar nicht möglich. Das bedeutet jedoch nicht, dass hier Raum entsteht für egoistische Bewertungen: Weichen die Motive für einen Behandlungsabbruch von den (mutmaßlichen) Interessen der Leibesfrucht ab und sind diese vielmehr allein in der Person des Letztentscheidungsträgers begründet (keine Zeit, sich um ein eventuell behindertes Kind zu kümmern, finanzielle Gesichtspunkte o. Ä.), ist der zwangsläufig entstehende Beurteilungsspielraum bei der Entscheidungsfindung fehlgebraucht.

Erinnert sei indes nochmals daran, dass grundsätzlich der Satz „in dubio pro vita" gilt.[400] Der Beurteilungsspielraum wird also regelmäßig dahingehend auszuüben sein, bei unklarer Prognose für das Leben zu entscheiden. Nicht vergessen werden darf aber auf der anderen Seite auch nicht, dass es sich bei der hier betrachteten Konstellation um absolute medizinische „Raritäten" handelt, zu denen es nur eine sehr limitierte Fachliteratur gibt.[401] Es könnte also auch schnell die Grenze zum

---

bruchentscheidung zwar notwendige, nicht aber hinreichende Bedingungen für ein Eingriffsrecht des Arztes und damit für eine Fortführung der Behandlung sind. Vielmehr ist das Familiengericht anzurufen, das in Ausübung des staatlichen Wächteramtes zu entscheiden hat. Vgl. hierzu *Ulsenheimer*, Therapieverweigerung, S. 65, 81; *Diederichsen*, Zustimmungsersetzungen, S. 97, 100 und 102; zu den Maßnahmen, die das Familiengericht ergreifen kann, siehe *Nagel*, Früheuthanasie, S. 132 f.

399 Hierzu ausführlich auch *Nagel*, Früheuthanasie, S. 129 ff.

400 Dagegen *Merkel*, Früheuthanasie, S. 540.

401 Vgl. nur die relativ geringe Anzahl der im 2. Kapitel unter B. (S. 10 ff.) dokumentierten Fälle.

intensivmedizinischen Humanexperiment erreicht werden, wenn viele eine normale Entwicklung der Leibesfrucht hindernde Faktoren zusammentreffen. Insofern ist der Zweifelssatz nicht in jedem Fall zweifelsfrei anwendbar.

Im Ergebnis also richten sich sowohl die Frage, ob der Arzt ein Behandlungsangebot machen muss, als auch die Frage, ab wann eine Fortführung der Behandlung indiziert ist, nach den medizinischen Fakten. Bei unklaren Konstellationen verbleibt ein Beurteilungsspielraum, den der Letztentscheidungsträger im Gespräch mit dem Arzt aus der Perspektive des Kindes heraus ausfüllen muss; grundsätzlich wird dabei der Zweifelssatz „in dubio pro vita" zu beachten sein. Ein Tatbestandsausschluss wegen erlaubter Sterbehilfe kann deshalb nur dann möglich sein, wenn kein Fehlgebrauch bei der Beurteilung der Lebens- und Sterbensinteressen vorliegt. Mithin kann sich der Arzt nicht blind auf die Entscheidung verlassen, sondern muss im Zweifel über die Richtigkeit der Entscheidung das Familiengericht anrufen (vgl. § 1904 Abs. 4 BGB). Es bleibt aber grundsätzlich dabei, dass dem Letztentscheidungsträger – gleich einer ersten Instanz – ein primärer Beurteilungsspielraum eröffnet ist. Der Arzt sowie ggf. das Gericht können zweitinstanzlich nur kontrollieren, ob ein Fehlgebrauch vorliegt; ist das nicht der Fall, sondern wurde eine vertretbare Abwägung getroffen, ist diese Entscheidung zu respektieren, auch wenn das Gericht u. U. anders entschieden hätte.

Mag all dies noch nebulös klingen, so sollen im Folgenden Fallgruppen gebildet werden, die Klarheit bringen sollen. Ist eine der Fallgruppen einschlägig, indiziert die dort getroffene Entscheidung (vorbehaltlich etwaiger Abweichungen im Einzelfall) das Ergebnis der objektiven Interessenabwägung. Es sollen also Empfehlungen ausgesprochen werden, wann der Arzt schon gar kein Behandlungsangebot zu machen braucht, wann eine Entscheidung für einen Behandlungsabbruch gegen § 1666 BGB verstößt und in welchen Fällen ein Beurteilungsspielraum vorliegt.

d) Exkurs: Praktische Erwägungen

Wenngleich soeben unter a) ein Alleinentscheidungsrecht der Ärzte abgelehnt wurde und ihnen rein rechtlich „nur" die Stellung der Indikation sowie das Indikationsgespräch mit dem/den Angehörigen verbleibt, sei angemerkt, dass mit diesen juristischen Erwägungen die klinische Praxis nicht ad absurdum geführt wird. Vielmehr kann angenommen werden, dass das, was hier anhand der Gesetzeslage hergeleitet wurde, ohnehin in der Praxis entsprechend abläuft. Gewiss kommt man in solch einer extremen Konstellation wie der der hirntoten Schwangeren nicht umhin, den Fall intern in einer Gruppe von Ärzten und Angehörigen des Pflegepersonals, bestenfalls interdisziplinär ergänzt um Juristen, Ethiker, Theologen o. Ä., intensiv in einer Art Ethikkommission zu besprechen. Gleichsam ist ein enger Kontakt zu den Angehörigen zu halten, wobei jede Entscheidung (schon allein wegen der Brisanz des Themas und um eine negative Presse zu vermeiden) im Konsens ergehen sollte. Es muss schließlich darum gehen, den Letztentscheidungsträger nicht mit seiner

Entscheidungsfindung alleine zu lassen.[402] So werden all die Schritte, die oben als der rechtsverbindliche Weg aufgeführt wurden, ohnehin gegangen, von der Indikationsstellung bis hin zum Gespräch mit denjenigen, die letztendlich die Entscheidung zu treffen haben.[403] Es zeigt sich also, dass der aufgezeigte Entscheidungsfindungsprozess beides ist: theoretisch *und* praktisch richtig.

3. Abbruchentscheidung: Differenzierung nach spezifischen Fallgruppen

Wenn nunmehr sogleich bestimmte Fallgruppen gebildet und darauf Empfehlungen gestützt werden sollen, die als Leitlinien bei der Ermittlung der objektiven Interessen betrachtet werden können, so entbindet das nicht von einer Betrachtung im Einzelfall. Ein „Selektionskatalog", der abschließend alle denkbaren Fallgestaltungen unter Einbezug der jeweiligen rechtlichen Würdigung aufzählt, ist reine Utopie.[404] Vielmehr können Details im Einzelfall zu einer abweichenden medizinischen Beurteilung führen, sodass zwar diese Fallgruppen eine im Regelfall richtige Entscheidung indizieren, aber in der konkreten Situation nicht zwingend einschlägig sein müssen. Darüber hinaus handelt es sich naturgemäß um keine statischen, sondern um dynamische Empfehlungen. Das bedeutet, dass stets der aktuelle Stand der medizinischen Wissenschaft und der technischen wie medikamentösen Möglichkeiten berücksichtigt werden muss.[405] Ein Krankheitsbild mit beispielsweise aktuell infauster Prognose kann zukünftig therapierbar sein und die rechtliche Bewertung dahingehend verschieben, dass mit der Therapiemöglichkeit auch eine Behandlungspflicht erwächst. Es gilt für die hier dargebrachten Empfehlungen das gleiche wie für die „Grundsätze der Bundesärztekammer zur ärztlichen Sterbebegleitung", in deren Präambel es heißt: „Diese Grundsätze können dem Arzt die eigene Verantwortung in der konkreten Situation nicht abnehmen. Alle Entscheidungen müssen individuell erarbeitet werden."[406] Und das, so viel sei hier ergänzt, gilt

402 *Heinemann*, Frau und Fötus, S. 285.

403 Vgl. nur die bisher dokumentierten Fälle, die im 2. Kapitel unter Punkt B. (S. 10 ff.) dargestellt wurden, so beispielhaft die Fälle I. und II., auch wenn im Erlanger Fall die Eltern der Toten im Nachhinein die Kommunikation mit den handelnden Ärzten bemängelten, vgl. *Wedemeyer*, Das darf nie wieder passieren, Stern, 26.11.1992.

404 *Ulsenheimer*, MedR 1994, 425, 428. Dass *Mattisseck-Neef*, Schwangerschaftsabbrüche und Neugeboreneneuthanasie, S. 332, für geschädigte Neugeborene gleichwohl „eine Art Katalog" durch medizinische Expertenkommissionen erarbeitet sehen möchte, in dem schon vorab Lebens- und Sterbensinteressen gegeneinander abgewogen werden, ist ein hehres Ziel, allein es lässt außer Acht, dass ein simples „Klipp-klapp-Schema" in der Medizin schwerlich denkbar ist. Detaillierter als das hier im Folgenden dargestellte Fallgruppenmodell sollte ein Katalog nicht sein, da jeder Fall doch seine nicht voraussehbaren Eigenheiten hat.

405 *Nagel*, Früheuthanasie, S. 96 f.

406 DÄBl. 101, Heft 19 (07.05.2004), A1298. Verwiesen sei an dieser Stelle auch auf die verschiedenen anderen Empfehlungen und Chartas zur Sterbehilfe wie bspw. die 2010 von der Deutschen Gesellschaft für Palliativmedizin, dem Deutschen Hospiz- und PalliativVerband und der BÄK herausgegebene Charta *zur Betreuung schwerstkranker und sterbender Men-*

sowohl für die handelnden Mediziner als auch die Juristen, die konkrete Konstellationen begutachten.

Dass hier gleichwohl nach Fallgruppen, quasi case law, unterschieden wird, beruht darauf, dass die in ihren Grundzügen noch aus dem 19. Jahrhundert stammenden Tötungsdelikte zeit- und sachgemäß auszulegen sind. Rechtsprechung und Wissenschaft haben deshalb im Bereich der Sterbehilfe mehr oder minder stark ausdifferenzierte „Fallgruppen zu benennen, in denen die Zulassung des natürlichen Sterbens oder gar die Beschleunigung des Todeseintritts nicht von den Tötungsdelikten erfasst [wird]."[407]

a) Keine Überlebenswahrscheinlichkeit bei Hirntod vor der 16. SSW

Die Sterbensinteressen überwiegen die Lebensinteressen auf jeden Fall dann, wenn der Fruchttod, setzte man die Weiterbehandlung fort, lediglich hinausgezögert würde, ein extrauterin lebensfähiges Kind sich aber unter keinen Umständen auf die Welt bringen ließe.[408] Dass solch eine Erwägung keine rein juristische sein kann, sondern maßgeblich von medizinischen Aspekten geleitet und bestimmt werden muss, ist bar jeglicher Diskussion. Zurückgegriffen werden kann hier auf die im 2. Kapitel unter B. (S. 10 ff.) dargestellte und sukzessive anwachsende Zahl von dokumentierten Fällen, in denen Schwangere verschiedener Schwangerschaftsstadien den Hirntod erlitten und Rettungsbemühungen zu Gunsten des Ungeborenen ergriffen wurden, ebenso wie auf wissenschaftliche Grundsatzliteratur zu diesem Thema.

Diese Literatur soll nunmehr daraufhin untersucht werden, ob sich eine zeitliche Grenze ausmachen lässt, unterhalb derer eine extrauterine Lebensfähigkeit des Nasciturus (nahezu?) ausgeschlossen werden kann. Es ließen sich so abstrakte Anhaltspunkte für eine Grenzziehung gewinnen, die nötig und gleichsam möglich ist, wenn es darum geht, eine Überlebenswahrscheinlichkeit von gleich null im konkreten Fall zu identifizieren.

aa) Pro und contra hinsichtlich der Anerkennung einer Untergrenze

Auffällig bei all den im zweiten Kapitel zusammengefassten Falldokumentationen ist, dass kein Fall, in dem zum Zeitpunkt des Hirntodes nicht wenigstens die 16. Schwangerschaftswoche erreicht wurde, erfolgreich endete. Das indiziert auf den ersten Blick, dass 15 Schwangerschaftswochen eine Grenze bilden, ab der es überhaupt erst sinnvoll wird, den Fötus mit der Perspektive auf eine extrauterine Lebensfähigkeit (zunächst in utero) am Leben zu erhalten. Anders herum ist eine Be-

---

schen in Deutschland. Sie wie auch die sog. Einbecker Empfehlungen über die Grenzen der Behandlungspflicht (vgl. Hiersche/Hirsch/Graf-Baumann, S. 183 ff.) sollen im Folgenden nicht weiter erwähnt werden, stecken sie doch nur den Rahmen ab, innerhalb dessen sich diese Arbeit ohnehin schon bewegt.

407 *Verrel*, Konsequenzen aus den Ergebnissen des Deutschen Juristentages, 9, 10.

408 *Kiesecker*, Die Schwangerschaft einer Toten, S. 247.

handlung, die vor Abschluss der 15. Schwangerschaftswoche bei schon eingetretenem Hirntod der Mutter begonnen wird, allem Anschein nach zwecklos. Doch Vorsicht ist geboten: Bei nur 30 hier recherchierten Fällen schon auf allgemeine Prinzipien schließen zu wollen, wirkt auf den ersten Blick, positiv ausgedrückt, kühn (man könnte auch kritisieren: voreilig, unwissenschaftlich).

Zu bedenken ist indes, dass wohl viele erfolglose Fälle gar nicht veröffentlicht, viele Versuche unkommentiert abgebrochen wurden, die geringe Zahl der im zweiten Kapitel dokumentierten Fälle also einer recht großen Dunkelziffer gegenübersteht. Auf der anderen Seite wird man annehmen können, dass ein Fall, bei dem der Hirntod auf einen Zeitraum vor Abschluss der 15. Schwangerschaftswoche fiel und gleichwohl am Ende der Behandlung ein lebendes Kind per Kaiserschnitt geboren wurde, mit an Sicherheit grenzender Wahrscheinlichkeit publiziert worden wäre. Dass es eine solche Veröffentlichung nicht gibt, zeigt, dass die 15./16. Schwangerschaftswoche eine (jedenfalls bisher) unüberwindliche Grenze war und ist.

So wird denn selbst von Medizinern zuweilen ausdrücklich diese Grenze als Richtschnur ärztlichen Handelns postuliert oder wenigstens vorgeschlagen. Unter dem Eindruck zweier fehlgeschlagener Fälle in Irland[409] und nach einer Analyse der internationalen Literatur zu diesem Thema fordern *Marsh* und *Laffey*, die Grenze von 16 Schwangerschaftswochen als angemessenen „cut-off point" anzuerkennen, auch wenn sie sich einer gewissen Willkür bei der Festlegung dieser Grenze bewusst sind.[410] Auch an anderer Stelle wird diese Grenze, unterhalb derer jeder Versuch als zwecklos betrachtet wird, benannt. Begründet wird dies mit der großen Zeitspanne, die seit dem Fall Ende der 1980er vergangen ist (Hirntod 16./17. Schwangerschaftswoche, 107-tägige Behandlung)[411], ohne dass diese faktische Untergrenze bis heute unterschritten werden konnte – trotz großer Fortschritte bei organunterstützenden Therapieformen.[412]

Andernorts wird gar davon gesprochen, dass es bei einer Schwangerschaftsdauer von unter 20, also beispielsweise erst nach 18 oder 19 Wochen noch akzeptabel wäre, die künstliche Weiterversorgung des mütterlichen Körpers und damit des Feten einzustellen; jedoch benennt auch dieser Fachbeitrag einen Fall, in dem der Hirntod vor der 20. Schwangerschaftswoche eintrat und gleichwohl ein gesundes Kind zur Welt kam,[413] sodass die 20-Wochen-Grenze keine absolute sein kann, die in dieser Diskussion um einen Behandlungsabbruch nutzbar gemacht werden könnte.

409 Siehe 2. Kapitel B., Fälle I. (S. 10 f.) und III. (S. 12).

410 *Farragher/Marsh/Laffey*, Ir J Med Sci. 2005 Oct-Dec;174(4):55-9.

411 Vgl. 2. Kapitel B. VIII. (S. 14 f., Fn. 44).

412 *Farragher/Laffey*, Neurocrit. Care 2005;3:99, 101.

413 *Souza/Oliveira-Neto/Surita/Cecatti/Amaral/Pinto e Silva*, Reproductive Health 2006, 3:3.

Manche Stimmen in der Fachliteratur indes sprechen sich dagegen aus, bestimmte (verbindliche) Grenzwerte für eine Weiterbehandlung aufzustellen.[414] Begründet wird dies mit den rasanten Fortschritten, die nach den ersten Fällen hirntoter Schwangerer gemacht wurden und damals aufgestellte Grenzen stetig nach unten verschoben. Auch diese Ansicht kommt aber nicht umhin zuzugeben, dass sich an der Untergrenze schon lange Zeit nichts mehr geändert hat.

bb) Medizinischer Hintergrund

Sucht man die Frage, ob eine zahlenmäßig bestimmte Grenze fixiert werden kann, unter der eine Überlebenswahrscheinlichkeit des Nasciturus ausgeschlossen ist, nicht nur rein statistisch, sondern auch faktisch zu beantworten, so muss man sich von zwei Seiten nähern.

(1) Extrauterine Überlebenswahrscheinlichkeit bei Frühgeborenen

Wie schon im Rahmen der Sterbehilfesituation (Stichwort: lebensbedrohliche Erkrankung)[415] festgestellt, besteht jedenfalls bis zur vollendeten 21. Schwangerschaftswoche keine statistisch erfasste Chance für ein Frühgeborenes, außerhalb des mütterlichen Körpers zu überleben. Bis frühestens zur 22./23. Woche müssten Feten in utero weiterversorgt werden, damit überhaupt eine Überlebenswahrscheinlichkeit besteht, wobei jedoch auch in einem Stadium von 22 bis 23 Wochen die Überlebenschancen nur gering sind. Damit ergibt sich, dass bei einem Schwangerschaftsalter von unter 15 Wochen der Fötus mehr als acht Wochen (also über zwei Monate) in utero weiterversorgt werden *muss*, und mit Blick auf eine höhere Überlebenswahrscheinlichkeit mindestens drei bis vier Monate im Mutterleib weiterversorgt werden *sollte*. Hinzu kommt wiederum folgender Punkt.

(2) Aufrechterhaltung des Herz-Kreislauf-Systems[416]

Trotzdem es bisher in einem Fall gelungen ist, den Kreislauf der Mutter volle 107 Tage aufrechtzuerhalten,[417] ist eine Behandlung von solcher Dauer mehr die (absolute) Ausnahme denn die Regel. Grundsätzlich folgt der Herz-Kreislauf-Stillstand regelmäßig dem Hirntod binnen einiger Zeit nach und kann der Blutkreislauf trotz medikamentöser Unterstützung nur einige Tage aufrechterhalten werden.[418] Ist die Hirntote schwanger, scheint dieser Zeitraum mehrere Wochen anhalten zu können, doch eine Garantie dafür gibt es nicht. Zu viele Unwägbarkeiten sind mit einer solchen intensivmedizinischen Behandlung verbunden, weshalb die Gefahr eines Spontanaborts, eines Herzstillstands bei Mutter oder Nasciturus oder gar eines Multiorganversagens bei der Mutter groß ist.

---

414 *Milliez/Cayol*, Best Pract Res Clin Obstet Gynaecol 2001;15(2):323, 326; *Bush/Nagy/Berkowitz/Gaddipati*, Obstet Gynecol Surv. 2003 Nov;58(11):738-48 (747).

415 Vgl. oben 3. Kapitel, 1. Abschnitt, F. II. 1. b) aa) (S. 74 ff.).

416 Vgl. schon 3. Kapitel, 1. Abschnitt F. II 1. b) bb) (S. 76).

417 Vgl. 2. Kapitel B. VIII. (S. 14 f., Fn. 44).

418 *Farragher/Laffey*, Neurocrit. Care 2005;3:99, 100, mit Verweis auf diverse Studien.

(3) Exkurs: Folgen für die Organentnahme

Kommt es im Übrigen zu einem Multiorganversagen bei der Mutter, sind die entsprechenden Organe selbstredend nicht mehr transplantierbar. Doch auch dann, wenn es „nur" zu einem plötzlichen Herzstillstand bei der Mutter kommt, ist Eile geboten: Die maximale Ischämiezeit zwischen dem Herzstillstand sowie dem Beginn der kalten Perfusion liegt in der Praxis bei einer bis zwei Stunden für die Niere, einer Stunde bei Lunge und Pankreas sowie 30 Minuten bei der Leber.[419] Einzig eine Entnahme stoffwechselinaktiver Gewebe ist auch nach längerer Zeit noch möglich (Augenhornhaut, Gehörknöchelchen, Knochen, harte Hirnhaut, äußere Haut, Faszien).[420] Das bedeutet also, dass bei jedwedem Behandlungsversuch eine schnellstmögliche Organentnahme im Falle von Komplikationen, die den Fehlschlag bedeuten, angezeigt ist.

Nur in Fällen, in denen es zum Spontanabort kommt, die Behandlung kontrolliert abgebrochen oder doch ein Kaiserschnitt durchgeführt wird, ist eine besser geplante Organentnahme durchführbar, da dann eine Durchblutung der mütterlichen Organe weiterhin gewährleistet ist. Dass dies auch realiter möglich ist, zeigen sechs der im 2. Kapitel dargestellten Dokumentationen, in denen es zur Organentnahme in drei erfolglosen Fällen (nach acht, drei bzw. 23 Behandlungstagen seit Eintritt des Hirntodes) sowie drei Mal nach erfolgreicher Geburt (nach 25, 44 und 54 Behandlungstagen) kam. Zu bedenken ist freilich auch, dass erstens die Organe mit jedem Behandlungstag jedenfalls nicht an Qualität zunehmen, und dass zweitens dann, wenn das Schwangerschaftsstadium ein noch sehr frühes ist, die Wahrscheinlichkeit eines (Multi-) Organversagens mit zunehmender Behandlungsdauer eher größer wird. Es kann gemutmaßt werden, dass in einigen Fällen, die erfolgreich mit einer Lebendgeburt endeten, eine sich an die Geburt anschließende Organentnahme gar nicht mehr möglich war, weil die Organe der Mutter zwar noch funktionierten, aber nicht mehr transplantierfähig waren.

Wenn auch die mögliche Organentnahme kein Abwägungskriterium im Rahmen der Sterbehilfe sein kann, so sind diese Fakten mit Blick auf die hier diskutierte Konstellation dennoch von Bedeutung: Wird trotz fehlender Überlebenschancen gleichwohl ein Behandlungsversuch gestartet, besteht neben dem sicheren Fruchttod die Gefahr des Untergangs der Organe.

(4) Zwischenergebnis

Zählt man nunmehr beide Punkte zusammen – eine (anfangs sehr geringe) extrauterine Überlebensfähigkeit erst ab der 22. bis 24. Schwangerschaftswoche und die

419 Vgl. *Lautenschläger*, Status ausländischer Personen, S. 40, Fn. 83, mit Verweis auf The Canadian Council for Donation and Transplantation, Donation after Cardiocirculatory Death: A Canadian Forum, February 17-20, 2005, S. 37; *Bernat et al.*, American Journal of Transplantation 2006; 6: 281-291 (284).

420 BT-Drs. 13/4355, S. 19; Höfling/*Rixen*, TPG, § 5, Rn. 6; vgl. auch Miserok/Sasse/*Krüger*, TPG, § 5, Rn. 47.

sehr geringe Möglichkeit, die Schwangerschaft über mehrere Monate aufrechtzuerhalten –, so wird deutlich, dass die 15-Wochen-Grenze eine medizinisch begründete ist. Von Willkür jedenfalls kann keine Rede sein.

cc) Vergleich der hirntoten mit der komatösen Schwangeren

Es hat indes schon Fälle gegeben, in denen Frauen vor Erreichen der 15. Schwangerschaftswoche zwar nicht den Hirntod erlitten, jedoch (wach-) komatös wurden und gleichwohl später ein gesundes Kind zur Welt brachten. In einem Atemzug mit der komatösen Schwangeren wurde denn auch zuweilen die Schwangerschaft von hirntoten Frauen genannt. Ob diese beiden Fälle aber überhaupt dergestalt miteinander vergleichbar sind, dass in Bezug auf die bei hirntoten Schwangeren präferierte 15-Wochen-Grenze nunmehr doch eine Korrektur nach unten nötig ist, bedarf einer, wenn auch kurzen, Erörterung.

(1) Erlanger Wachkoma-Patientin[421]

2009 machte das Universitätsklinikum Erlangen mit einer Pressemitteilung erneut auf sich aufmerksam, in der es von einer in der 13. Schwangerschaftswoche ins Wachkoma gefallenen 40-Jährigen berichtete, die in der 34./35. Woche (nach einer 156-tägigen Behandlung) ein gesundes Kind zur Welt brachte. Sie hatte einen ausgedehnten Myokardinfarkt mit nachfolgendem Herz-Kreislaufstillstand erlitten und wurde am 24.12.2007 nach Erlangen verlegt. Zu diesem Zeitpunkt war die mehr als 100 kg schwere Frau komatös und wies einen insulinpflichtigen Diabetes mellitus Typ II, erhöhte Cholesterinwerte und einen Nikotinabusus, ferner eine Infektion und ein Druckgeschwür sowie ein durch den Myokardinfarkt massiv geschädigtes Herz auf (es verblieben nur 25 % der Herzleistung). In den Folgewochen fanden mehrfach neurologische Untersuchungen statt, bei denen einfache Reflexe, aber keine höheren Hirnfunktionen festgestellt werden konnten. Trotz der deutlichen Großhirnschäden bei der Mutter zeigte das Kind jedoch eine normale Entwicklung. Nachdem durch Befragungen des wahrscheinlichen Kindsvaters sowie der Angehörigen festgestellt wurde, dass es sich um ein Wunschkind handelte, setzten die Ärzte die Behandlung fort. Die gerichtlich eingesetzte Betreuerin der Patientin stimmte dem Vorgehen zu. Die Patientin bekam ein Einzel-Intensivzimmer mit großem Fenster, selbst gemalte Bilder ihrer beiden älteren Kinder wurden neben dem Bett aufgehängt sowie ein Kassettenradio aufgestellt, die Kinder besuchten ihre Mutter regelmäßig, sprachen mit ihr, ließen ihr menschliche Wärme zuteilwerden, spielten selbst besprochene Kassetten ab. Über eine Sonde wurde die Patientin ernährt. Die

421 Gesunder Junge von Erlanger Wachkoma-Patientin entbunden, Pressemitteilung vom 14.10.2009, abrufbar im Internet: http://www.uk-erlangen.de/e467/e583/e11287/e14997/index_ger.html (Stand: 29.11.2010); Erlanger Wachkoma-Baby war ein Wunschkind, aerzteblatt.de vom 14.10.2009, abrufbar im Internet: http://www.aerzteblatt.de/v4/news/news.asp?id=38496&src=suche&p=Wachkoma-Baby (Stand: 29.11.2010).

Einstellung des Diabetes war schwierig, die Blutzuckerwerte konnten aber stabilisiert, Infektionen medikamentös beherrscht und eine übermäßige Ansammlung von Fruchtwasser erfolgreich bewältigt werden. Die Lunge des Kindes wurde mit speziellen Medikamenten auf eine mögliche Frühgeburt vorbereitet (Lungenreifeinduktion). In der 34./35. Schwangerschaftswoche (156 Tage nach dem Herzinfarkt) kam es im Frühjahr 2008 zu einem Blasensprung; 5.38 Uhr dann kam per Kaiserschnitt ein 2.390 g schwerer Junge zur Welt. Nach eineinhalb Jahren zeigte sich eine normale Entwicklung. Die Mutter wurde in eine heimatnahe Pflegeeinrichtung verlegt; ihr Zustand ist unverändert komatös (Stand: 14.10.2009), wobei ihr wegen der massiven Schädigung von Gehirn und Herz fast keine Chance auf Besserung eingeräumt wird.

Bemerkenswert ist dabei noch zweierlei. Zum einen wurde ein interdisziplinäres Ethikkomitee (Gynäkologie/Geburtshilfe, Pflege, Neonatologie, Pädiatrie, Kardiologie, Anästhesie, Neurologie, Medizinethik und Theologie/Klinikseelsorge) eingesetzt, das alle an der Versorgung der Patientin Beteiligten bei der Entscheidungsfindung unterstützte. Es ging um die bestmögliche Therapie für Mutter und Kind, wobei etwaige Verschlechterungen (Frage: Hirntod?) oder Wechselwirkungen zwischen dem Wohl der Mutter und des Kindes beachtet werden mussten. Die Leitideen waren der Schutz der Würde der Schwangeren und das Recht auf Leben des Ungeborenen (Nichtschaden, Fürsorge und Selbstbestimmung). Zum anderen wies der Direktor der Uni-Frauenklinik Erlangen, Prof. Dr. Beckmann, darauf hin, dass dieser Fall mit Blick auf die „lange Schwangerschaftsdauer und den völlig normalen Gesundheitszustand des Kindes in der Wissenschaftswelt außergewöhnlich und sehr erfreulich [sei]“ und nannte vergleichend rund 25 Fälle von Schwangeren mit Hirntod (sic!) oder Koma seit den 1970er Jahren.

(2) Weitere dokumentierte Fälle (wach-) komatöser Schwangerer

Ein ähnlicher Fall wie der der Erlanger Wachkoma-Patientin trat im Sommer 2009 in Nürnberg auf. Eine 30-jährige schwangere Frau war nach einem Herz-Kreislauf-Stillstand ins Koma gefallen; sieben Wochen später kam das Kind zur Welt.[422]

Aus Südkorea wird ein Fall geschildert, in dem eine Frau schon in der vierten Schwangerschaftswoche infolge eines Autounfalls ins Wachkoma fiel und 29 Wochen später einen 1.890 g schweren Jungen per Kaiserschnitt gebar. Nach einem Jahr konnte dem Kind eine normale Entwicklung bescheinigt werden; die Mutter blieb weiterhin im Wachkoma. Beachtlich ist, dass die Ärzte erst 114 Tage nach dem Unfall auf die Schwangerschaft aufmerksam wurden.[423]

Insgesamt scheint die Zahl dokumentierter Wachkomafälle, betreffend Schwangerschaften, der der Meldungen über hirntote Schwangere ähnlich zu sein;

---

422 Erlanger Wachkoma-Geburt kein Einzelfall, Focus online, 11.10.2009, abrufbar im Internet: http://www.focus.de/wissen/wissenschaft/medizin-erlanger-wachkoma-geburt-kein-einzelfall_aid_443894.html (Stand: 29.11.2010).

423 *Sim*, J Korean Med Sci 2001; 16: 669-72.

jedenfalls liegen beide Zahlen gleichermaßen im niedrigen zweistelligen Bereich.[424] Gleiches gilt für Schwangere, die in ein Koma (kein Wachkoma) gefallen sind; auch hier konnten Schwangerschaften über 20 Wochen, beginnend zum Teil mit der 7. Schwangerschaftswoche, fortgesetzt und gesunde Kinder geboren werden.[425]

(3) Vergleich (wach-) komatöse – hirntote Schwangere

Obzwar bei der Erlanger Wachkoma-Patientin die Fälle hirntoter Schwangerer in einem Atemzug mitgenannt wurden, ergeben sich doch zum Teil beträchtliche Unterschiede, die es verbieten, Rückschlüsse von Wachkoma-Schwangerschaften auf die hirntoter Frauen zu ziehen. So wird bei Wachkoma-Patientinnen grundsätzlich ein Weniger an körper- und kreislaufunterstützenden Maßnahmen erforderlich als bei Hirntoten (auch wenn die medikamentöse Versorgung ähnlich ist). Dies liegt vor allem daran, dass Patienten im Wachkoma die Fähigkeit zur Spontanatmung und auch eine sich selbst regulierende Körpertemperatur behalten, ferner ein funktionierendes kardiovaskuläres System. Mithin sind die Risikofaktoren minimiert. Im Gegensatz dazu müssen die vitalen Funktionen bei der Hirntoten aktiv unterstützt werden, wobei es nicht darauf ankommt, ein Organversagen lediglich zu verhindern, sondern überhaupt den Zustand des mütterlichen Körpers so zu erhalten, dass er annähernd dem normalen Status einer Lebenden entspricht.[426] Indizien dafür, dass die Bedingungen bei der hirntoten Schwangeren kritischere sind als bei der (wach-) komatösen, sind die im Durchschnitt kürzere Zeit, die die Behandlung aufrecht erhalten und der Fötus in utero bleiben kann, sowie damit zusammenhängend ein früherer Geburtszeitpunkt.[427]

Es zeigt sich mithin, dass Parallelen nur eingeschränkt gezogen werden können. Die Möglichkeiten insbesondere im Hinblick auf die Länge der Behandlung sowie das Schwangerschaftsstadium, ab dem eine Behandlung erst sinnvoll ist, sind in Fällen (wach-) komatöser Schwangerer als besser einzuschätzen als bei hirntoten. Auf die Annahme einer 15-Wochen-Grenze bei Schwangerschaften hirntoter Patientinnen jedenfalls haben Fälle wie der der Erlanger Wachkoma-Patientin nur marginalen Einfluss.

---

424 Eine Auflistung von 15 Fällen wachkomatöser Schwangerer findet sich bei *Bush/Nagy/Berkowitz/Gaddipati*, Obstet Gynecol Surv. 2003 Nov;58(11):738-48, darunter auch einen Fall, indem sowohl Kind als auch Mutter starben.

425 Vgl. beispielhaft die zu Beginn der 1990er dokumentierten Fälle bei *Koh/Lipkin*, JPEN 1993;17:384–387.

426 *Bush/Nagy/Berkowitz/Gaddipati*, Obstet Gynecol Surv. 2003 Nov;58(11):738-48 (741).

427 *Bush/Nagy/Berkowitz/Gaddipati*, Obstet Gynecol Surv. 2003 Nov;58(11):738-48 (745), geben für die a. a. O untersuchten elf Fälle hirntoter Schwangerer eine durchschnittliche Behandlungszeit von 46 Tagen zwischen der Hirnschädigung und der Geburt an; bei den 15 Fällen von schwangeren Wachkoma-Patientinnen beträgt dieser Zeitraum durchschnittlich 124 Tage. Der durchschnittliche Geburtszeitpunkt ist nach 29,7 Schwangerschaftswochen (Geburtsgewicht 1.380 g) bzw. 33,2 Wochen (2.145 g).

dd) Ergebnis für diese Fallgruppe

Die Grenze von 15 Schwangerschaftswochen zum Zeitpunkt, in dem der Hirntod eintritt, ist praktisch wie theoretisch fundiert. Unterhalb dieser Grenze kann, vorbehaltlich neuer spitzenmedizinischer Fortschritte, derzeit davon ausgegangen werden, dass für den Fötus keine Überlebenswahrscheinlichkeit besteht. Das bedeutet, dass die Sterbensinteressen die Lebensinteressen stets dann überwiegen, wenn der Hirntod vor Beginn der 16. Schwangerschaftswoche eintritt. Bei Embryonen schlägt die Abwägung damit immer pro Behandlungsabbruch aus (vorbehaltlich der weiteren Sterbehilfevoraussetzungen); für Feten bis zur 15./16. Schwangerschaftswoche gilt selbiges. In diesen Fällen also muss der Arzt schon gar kein Behandlungsangebot unterbreiten; eine Weiterbehandlung ist nicht indiziert, eine Organentnahme bei der hirntoten Schwangeren rechtlich möglich.[428]

Es sei der Vollständigkeit halber jedoch darauf hingewiesen, dass der die Letztentscheidung Treffende im Rahmen seines Beurteilungsspielraumes zu dem Schluss kommen könnte, dass er auch das intrauterine Leben als so lebenswert einschätzt, dass eine Weiterbehandlung geboten ist. Dies wäre kein Fehlgebrauch dieses Spielraums. Es besteht mithin in dieser Fallgruppe keine Behandlungspflicht, aber ein Behandlungsrecht, wenn ausgeschlossen werden kann, dass der Nasciturus beim Fruchttod leidet.[429]

b) Geringe bis keine Überlebenswahrscheinlichkeit auf Grund anderweitiger Indikation

Freilich sind auch konkrete Indikationen im Einzelfall denkbar, die eine Überlebenswahrscheinlichkeit von vornherein ausschließen. Ausgewählte Beispiele solcher Krankheiten und Chromosomenstörungen, die teilweise schon bei der Frage nach einer lebensbedrohlichen Erkrankung genannt wurden,[430] sollen hier mit Blick auf die Lebens- und Sterbensinteressen erörtert werden. Sie lassen sich, obwohl es sich um konkrete Beispiele handelt, aber gleichsam dahingehend abstrahieren, dass

---

428 Es ist fast schon überflüssig zu betonen, dass in diesem Fall mit besonderer Genauigkeit das Schwangerschaftsalter zu bestimmen ist. Zu den hierbei auftretenden Problemen siehe *Mercurio*, Journal of Perinatology (2005) 25, 685-689. – *Mercurio*, a. a. O., weist überdies auch auf die Gefahr der self-fulfilling prophecy, der sich selbst erfüllenden Prophezeiung, hin. Es mag sein, dass auch im Fall der hirntoten Schwangeren Erfolge schon bei einem früheren Schwangerschaftsalter als 15 vollendete Wochen möglich sind und es nur keine validen Daten gibt, weil niemand es probiert. Sehr wahrscheinlich aber ist das auf Grund eben der vielen medizinischen Unwägbarkeiten nicht.

429 Neuere Untersuchungen gehen davon aus, dass sich der Nasciturus in einer Art Schlaf befindet, jedenfalls kein Bewusstsein hat, vgl. *Koch*, Scientific American Mind, September/October 2009: 20-21. Ob Menschen, die Bewusstseinsstörungen bis hin zum fehlenden Bewusstsein haben, Schmerz empfinden können, ist nicht bekannt, darf aber zumindest bezweifelt werden.

430 3. Kapitel, 1. Abschnitt, F. II. 1. a) (S. 72 f.).

auch hier ungenannte Krankheiten damit verglichen und ggf. in diese Fallgruppe eingeordnet werden können.

aa) Anenzephalie

(1) Die medizinische Sicht

Der Begriff Anenzephalie bedeutet so viel wie „ohne Gehirn" und beschreibt damit exakt das Wesen dieser Schädigung, die in Deutschland, allgemein in Mitteleuropa sowie in den USA bei einer von 1.000 Geburten, also relativ häufig, vorkommt (in Teilen Großbritanniens sogar bei einer von 100).[431] Es handelt sich dabei um eine schwere Fehlbildung des Zentralnervensystems, bei der der Kopf in Höhe der Schädelbasis wie abgetrennt erscheint, da das Großhirn, Teile der Hypophyse (Hirnanhangdrüse), des Zwischenhirns und des Schädeldachs vollständig oder zumindest weitgehend fehlen, jedenfalls degeneriert sind. Die Anenzephalie wird im Übrigen zu den Neuronalrohrdefekten gerechnet. Da überdies die Augenhöhlen flach sind und deshalb die Augen hervortreten, spricht man auch von einem Frosch- oder Krötenkopf.[432]

Folge des fehlenden Großhirns ist es, dass Anenzephale kein Bewusstsein erlangen können; sie sind ferner zu Empfindungen und Wahrnehmungen unfähig. Zwar sind verschiedene Reflexe erreichbar, auch Schmerzreize, doch können Schmerzen selbst nicht empfunden werden. Letztlich sind die klassischen Sinne wie Sehen, Hören etc. nicht vorhanden. Anenzephale sind dauernd und vollständig bewusstlos, weshalb sie, zusammengefasst, ihre eigene Existenz nicht erleben und erfahren können.[433]

Die Prognose: 50 % der Anenzephalen sterben schon intrauterin, die restlichen 50 % innerhalb der Neugeborenenperiode.[434] Bei einer schon etwas älteren Datensammlung aus British Columbia wurden alle Fälle von Anenzephalen von 1952 bis 1981 gesammelt: Nur ca. ein Drittel waren Lebendgeburten; von 181 Fällen starb ein Mädchen erst am 14. Tag, eines am achten, insgesamt überlebten nur 15 % die ersten drei Tage.[435] Zwar gibt es immer wieder Stimmen, die von Anenzephalen berichten, die über Monate und Jahre am Leben erhalten werden;[436] das aber ändert nichts daran, dass die Kinder kein Bewusstsein haben und maschinell versorgt so-

---

431 *Nagel*, Früheuthanasie, S. 101; *Entezami/Albig/Gasiorek-Wiens/Becker*, Sonographische Fehlbildungsdiagnostik, S. 24; *Gescher*, Anenzephale, S. 27. Auf Grund der nicht so sehr geringen Wahrscheinlichkeit ist es deshalb auch nicht fernab jeder Vorstellungskraft, dass eine dergestalt Schwangere den Hirntod erleidet.

432 *Pschyrembel*, Klinisches Wörterbuch, S. 83 (Stichwort: Anenzephalie); *Saati*, Früheuthanasie, S. 26 f.; *Nagel*, Früheuthanasie, S. 100 f.

433 *Glöckner*, Ärztliche Handlungen, S. 41 f.; *Gescher*, Anenzephale, S. 33 f.

434 *Entezami/Albig/Gasiorek-Wiens/Becker*, Sonographische Fehlbildungsdiagnostik, S. 27.

435 *Baird/Sadovnick*, CLIN PEDIATR 1984 23: 268.

436 Vgl. bspw. *Merkel*, Früheuthanasie, S. 66 f.: zweieinhalb Jahre; vgl. auch die – zugegeben aus heutiger Sicht schon älteren – Verweise bei *Isemer/Lilie*, MedR 1988, 66, 67, insbes. dort Fn. 15.

wie regelmäßig auch wiederbelebt werden müssen.[437] Eine Therapie nach einer eventuell erfolgreichen Geburt existiert schließlich nicht.[438]

(2) Die juristische Sicht

Nimmt man nun eine Bewertung der Lebens- und Sterbensinteressen vor, ist für eine Behandlungspflicht in utero anzuführen, dass statistisch ca. ein Drittel bis 50 % der Ungeborenen lebend zur Welt kommen. Eingedenk der Tatsache aber, dass Schwangerschaften bei Hirntoten beinahe immer dazu führen, dass die geborenen Kinder Frühgeborene sind, sind damit die Überlebenschancen nochmals, durch einen weiteren Faktor zusätzlich minimiert. Überdies ist zu bedenken, dass die Lebenserwartung mit wenigen Tagen nur sehr gering ist. Hauptargument gegen eine Behandlungspflicht muss jedoch sein, dass ein bewusstes Leben, erfüllt wenigstens von minimalen Empfindungen und Wahrnehmungen von der Außenwelt, nie möglich ist. Es findet keine irgendwie geartete Interaktion statt; das Hirn als der das Wesen eines Menschen bestimmende Faktor ist nicht vorhanden. Dieser Bewusstseinsverlust ist auch irreversibel. Zwar bleibt ein Argument immer bestehen: Leben ist Leben, ohne dass qualitative Unterschiede gemacht werden dürfen. Angesichts der Todesnähe aber, die schon in utero beginnt und sich spätestens kurz nach der Geburt realisiert, ist das Lebensinteresse als so gering einzuschätzen, dass es gegenüber dem Sterbensinteresse zurücktreten muss. Nach allgemeinen Wertvorstellungen kann keine ärztliche Pflicht gefordert werden, ein bestenfalls sehr kurzes Leben, das nie bewusst wird wahrgenommen werden können, maximaltherapeutisch im Körper seiner hirntoten Mutter über Wochen hinweg zur Entwicklung zu bringen.[439]

Im Ergebnis ist also bei Anenzephalen ein straffreier Behandlungsabbruch möglich, unabhängig davon, in welchem Stadium der Schwangerschaft sich der Nasciturus befindet. Der Arzt muss dem Letztentscheidungsträger auch kein Behandlungsangebot machen, da eine Maximaltherapie wie die Aufrechterhaltung der mütterlichen Körperfunktionen und mithin der Schwangerschaft medizinisch – und im Übrigen auch ethisch – nicht indiziert sind.[440]

437 Siehe auch die Nachweise bei *Gescher*, Anenzephale, S. 32 (insbesondere Fn. 72), wonach solche Fälle längerer Lebensdauer oftmals als schlecht dokumentiert betrachtet und deshalb bezweifelt werden.

438 *Entezami/Albig/Gasiorek-Wiens/Becker*, Sonographische Fehlbildungsdiagnostik, S. 27.

439 Im Ergebnis ebenso (freilich ohne die Konstellation der hirntoten Mutter) *Eser*, Narr-FS, 47, 59 f. Vgl. auch die – wenngleich in anderem Zusammenhang angestellte, so doch auf das gleiche Ergebnis hinauslaufende – Argumentation von *Isemer/Lilie*, MedR 1988, 66, 70.

440 Zu einer Abwägung kommt man freilich nur deshalb, weil Anenzephale trotz fehlenden Großhirns im Regelfall nicht hirntot sind und also auch taugliches Tatobjekt von § 218 Abs. 1 StGB sein können. Der Regelfall meint all die Konstellationen, in denen der Anenzephale noch Hirnstammstrukturen aufweist. Dann aber sind die Hirntodkriterien, die den irreversiblen Zusammenbruch eben der Gesamtfunktionen des Gehirns voraussetzen, nicht erfüllt. Vgl. hierzu *Gescher*, Anenzephale, S. 47 ff. – Der Vollständigkeit halber sei

bb) Nicht beheb- und ersetzbare Funktionsunfähigkeit anderer lebenswichtiger Organe, z. B. Potter-Syndrom

Zu selbigem Ergebnis kommt man dann, wenn lebenswichtige Organe fehlen oder funktionsuntüchtig sind und sich dieser Mangel auch nicht anderweitig beheben oder ersetzen lässt. Bei der Potter-Sequenz (1:3000-4000 Geburten) beispielsweise fehlen beide Nieren oder sind fehlgebildet. Im Falle des Fehlens oder der vollständigen Funktionsunfähigkeit der Nieren kommt es bei anhaltendem Fruchtwassermangel zu einer Unterentwicklung der Lunge (Lungenhypoplasie), die erfolgreiche Beatmungsversuche extrauterin verhindert; diese Kinder sterben schon bei der Geburt oder in den ersten (maximal zwölf) Lebensstunden, obwohl sie ohne Nieren und bei normaler Lungenentwicklung drei bis vier Tage überleben könnten.[441] Auch hierbei kommt erschwerend hinzu, dass Kinder von hirntoten Schwangeren zumeist Frühgeborene sind, die im Regelfall zusätzlich zur Unterentwicklung der Lunge eine Lungenunreife aufweisen.[442]

Zur Theorie: Wer strikt damit argumentiert, dass auch nur eine Stunde schon schützenswertes Leben bedeuten kann, wird eine Behandlungspflicht hier bejahen müssen. Praktisch aber kann es – sowohl juristisch als auch ethisch – nicht menschenwürdig sein, eine zum Teil wochenlange maximaltherapeutische Behandlung (intrauterin) durchzuführen, um dem Neugeborenen die „Chance“ auf wenige Minuten bis Stunden extrauterinen Lebens zu verschaffen, in denen schon jedweder Versuch der Versorgung mit Sauerstoff fehlschlagen muss. Die stressigen Minuten bis zum Tod durch eine Sauerstoffunterversorgung, die dadurch „gewonnen“ werden, dass die Schwangerschaft künstlich fortgesetzt wird, werden dem individuellen Recht auf ein menschenwürdiges Sterben weit weniger gerecht, als wenn man die Schwangerschaft schon dann abbricht, wenn sich das Kind immerhin noch in der behüteten Umgebung im Bauch der Mutter befindet. Die Lebensinteressen jedenfalls werden von den Sterbensinteressen in diesen Fällen klar überwogen, sodass ein Behandlungsabbruch auch schon pränatal möglich sein müsste.

Praktisch jedoch ist dieses Ergebnis dahingehend zu relativieren, dass eine relativ sichere Pränataldiagnostik nur schwerlich möglich ist. Hinzu kommt, dass dann,

---

hier noch erwähnt, dass Überlegungen Ende der 1980er, Anenzephale als potentielle Organspender zu erwägen, nicht weiter verfolgt wurden; vgl. hierzu *Eser*, Narr-FS, 47, 59 f.

441 *Glöckner*, Ärztliche Handlungen, S. 40, m. w. N.; *Nagel*, Früheuthanasie, S. 103 f.

442 Nicht verschwiegen werden soll eine gewisse medizinische „Chance“. Bei einer kompletten Nierenagenesie (Fehlen beider Nieren) kann sich die Lunge nicht entwickeln, weil sich das Fruchtwasser zunehmend vermindert, bis es schließlich aufgebraucht ist. Erst dann kommt es zur Lungenunterentwicklung, weil die Atembewegungen des Nasciturus, die zur Entwicklung der Lunge intrauterin gebraucht werden, nicht effektiv sind. Diesem Prozess ließe sich durch eine Fruchtwasserauffüllung, die mehrfach durchgeführt werden müsste, abhelfen. Dann könnte das Neugeborene zwar beatmet werden, hätte aber dennoch keine Nieren. Eine Dialyse bei Neugeborenen wird seitens der Neonatologen indes sehr kritisch gesehen und derzeit (2011) auch nicht propagiert.

wenn die Nieren sich wenigstens teilweise entwickeln konnten, auch eine minimale Lungenentwicklung denkbar ist, was sowohl eine künstliche Beatmung als auch eine Dialyse Erfolg versprechend erscheinen lässt, um schließlich über Nieren- und Lungentransplantationen eine Überlebensfähigkeit des Kindes zu erreichen. Jedenfalls hat in diesen Fällen der Sterbeprozess noch nicht zwingend eingesetzt, ein todesnahes Stadium ist noch nicht mit hinreichender Sicherheit zu konstatieren. Mithin kommt es letztendlich auf den Einzelfall an, wobei im Zweifel die Unsicherheiten hinsichtlich der Diagnostik den Ausschlag für eine Weiterbehandlung (jedenfalls zunächst) geben. Verdichten sich die Anzeichen jedoch, dass der Fötus nur geboren werden würde, um sogleich wieder zu sterben, ist dies in einem neuerlichen Indikationsgespräch zwischen Arzt und Letztentscheidungsträger in die Abwägung einzustellen.

Freilich ist die Potter-Sequenz nur eines von vielen denkbaren Szenarien. Wo der Sterbeprozess schon intrauterin eingesetzt hat und das Kind nur geboren wird, um sogleich wieder zu sterben, und wo dieses Ergebnis schon pränatal mit hinreichender Sicherheit abzusehen ist, ist auch ein Behandlungsabbruch straflos möglich, wenn und weil die oben aufgezeigten Abwägungsmuster im Einzelfall greifen.

cc) Chromosomenstörungen

Diese Gruppe betrifft Fälle, in denen auf Grund von Chromosomenanomalien lebenswichtige Organe fehlgebildet sind oder fehlen und deshalb eine infauste Prognose gestellt werden muss. Gemein haben alle im Folgenden aufgezählten (keineswegs abschließenden) Beispiele, dass die Chancen einer Lebendgeburt schon bei einem normalen Schwangerschaftsverlauf stark reduziert sind, *und* die Prognose, dass im Falle einer geglückten Geburt die Lebenserwartung trotz intensivmedizinischer Maximaltherapie nur sehr gering ist. Der prädiktive Wert der Pränataldiagnostik hinsichtlich Chromosomenstörungen wird im Übrigen als allgemein hoch angesehen.

(1) Die medizinische Sicht

Die *Triploidie*, bei der ein Nasciturus statt der üblichen 46 Chromosomen 69 aufweist, kommt in 1-3 % aller Schwangerschaften vor und ist deshalb die dritthäufigste (letale) Chromosomenaberration überhaupt (nach autosomalen Trisomien und der Monosomie X). Endet die Schwangerschaft zumeist als Frühabort, stirbt das Neugeborene aber spätestens, falls die Schwangerschaft doch bis zur Geburt bestehen bleibt, auf Grund schwerster körperlicher oder geistiger Behinderungen dann zumeist antenatal oder in der Neugeborenenperiode. Eine längere Lebensdauer haben nur Mosaike (und dann auch nur in seltenen Fällen), also solche Individuen, die sowohl triploide als auch normal diploide Zellen aufweisen.[443]

443 So *Rosenbusch*, Reproduktionsmedizin 2003;19: 290-293, der aber auch auf sehr vereinzelte Fälle hinweist, in denen rein triploide Neugeborene mehrere Wochen bis maximal 10,5

Ähnliches gilt auch für *Trisomie 9*, die *partielle Trisomie 9 p* und *Trisomie 10*: Außer bei den jeweiligen Mosaikformen sind die Prognosen stets infaust; es kommt meist zum Fruchttod schon vor der Geburt oder zum Tod in der Neonatalperiode. Etwas anders liegt der Fall eben bei den Mosaikformen: Bei Mosaiken von Trisomie 9 kommt es zu schweren mentalen Retardierungen und körperlichen Behinderungen, wobei die Schwere der Behinderung vom Anteil betroffener Zellen und Organsysteme abhängig ist. Bei Mosaiken von Trisomie 10 ist ein Überleben möglich (mit geistiger Behinderung und Minderwuchs), wobei jedoch die Lebenserwartung stark reduziert ist:[444] Die meisten sterben im frühen Kindesalter; ein Fall ist dokumentiert, in dem das Kind noch nach fünf Jahren und vier Monaten am Leben war.[445]

Bei *Trisomie 13*, dem Patau-Syndrom, existiert ein zusätzliches Chromosom 13, was zu schweren Entwicklungsstörungen und Fehlbildungen (Herzfehlern, Nierenfehlbildungen, massiven Großhirnfehlbildungen u. a.) führt. 50 % werden schon tot geboren oder sterben jedenfalls innerhalb des ersten halben Jahres; 80 bis 90 % werden nicht älter als ein Jahr.[446] Die durchschnittliche Überlebenszeit aller lebend geborenen Kinder (allerdings zusammengefasst mit Trisomie-18-Kindern) beträgt zwischen zwei und drei Monaten, wobei *Merkel* jedoch darauf hinweist, dass „vermutlich in den meisten Fällen Entscheidungen der Ärzte, nicht zu behandeln, den Tod beschleunigen (und damit die Statistik der Lebenserwartung drücken).“[447]

Zu annähernd gleichen Ergebnissen kommt es bei *Trisomie 18*, dem Edwards-Syndrom (Inzidenz: 1:3000 Geburten): Bei dieser zweithäufigsten Trisomie bei Lebendgeborenen, die üblicherweise ein niedriges Geburtsgewicht aufweisen, finden sich ebenso Entwicklungsstörungen und Fehlbildungen an Herz (häufig therapieresistent), Nieren, Nervensystem und Gehirn, wobei 30 % bzw. 50 % der betroffenen Kinder im ersten Monat bzw. in den ersten beiden Lebensmonaten und 90 % innerhalb des ersten Jahres sterben.[448] Psychomotorisch vermögen sich die Kinder regelmäßig nicht weiterzuentwickeln, können also nicht gehen oder spielen; auch jede Form von Kommunikation ist in den meisten Fällen ausgeschlossen.[449]

Monate überlebten. Vgl. zur Triploidie ferner *Entezami/Albig/Gasiorek-Wiens/Becker*, Sonographische Fehlbildungsdiagnostik, S. 176 ff.

444 *Entezami/Albig/Gasiorek-Wiens/Becker*, Sonographische Fehlbildungsdiagnostik, S. 181 ff., m. w. N.

445 *Hahnemann/Nir/Friberg/Engel/Bugge*, American Journal of Medical Genetics Part A, 138A:150–154 (2005).

446 *Glöckner*, Ärztliche Handlungen, S. 39 f., m. w. N.; *Entezami/Albig/Gasiorek-Wiens/Becker*, Sonographische Fehlbildungsdiagnostik, S. 183 ff.

447 *Merkel*, Früheuthanasie, S. 372.

448 Vereinzelt werden aber auch Fälle längeren Überlebens bis hin zu 19 Jahren berichtet, vgl. die Zusammenstellung bei *van Dyke/Allen*, Pediatrics 1990;85;753-759 m. w. N.

449 *Entezami/Albig/Gasiorek-Wiens/Becker*, Sonographische Fehlbildungsdiagnostik, S. 189 ff., *Glöckner*, Ärztliche Handlungen, S. 40; *Merkel*, Früheuthanasie, S. 43 f.; jeweils m. w. N. –

(2) Die juristische Sicht

Stärker noch als bei den vorigen Fallgruppen hängt die Abwägung hier vom Einzelfall und der entsprechenden Störung ab. Zu den statistischen Überlebenswahrscheinlichkeiten sind zunächst im Einzelfall die Prognosen der Frühgeborenensterblichkeit zu addieren, wenn zu erwarten steht, dass es sich um eine Frühgeburt handelt. Das bedeutet, je früher der Hirntod eintritt, desto früher wird auch der Geburtstermin sein, eben weil der Herz-Blut-Kreislauf der Mutter und damit die Schwangerschaft nicht beliebig lang aufrechterhalten werden können.

Zudem kommt es darauf an, ob die Chromosomenstörung in Reinform oder als Mosaik vorliegt. Wie oben dargestellt, sind die Chancen für Mosaike im Regelfall verbessert und die Lebenserwartung erhöht; besteht eine nicht unrealistische Möglichkeit, dass sogar das Kindesalter erreicht wird, kann von einem todesnahen Stadium freilich nicht mehr gesprochen werden, weshalb eine Sterbehilfe dann (vorbehaltlich anderer kritischer Faktoren) ausgeschlossen ist. Tritt der Tod jedoch spätestens in der Neugeborenenphase ein, wie bei der Triploidie oder Trisomie 9 und 10, ist die Störung also letal, dann überwiegen die Sterbensinteressen die Lebensinteressen deutlich.

Bei Vorliegen von Trisomie 13 und 18 kommt es speziell auf die festgestellten Schädigungen beim Nasciturus an: Lassen sich schon pränatal Herzfehler oder andere schwerwiegende und mit dem Leben nicht vereinbarende Anomalien feststellen, die dann, wenn das Kind schon geboren wäre, das Unterlassen von intensivmedizinischen Maßnahmen erlaubten, muss freilich die Schwangerschaft nicht weiter aufrechterhalten werden. Ist andererseits nicht hinreichend klar, ob das Kind tatsächlich durch die Geburt in eine unmittelbare Todesnähe entlassen wird, könnte sich also auch die 10-prozentige Wahrscheinlichkeit manifestieren, dass das Kind mit Trisomie 13 oder 18 gar älter als ein Jahr wird, schlägt das Pendel wieder in Richtung der Lebensinteressen aus.

Es sind mithin in dieser Fallgruppe viele Konstellationen denkbar, bei denen die Sterbensinteressen die Interessen daran, überhaupt geboren zu werden, stark überwiegen. Im Einzelfall jedoch sind die genauen pränataldiagnostischen Parameter entscheidend, die auch zu der Entscheidung führen können, die Schwangerschaft fortzusetzen. Das aber ist im Indikationsgespräch zwischen Arzt und Letztentscheidungsträger anhand der speziellen medizinischen Lage detailliert zu erörtern.

c) Schwangerschaften bei Hirntod ab der 16. SSW

Ist das Stadium der Schwangerschaft zum Zeitpunkt des Hirntodes in einem Bereich, in dem eine erfolgreiche Behandlung schon dokumentiert ist, und liegen auch

---

Vgl. aber auch seltene Ausnahmen motorischer und kognitiver Fähigkeiten, beobachtet bei den Langzeitüberlebenden, *van Dyke/Allen*, Pediatrics 1990;85;753-759.

sonst keine letalen Indikationen vor, wie sie unter b) soeben kursorisch dargestellt wurden, fragt sich, wie hier die Abwägung auszusehen hat.

Es kann nicht zweifelhaft sein, dass trotz der dokumentierten Fälle die Schwangerschaft einer Hirntoten weiterhin ein Ausnahmefall in der Intensivmedizin bleibt. Die zu beachtenden medizinischen Faktoren sind höchst komplex, weshalb ein Behandlungserfolg nicht sicher vorausgesagt werden kann. Allgemein lässt sich jedoch feststellen, dass sich die Wahrscheinlichkeit von Komplikationen und unvorhersehbaren Ereignissen während der Behandlung proportional zur Behandlungsdauer verhält: Je länger die Behandlung aufrechterhalten werden muss, desto größer ist die Gefahr des Fehlschlags. Das bedeutet gleichsam, dass die Prognose umso unsicherer wird, je früher der Hirntod eintritt. Dass Fälle mit erfolgreichem Ausgang schon ab der 16./17. Schwangerschaftswoche dokumentiert sind, bedeutet keineswegs, dass eine jede Behandlung ab diesem Stadium Erfolg verheißend ist. Vielmehr lässt sich ab diesem Zeitpunkt und unter günstigen Voraussetzungen überhaupt erst davon sprechen, eine Behandlung als sinnvoll zu erachten.

Für die Abwägung der Lebens- und Sterbensinteressen bedeutet das: Erst ab der 16. Schwangerschaftswoche erwachsen erste Lebensinteressen, die in die Abwägung einzustellen sind. Da die Prognose hier allerdings höchst unsicher ist, bleibt dem Arzt und dem Letztentscheidungsträger ein Beurteilungsspielraum, ob diese Lebensinteressen die Sterbensinteressen, namentlich das Interesse, nicht zu einem späteren Zeitraum den Fruchttod zu erleiden oder als nicht lebensfähiges Frühgeborenes auf die Welt zu kommen, überwiegen. In diese Beurteilung sind etwaige Kontraindikationen auf Seiten der Mutter oder des Feten, die von medizinischer Seite her zu Zweifeln Anlass geben, ob die Behandlung über einen längeren Zeitraum wird aufrechterhalten werden können, einzustellen. Jedenfalls hat der Arzt sich zu erklären, wenn und warum er kein Behandlungsangebot machen will, und der Letztentscheidungsträger hat anhand objektiver Kriterien zu begründen, warum er ein etwaiges Behandlungsangebot ausschlagen will. Dabei werden diese Begründungsmöglichkeiten immer enger, die Anforderungen an die Begründung immer strenger, je später der Hirntod eintritt. Die Wertungen zu § 218a Abs. 2 StGB, wonach die Gefahr für die Mutter umso größer sein muss, je weiter vorgerückt das Stadium der Schwangerschaft ist,[450] müssen gleichsam hier in Ansatz gebracht werden. Tritt der Hirntod zu einem Zeitpunkt ein, da das Kind schon extrauterin überlebensfähig ist, ist ein Behandlungsabbruch in der Regel nicht mehr straflos möglich, wobei jedoch stets der Einzelfall maßgeblich ist.

450 Vgl. insofern – rechtsvergleichend – auch ausdrücklich Art. 119 Abs. 1 S. 2 des Schweizerischen StGBs: „Die Gefahr muss umso grösser sein, je fortgeschrittener die Schwangerschaft ist.“

d) Grundsätzlich hohe Überlebenschance bei z. T. verringerter Lebenserwartung und/oder weiteren (Mehrfach-) Schädigungen

Zusammengefasst in dieser Gruppe sind all die Fälle, in denen zwar eine lebensbedrohliche Erkrankung vorliegt, diese jedoch nach der Geburt in gewisser Weise behandelt werden kann oder erst später ausbricht, sodass jedenfalls die Lebenserwartung nicht wie in den zuvor beschriebenen Fällen stark (d. h. auf wenige Stunden oder Tage) minimiert ist. Hierunter zählen Krankheiten, die nicht schon unmittelbar nach der Geburt, sondern erst einige Zeit später Symptome zeigen und die Lebenszeit dann – zum Teil sehr stark – verkürzen. Gleichsam sind Krankheiten in den Blick zu nehmen, bei denen lediglich die ab dem Zeitpunkt der Geburt auftretenden Symptome leidmindernd behandelbar sind, die Lebenserwartung dadurch aber verkürzt ist; ferner sind ebenso Krankheiten denkbar, die in behandeltem Zustand eine normale Lebenszeit erwarten lassen, wenn auch mitunter bleibende Schäden zu konstatieren sind.

aa) Zukünftig zu erwartendes schweres Leid

(1) Die medizinische Sicht

Gemeint sind Krankheiten und Krankheitsbilder, die kein gegenwärtiges Leid hervorrufen, sondern bei denen nach einer kurzen beschwerdefreien Zeit eine lange Leidensperiode auftritt.[451] Genannt seien beispielgebend das Tay-Sachs-Syndrom, dessen Symptome erst nach drei bis sechs Monaten auftreten, jedoch innerhalb von vier Jahren zum unaufhaltsamen und völligen Verfall aller physischen und mentalen Fähigkeiten sowie schließlich zum Tod führen,[452] und die infantile Zystinose, bei der sich das Kind zunächst normal entwickelt und dann im Kleinkind- oder Schulkindalter grausam an einer Niereninsuffizienz stirbt (der Tod tritt regelmäßig in der ersten Lebensdekade ein), wenn nicht eine Nierentransplantation vorgenommen wird.[453] Beide Krankheiten sind pränatal diagnostizierbar,[454] können also bei der Entscheidung darüber, ob die Schwangerschaft fortgesetzt werden soll, theoretisch berücksichtigt werden.

(2) Die juristische Sicht

Mit Blick auf die Phase schweren Leides argumentiert *Hanack* in Fällen extremer Frühgeburten dafür, das Kind gar nicht erst „auf seinen problematischen Lebensweg“ zu schicken. Es sei vielmehr humaner, sogleich die Behandlung des Frühge-

---

451 *Nagel*, Früheuthanasie, S. 101 f.

452 Vgl. *Merkel*, Früheuthanasie, S. 574 f.

453 Vgl. *Hanack*, MedR 1985, 33, 37; *Nagel*, Früheuthanasie, S. 102.

454 Diagnostizierbar, dass sei der Vollständigkeit halber noch erwähnt, sind sie jedoch nur, wenn gezielt nach ihnen gesucht wird. In der normalen Vorsorge- und auch in der Feindiagnostik sind sie nicht erkennbar; es ist vielmehr eine invasive Diagnostik mit Molekulargenetik notwendig, die jedoch angezeigt sein können, wenn die Familie eine entsprechende Vorgeschichte aufweist.

borenen abzubrechen, als das Kind „zunächst zu behandeln, um es dann leidvoll sterben zu lassen.“[455] Im Ergebnis jedenfalls stimmt dem auch *Merkel* zu, indem er schreibt, der subjektive Wert einer nur kurzen Lebenszeit werde „von dem anschließenden Preis seines qualvollen Sterbens negativ überwogen“.[456] Folgte man diesen Argumenten, die sich darauf beziehen, bei Frühgeborenen eine weitere Maximaltherapie unterlassen zu dürfen, müsste es erst recht möglich sein, schon zuvor die Schwangerschaft abzubrechen und dem Kind dadurch die zukünftigen Leiden zu ersparen.

Die Argumentation *Hanacks* entkräftet *Merkel* gleich selbst: Auch Erwachsene, die eine entsprechende Krankheit aufweisen, werden vor dem Ausbruch ihrer Symptome durch anderweitige Behandlungen auf diesen problematischen Lebensweg geschickt, ohne dass deshalb eine Sterbehilfe allein mit Blick auf die spätere Krankheit erlaubt ist. Warum das am Lebensanfang noch anders sein soll, leuchte nicht ein.[457]

Merkel hingegen übersieht, dass in dem Fall, in dem nicht nur *ein* sich stetig weiter intensivierender Sterbeprozess vorliegt, sondern derer gleich *zwei* (die noch dazu von einer beschwerdefreien Phase getrennt werden), auch zwei verschiedene Indikationen angezeigt sind. Dies gilt für die von *Merkel* ins Auge gefassten Fälle Frühgeborener ebenso wie für die hier betrachtete Konstellation. Ist also eine Behandlung am unmittelbaren Lebensanfang indiziert (wie eben dann, wenn das Kind im Körper seiner hirntoten Mutter erst noch heranreifen muss), um eine Phase normaler Entwicklung zu erreichen, so ist an dieser Indikation nicht zu rütteln. Dass dann, wenn die Symptome der Krankheit später einsetzen und eine weitere Behandlung nötig machen, diese zweite Behandlung nicht mehr indiziert sein muss, ist von der ersten Entscheidung zur Behandlungsaufnahme unabhängig.[458] Insofern unterscheidet sich dieser Fall auch von den unter b) oben (S. 116) erörterten, weil dort der Sterbeprozess schon intrauterin beginnt und sich nahtlos nach der Geburt fortsetzt, ohne dass eine beschwerdefreie Phase einsetzt.

Im Ergebnis also vermögen Schädigungen, die unter diese Fallgruppe zu subsumieren sind, kein Überwiegen der Sterbens- über die Lebensinteressen des Nasciturus zu begründen. Der Arzt also muss dem Letztentscheidungsträger ein Behandlungsangebot unterbreiten, das dieser im Regelfall auch annehmen muss.

bb) Dauerhafte Abhängigkeit von intensivmedizinischen oder pflegerischen Maßnahmen

Diese zum Teil mit „Abhängigkeit von fremder Hilfe“ bezeichnete Fallgruppe[459] umschreibt Krankheiten, die ein Überleben ohne dauerhafte intensivmedizinische

455 *Hanack*, MedR 1985, 33, 37.
456 *Merkel*, Früheuthanasie, S. 575.
457 *Merkel*, Früheuthanasie, S. 145.
458 So treffend *Nagel*, Früheuthanasie, S. 108.
459 *Nagel*, Früheuthanasie, S. 103.

Maßnahmen unmöglich machen. Dabei können die Kinder nach der Geburt durch medizinische Maßnahmen am Leben erhalten werden, sind jedoch bis an ihr Lebensende von Maschinen, medizinischer Behandlung und/oder familiärer Betreuung abhängig. Die Lebenszeit ist auf Grund von Folgeerkrankungen zum Teil verkürzt.

(1) Die medizinische Sicht

Beispielhalber seien die *Neuralrohrdefekte* genannt, die häufigsten äußerlich sichtbaren Fehlbildungen des Zentralnervensystems mit einer Inzidenz von 1:1.000. Unter vielen verschiedenen Erscheinungsformen sind auch solche, die unbehandelt zum Tode führen, wenn nicht alsbald eine Frühoperation vorgenommen wird. Am häufigsten wohl kommen die Rückenmarkspalten (Spina bifida aperta, [Myelo-]meningozele) vor. Dabei handelt es sich um eine offene Spaltbildung der Wirbelsäule, bei der es zu Lähmungen bis hin zur Querschnittslähmung kommen kann, wenn die Spaltbildungen hoch am Rückenmark sitzen; auch kann eine geistige Retardierung die Folge sein. Dabei etwaig auftretende Nierenschädigungen wirken lebensverkürzend. Ferner können Nachoperationen indiziert sein, das Kind kann zeitlebens im Rollstuhl sitzen, stuhl- und harninkontinent sein.[460] Neuronalrohrdefekte sind im Screening zwischen der 19. bis 22. Schwangerschaftswoche erkennbar[461] und könnten somit theoretisch zur Grundlage einer Entscheidung zum Behandlungsabbruch gemacht werden.

In diese Kategorie gehören überdies Krankheiten, bei denen der Magen-Darm-Trakt betroffen und (sofern und solange keine Darmtransplantation in Frage kommt) eine (zum Teil lebenslange) intravenöse Ernährung notwendig ist, ferner Krankheiten, die eine lebenslange Abhängigkeit vom Respirator mit sich bringen oder Niereninsuffizienzen, bei der die Kinder einer Dialyse und später einer Nierentransplantation bedürfen.

Da bei all solchen Krankheiten zumeist auch innere Organe ausfallen oder zumindest in Mitleidenschaft gezogen werden, ist ihnen gemein, dass sich regelmäßig Begleiterkrankungen manifestieren, die ihrerseits zum Tod führen können. Denkbar ist beispielsweise, dass durch den Ausfall der Nieren die Bauchspeicheldrüse geschädigt wird, dass die künstliche Ernährung zu Leberschäden führt oder der Körper schlichtweg immer weiter geschwächt wird.

(2) Die juristische Sicht

Bei der Abwägung zu berücksichtigen ist zum einen, dass die Kinder zeitlebens auf intensive medizinische Hilfe angewiesen sind, somit per se Einbußen an Lebensqualität hinnehmen müssen und ein beschwerdefreies Leben nie werden führen können. Weit schwerer wiegt aber zum anderen noch, dass mit der Weiterbehand-

---

460 *Glöckner*, Ärztliche Handlungen, S. 38; *Entezami/Albig/Gasiorek-Wiens/Becker*, Sonographische Fehlbildungsdiagnostik, S. 50.

461 *Entezami/Albig/Gasiorek-Wiens/Becker*, Sonographische Fehlbildungsdiagnostik, S. 8.

lung auch die Wahrscheinlichkeit zunimmt, dass langfristig – eben durch die Begleiterkrankungen – eine neue Todesursache gesetzt wird. Wenngleich sich diese Krankheit erst nach Jahren einzustellen vermag und damit auch die Chance wächst, dass neue und schonendere Therapie- oder gar Heilungsformen entwickelt werden oder dass eine Transplantation realisiert werden kann, gibt *Merkel* Folgendes zu bedenken: Wird mit der Folgekrankheit ein schon älteres Kind getroffen, hat dieses regelmäßig schon einen „entwickelten Instinkt der Selbsterhaltung" und wird weit mehr als ein Neu- und erst recht als ein Ungeborener am Leben hängen.[462] Im Ergebnis plädiert auch *Nagel* dafür, Ärzten und Eltern einen Beurteilungsspielraum in Sachen Indikation zuzugestehen, jedenfalls bei unsicherer Prognose.[463]

Mit Blick auf die Folgekrankheit aber unterscheiden sich diese Krankheiten nicht wesentlich von den unter aa)[464] dargestellten. Hier wie dort handelt es sich um zwei verschiedene Indikationen, wobei die zweite von der ersten unabhängig ist und andersherum. Das heißt, dass ein Behandlungsabbruch auch später noch, nämlich auf Grund nunmehr fehlender Indikation, möglich ist, wenn durch die Folgekrankheit eine Sterbehilfesituation eintritt; das erste, pränatal diagnostizierte Leiden aber ist ohne Blick auf die Folgekrankheit zu bewerten.

Mithin kann einzig von Relevanz sein, dass das Kind nach der Geburt ständig auf intensivmedizinische Hilfe angewiesen sein wird, denn nur in dem Punkt unterscheiden sich die beiden Fallgruppen wirklich voneinander. Diese Abhängigkeit von fremder Hilfe *darf* jedoch nicht relevant sein, und zwar aus dem folgenden Grund. So hat der Gesetzgeber mit der Abschaffung der embryopatischen Indikation bei § 218a StGB deutlich gemacht, dass Behinderungen allein in keiner Weise Grund für einen Schwangerschaftsabbruch sein können. Mag man von Seiten der Praxis auch einwenden, dass Mütter gerade mit Blick auf die Behinderung oftmals einen Abbruch der Schwangerschaft wünschen, im Ergebnis also kaum eine Veränderung zur vorigen Rechtslage eingetreten ist, so heißt das nicht, dass sich gar nichts verändert hat. Die (zwingende) Argumentationsfolge nämlich ist eine andere geworden: Aus der Begründung „Behinderung, also Abbruch" wurde „Behinderung, also Gefahr für die Schwangere, also Abbruch". Fällt die Schwangere aus der Kette heraus, ist ein direkter Schluss von einer Behinderung auf einen Abbruch folglich unmöglich.

Daraus ergibt sich: Ist die Mutter tot und an die Stelle der natürlichen Mutter-Kind-Symbiose tritt eine medizinische lebenserhaltende Behandlung, so wäre es widersinnig, in dieser Konstellation doch – quasi über die Hintertür Behandlungsabbruch – einen Schwangerschaftsabbruch nur auf Grundlage einer dauerhaften Schädigung zuzulassen. Dass das Wohlergehen der Mutter als primärer Anknüpfungspunkt für den Abbruch ausfällt, darf nicht dazu führen, nun doch die Schädigung des Kindes als einzig entscheidungsrelevant zu betrachten. Durch die legisla-

462 *Merkel*, Früheuthanasie, S. 61.

463 *Nagel*, Früheuthanasie, S. 108 ff.

464 S. 124 f.

tive Entscheidung, bei lebenden Schwangeren die lebenslange Abhängigkeit des Kindes von fremder Hilfe allein nicht (mehr) genügen zu lassen, um einen Schwangerschaftsabbruch straflos vornehmen zu können, ist auch diese Fallkonstellation der Sterbehilfe präjudiziert.

Im Regelfall also kann die Abhängigkeit von intensivmedizinischer oder pflegerischer Unterstützung allein kein Überwiegen der Sterbens- über die Lebensinteressen begründen.[465]

cc) Behandelbare und nicht behandelbare Fehlbildungen ohne extreme Verkürzung der Lebenserwartung

Schließlich seien Fälle genannt, bei denen pränatal diagnostiziert werden kann, dass einfache bis hin zu Mehrfachschädigungen auftreten werden, diese jedoch die Lebenserwartung nicht nur auf wenige Jahre beschränken, selbst wenn sie inkurabel sind.

(1) Die medizinische Sicht

Hierunter zählen zum einen also therapierbare, zwar u. U. lebensbedrohliche, aber die Lebenserwartung auf jeden Fall nicht verkürzende Fehlbildungen und Behinderungen, z. B. bestimmte Varianten des *Speiseröhren- oder Darmverschlusses*, aber auch die *Transposition der großen Gefäße*, bei der Körper- und Lungenschlagader der jeweils falschen Herzkammer entspringen, ein Gasaustausch zwischen venösem und arteriellem Blut somit nicht stattfinden kann, weshalb das Neugeborene nach Umstellung des fetalen Kreislaufes ohne ärztliches Eingreifen keinen Sauerstoff aufzunehmen vermag.[466]

Gleichsam in diese Gruppe fallen nicht oder nur partiell behebbare Schäden, wie beispielsweise der *Hydrozephalus internus* (Wasserkopf), bei dem in bis zu 80 % aller Fälle Begleitfehlbildungen zu erwarten und alle Grade von geistiger und motorischer Behinderung möglich sind; unbehandelt kann diese Störung zum Tod führen.[467]

Auch die *Trisomie 21* (Down-Syndrom) ist hier namentlich zu erwähnen, wenngleich sie eine durchaus schwerer wiegende Krankheit als die zuvor genannten ist: Damit oft einhergehende Herzfehler führen zuweilen zum Tod schon im Kindesalter, bis zum 40. Lebensjahr ist die Sterblichkeit aber nicht signifikant er-

---

465 Dass *Nagel*, Früheuthanasie, S. 108 ff., im Übrigen doch einen großen Beurteilungsspielraum annimmt, liegt daran, dass er in diese Fallgruppe Krankheiten mit einbezieht, die (wie beispielsweise die Potter-Sequenz) signifikant von den sonstigen dieser Gruppe hier zugehörigen Schädigungen abweichen. Der große Unterschied nämlich liegt darin, dass dort der Sterbeprozess schon irreparabel eingesetzt hat, während hier spätestens durch eine Frühoperation oder die maschinelle Unterstützung der Sterbeprozess doch umkehrbar ist.

466 *Glöckner*, Ärztliche Handlungen, S. 35 f.; *von Loewenich*, in: Hiersche/Hirsch/Graf-Baumann, S. 41 f.

467 *Entezami/Albig/Gasiorek-Wiens/Becker*, Sonographische Fehlbildungsdiagnostik, S. 42 ff.; *Glöckner*, Ärztliche Handlungen, S. 36.

höht; erst danach steigt sie wegen der vorzeitigen Alterung und weiterer Begleiterkrankungen an. Insbesondere sind motorische Behinderungen und eine geistige Retardierung mit einem IQ von 50 bis 80, im Erwachsenenalter weiter abnehmend, zu konstatieren.[468]

(2) Die juristische Sicht

Deutlicher noch als bei der vorigen Fallgruppe werden bei dieser im Regelfall die Lebens- die Sterbensinteressen überwiegen. Wenn auch beispielsweise das Down-Syndrom ein für die Sorgeberechtigten schwerwiegender Befund sein mag, weil die Kinder großer Pflege bedürfen und intellektuell benachteiligt sind, kann dennoch nicht verhohlen werden, dass solche Kinder ein nach ihren Maßstäben – und nur darauf kommt es an – lebenswertes Leben führen können. Besteht auch die Gefahr schwerer Herzfehler, die im Kindesalter zum Tode führen können, kann doch nicht davon gesprochen werden, dass mit der Geburt ein Sterbevorgang ausgelöst oder fortgesetzt wird, der ein Weiterleben menschenunwürdig werden lässt. Gerade die Tatsache, dass durch eine entsprechende Behandlung eine etwaige Todesgefahr in den meisten Fällen abgewendet werden kann, wird deutlich, dass ein pränataler Behandlungsabbruch in der Regel nicht angezeigt ist. Dieses Ergebnis gilt – insofern seien vorige Aussagen wiederholt – nur dann nicht, wenn noch andere Fakten hinzutreten, die in der Summe dazu führen, dass die Sterbensinteressen doch gewichtiger sind.

4. Abstrahierung der einzelnen Fallgruppen und Zwischenergebnis

Wie angekündigt, können solche Fallgruppen nur kursorisch sein und einzelne Kontraindikationen bestenfalls angerissen werden. Allerdings lässt sich diese Kategorisierung dergestalt abstrahieren, dass Einzelfälle zumindest grob eingeordnet werden können.

Blickt man rein auf das Schwangerschaftsalter zum Zeitpunkt des Hirntodes, wird deutlich, dass unterhalb der 15-Wochen-Grenze eine Weiterbehandlung derzeit nicht indiziert ist. Hier kann – vorbehaltlich neuer spitzenmedizinischer Erkenntnisse und Fortschritte – nahezu ausgeschlossen werden, dass ein lebensfähiges Kind geboren wird. Eine Behandlungspflicht besteht hier also, da die Sterbensinteressen die Lebensinteressen deutlich überwiegen, nicht; eine Organentnahme bei der hirntoten Schwangeren ist folglich möglich. Dies vermag sich grundsätzlich erst ab der 16. Schwangerschaftswoche zu ändern. Anhand objektiver und nachvollziehbarer Kontraindikationen ist jedoch auch dort ein Überwiegen der Sterbensinteressen denkbar, wobei an die Begründung umso strengere Anforderungen zu stellen sind, je näher der Fötus einem Zustand ist, der ein extrauterines Überleben ermöglicht. Starke Kontraindikationen sind solche, bei denen keine oder nur eine geringe Überlebenswahrscheinlichkeit besteht und das Kind nur geboren wird (wenn überhaupt die Chance auf eine Lebendgeburt besteht), um sogleich wieder

---

468 *Entezami/Albig/Gasiorek-Wiens/Becker*, Sonographische Fehlbildungsdiagnostik, S. 199 ff.

zu sterben. Wird das Kind beispielsweise vor seinem abzusehenden und nahenden Tod weder sich selbst noch seine Umgebung auf Grund fehlender Hirnleistung wahrnehmen können oder kann für seine wenigen Lebensminuten bis -stunden noch nicht einmal eine ausreichende Sauerstoffversorgung gelingen, dann überwiegen die Sterbensinteressen. Auch sind große lebenslange und sich intensivierende Schmerzzustände[469] ein starkes Indiz dafür, die Behandlung schon intrauterin abzubrechen. Jedenfalls haben die Ärzte sowie die, die letztendlich die Entscheidung treffen, alle nur denkbaren Prognosen und Fakten heranzuziehen und sorgsam zu gewichten.

An die Prognosesicherheit sind im Übrigen keine unrealistischen Forderungen nach 100-prozentiger Sicherheit zu stellen. Auch hier gilt jedoch: Je näher eine extrauterine Überlebensfähigkeit rückt, desto sicherer müssen negative Prognosen getroffen werden. Von Relevanz sind indes nur solche Prognosen, die nicht lediglich auf etwaige Behinderungen abstellen, und mögen sie auch schwer sein; die Prognose muss auf letal lauten.

Steht also beispielsweise ein Fall in Rede, bei dem der Hirntod der Mutter aufgrund einer längeren Unterbrechung der Sauerstoffzufuhr zum Gehirn eingetreten ist, weshalb mit der Unterversorgung auch der Fötus potentiell in Mitleidenschaft gezogen worden sein könnte, sind ein Behandlungsabbruch und mithin eine Organentnahme nur dann möglich, wenn mit hinreichend großer Wahrscheinlichkeit auf eine mangelnde Überlebensfähigkeit des Kindes geschlossen werden kann; eine etwaige Behinderung muss außen vor bleiben. Hierbei ist in die Überlegungen einzubeziehen, ob sonographische Schädigungen des fetalen Gehirns nachweisbar sind. Freilich bleibt im Endeffekt auch hier der Einzelfall maßgebend; so ist beispielsweise gleichsam das Schwangerschaftsalter dergestalt zu berücksichtigen, dass die Behandlungspflicht mit zunehmendem Alter wächst.

Letztlich sind auch immer etwaige seitens der Mutter vorhandene Infektionen, Erkrankungen und Risiken mit in die Abwägung einzubeziehen, die die Behandlung erschweren und in der Regel eine vorzeitige Beendigung der Schwangerschaft durch sectio nötig machen. Hierdurch können sich Bewertungen hinsichtlich der Indikation nochmals negativ verschieben.

Keinen Einfluss auf die Abwägung hat im Übrigen die beim Erlanger Fall geäußerte Erwägung, durch die tote Umgebung während der Pränatalzeit oder durch das spätere Wissen, im Körper einer Toten herangereift zu sein, könne es evtl. zu psychischen Schäden beim Kind und/oder zu einer sozialen Stigmatisierung als

469 Wer sich den Fakt, dass ein Neugeborenes zunächst kein Ich-Empfinden hat (vgl. dazu *Koch*, Scientific American Mind, September/October 2009: 20-21), dahingehend zunutze macht, dass deshalb auch kein Gefühl des Leidens entwickelt werden könne, das in eine Abwägung auf Seiten der Sterbensinteressen einzustellen wäre, muss sich aber ebenso vorhalten lassen, dass in einem solchen Fall das fehlende Ich-Bewusstsein auch nicht für die Lebensinteressen in Ansatz gebracht werden kann.

„Totenkind“ kommen.[470] Diese Hypothese hat sich realiter bisher nicht bestätigt und dürfte nicht mehr sein als ein theoretisches Szenario, das aber eine Abwägungsentscheidung pro oder contra Fortsetzung der Schwangerschaft nicht zu tangieren vermag.

Sind jedoch alle relevanten Fakten in den Abwägungsprozess eingeflossen und überwiegen die Sterbens- die Lebensinteressen, ist davon auszugehen, dass ein Behandlungsabbruch im Interesse des Nasciturus ist. In diesen Fällen ist dann, vorbehaltlich der weiteren Sterbehilfevoraussetzungen, eine Organentnahme erlaubt.

IV. Sterbehilfehandlung

Die in einem zweiten Schritt und in aller Kürze zu beschreibende Abbruchhandlung muss zum Ersten vom dazu berechtigten Personenkreis vorgenommen worden sein. In einem dritten Schritt ist dann noch zwingend festzustellen, dass die Beendigung des Lebens vom Krankheitsprozess nicht entkoppelt ist, also keine neue Todesursache gesetzt wird.

1. Personelle Voraussetzungen

Personell ist der Kreis derer, deren Sterbehilfehandlung gerechtfertigt werden kann, vom BGH auf die den Patienten behandelnden Ärzte, den Betreuer, die Bevollmächtigten sowie Dritte, „soweit sie als von dem Arzt, dem Betreuer oder dem Bevollmächtigten für die Behandlung und Betreuung hinzugezogene Hilfspersonen tätig werden“, beschränkt worden.[471] Pflege- und sonstiges palliativmedizinisches Personal wird somit in den Kreis der zum Behandlungsabbruch Berechtigten einbezogen. Begründet wird dies vom BGH damit, „dass sich ein Behandlungsabbruch in der Regel nicht in einzelnen Handlungen oder Unterlassungen erschöpft, sondern unter Umständen ein Bündel von meist palliativmedizinischen Maßnahmen erfordert, die nicht notwendig vom behandelnden Arzt selbst vorgenommen werden müssen.“[472]

Im Falle des Abbruchs der Behandlung durch Einleiten der Perfusionslösung zum Zwecke der Organentnahme werden die handelnden Transplantationsmediziner in Abstimmung mit den unmittelbar behandelnden Ärzten tätig. Die zuvor Mutter und Kind behandelnden Ärzte nehmen den Behandlungsabbruch also nicht selbst vor; an ihrer statt wird die Abbruchhandlung – als Teil der organprotektiven Maßnahmen – von den Explanteuren vorgenommen. Da die Entscheidungen gegen eine Fortführung der Behandlung und für eine Organentnahme in der Praxis zwar

470 Vgl. *Petersen*, in: Bockenheimer-Lucius/Seidler, Hirntod und Schwangerschaft, S. 49 ff., sowie die Diskussionsbeiträge u. a. von *Janus*, a. a. O., S. 106 ff.; hinsichtlich der Stigmatisierung siehe *Debatin*, Cognition humana, pp. 1402-1409.

471 BGH, Urteil vom 25. Juni 2010 - 2 StR 454/09 Rn. 39.

472 BGH, Urteil vom 25. Juni 2010 - 2 StR 454/09 Rn. 39.

unabhängig voneinander getroffen werden,[473] die Entscheidung über das Wie des Behandlungsabbruchs in dieser Konstellation aber doch eine gemeinsame mit den Transplanteuren ist, sind die personellen Anforderungen hier erfüllt.

Exkurs: Kritik an der personellen Beschränkung

Gleichwohl sei, auch wenn es hier nicht von Belang ist, diese personelle Restriktion des BGHs kritisch beäugt. Anscheinend willkürlich nämlich hat der BGH den Kreis der Berechtigten dafür, Sterbehilfehandlungen im genannten Sinn erlaubt vornehmen zu dürfen, auf die behandelnden Ärzte, den Betreuer, die Bevollmächtigten sowie Hilfspersonen, die von eben genannten Personen hinzugezogen wurden, beschränkt. Obzwar die Richter sich bemüßigt sahen, für die Aufnahme der Hilfspersonen in den Kreis der Abbruchberechtigten eine Begründung hintanzustellen, fehlt eine Begründung dafür, den Kreis überhaupt zu beschränken. Über die Gründe, die den BGH zu dieser personellen Restriktion bewogen, lässt sich nur mutmaßen; womöglich sollte Missbrauchsgefahren ein Riegel vorgeschoben werden. *Jähnke*[474] bspw. sprach sich dafür aus, nur Ärzte und keine Dritten zur Sterbehilfe für befugt zu erachten und begründete das mit dem ärztlichen Auftrag: Die Entscheidung über die Aufnahme und Fortsetzung einer medizinischen Behandlung sei eine genuin ärztliche Maßnahme, die von Dritten nicht erwogen und durchgeführt werden könne. Auch habe lediglich ein Arzt die notwendige Distanz zum Fall, um eine rationale Entscheidung treffen zu können.[475]

Dieses Missbrauchsargument indes kann schon deshalb nur bedingt für den BGH in Ansatz gebracht werden, weil mit dem Betreuer und dem Bevollmächtigten auch zwei Nichtmediziner, die obendrein regelmäßig wenig distanziert sind, abbrechen dürfen. Warum sich demgegenüber ein naher Angehöriger, der weder Betreuer noch Bevollmächtigter ist, wegen eines Tötungsdelikts strafbar machen soll, wenn er um die erfüllten Abbruchvoraussetzungen weiß und gemäß der Einwilligung des letal Erkrankten die Behandlung abbricht, erschließt sich nicht. Selbst ein Irrtum hülfe ihm nicht: Nimmt man mit dem BGH eine nur rechtfertigende Wirkung des Behandlungsabbruchs an, wäre ein Irrtum über die Zugehörigkeit zum restriktiven Personenkreis (der Abbrechende nimmt fälschlich an, er wäre Bevollmächtigter) ein Erlaubnistatbestandsirrtum, der regelmäßig zu einer Strafbarkeit wegen fahrlässiger Tötung führte; zu selbigem Ergebnis gelangt man auch nach der hier vertretenen Tatbestandslösung über § 16 Abs. 1 S. 2 StGB. Weiß er, dass er weder Betreuer noch Bevollmächtigter ist, nimmt aber stattdessen an, er sei

473 Der Grund für einen Behandlungsabbruch darf nicht die Organentnahme sein; Grundlage der Entscheidung ist vielmehr die Einwilligung im Zusammenspiel mit den übrigen Sterbehilfevoraussetzungen.

474 LK[11]-*Jähnke*, StGB, vor § 211, Rn. 18, 20.

475 Nur dann, wenn die Behandlung rechtswidrig und gegen den Willen des Patienten sei, hätten auch Dritte die Befugnis zum Behandlungsabbruch, vgl. *Lackner/Kühl*, StGB, vor § 211, Rn. 8a, § 216, Rn. 6; LK[11]-*Jähnke*, StGB, vor § 211, Rn. 18, 20.

auch als Dritter zum Abbruch berechtigt, unterläge er nach beiden Ansichten einem vermeidbaren Verbotsirrtum. In jedem Fall macht sich der Dritte strafbar, obgleich der Patient in den Behandlungsabbruch eingewilligt hat und die Voraussetzungen zum Abbruch vorliegen.

Freilich kann auch das Kalkül, mit Begrenzung des Kreises der Abbruchberechtigten mögliche Fehlerquellen zu reduzieren, eine Rolle gespielt haben. Wer von vornherein nicht zum Abbruch berechtigt ist, kann sich auch nicht von irrigen Vorstellungen über das Vorliegen von Einwilligung oder Abbruchvoraussetzungen zum Handeln motivieren lassen. Die Zahl von Fällen, in denen Angehörige glauben, zum vermeintlich Besten des Patienten handeln zu dürfen, obgleich die rechtlichen Voraussetzungen dafür (noch) nicht vorliegen, lässt sich auf diese Weise gewiss begrenzen. Fraglich aber ist, ob es dafür nicht (mit Blick auf Art. 103 Abs. 2 GG) eines Gesetzes bedarf.[476] Immerhin greift das aktuelle Strafrecht auch in jenen Fällen, in denen sich der Abbrechende über das Vorliegen der Einwilligung oder der Abbruchvoraussetzungen gutgläubig irrt (jeweils § 222 StGB über einen (Erlaubnis-) Tatbestandsirrtum); ist der Kreis der Abbruchberechtigten – wie vom BGH gefordert – demgegenüber beschränkt, macht sich der irrende Dritte jeweils nach § 216 StGB (ggf. über § 16 Abs. 2 StGB bei einem Irrtum über das Verlangen) strafbar. Andersherum käme auch demjenigen Dritten, der in Tötungsabsicht und in Unkenntnis von den Abbruchvoraussetzungen und der Einwilligung handelt, unter keinen Umständen eine Rechtfertigung zugute: Ihm fehlte das subjektive Element zum Abbruch,[477] weshalb er dann, wenn der Sterbevorgang schon unumkehrbar eingesetzt hätte, wegen (untauglichen) Versuchs eines Totschlags oder Mordes, andernfalls wegen eines vollendeten Tötungsdelikts zu bestrafen wäre (so Teile der Literatur)[478], oder nach anderer Ansicht in der Literatur und der neuen Rechtsprechung[479] in jedem Fall „nur“ wegen des versuchten Delikts.

Auch das Strafrecht de lege lata hält für den Irrenden also Sanktionen bereit, die ihn vor dem Abbruch motivieren, seine Entscheidung zum Abbruch rechtlich abzusichern.

Eine letzte Möglichkeit, warum sich der BGH für eine solche Restriktion entschieden haben könnte, kann eine dogmatische sein. So wird in der Literatur zuweilen strikt auf das Garantenverhältnis als der zutreffende Anknüpfungspunkt für die Abbruchberechtigung abgestellt: Werde ein rettender Kausalverlauf in Gang gehalten, der wegen infauster Prognose nicht (mehr) in Gang gehalten zu werden braucht, dann schlüge das Erlöschen der Garantenpflicht in eine Gestattung zu positivem

476 Die §§ 1901a ff. BGB regeln zwar das Verfahren zur Entscheidungsfindung, treffen indes keine Aussage über den Abbruch an sich.

477 Zum subjektiven Element vgl. unten V. (S. 138 f.).

478 Vgl. Fn. 233.

479 Vgl. Fn. 234 f.

Tun um.[480] Das bedeute, dass der Tatbestand dann und nur dann entfiele, wenn der Handelnde ursprünglich auch eine entsprechende Garantenstellung innehatte. Ausschließlich dann sei ihm positives Tun auch gestattet. Eine solche Garantenstellung aber haben nur Ärzte, Betreuer, also all diejenigen, die für das Wohl des Patienten Sorge zu tragen haben – diejenigen eben, die der BGH als Abbruchberechtigte zulassen will.

Gegen diese Ansicht spricht aber zum einen die oben gefundene Lösung über die Haftungsbegrenzung durch den Schutzzweck der Norm.[481] Diese Begrenzung nämlich gilt universell, ist also nicht auf den Kreis der Garanten beschränkt. Zum Zweiten kann das Verbot, in einen fremden rettenden Kausalverlauf einzugreifen, logischerweise dann nicht mehr bestehen, wenn eine Rechtspflicht zur Rettung gar nicht mehr besteht.[482] Warum im Übrigen eine Gestattung zu positivem Tun nur dann entstehen soll, wenn vorher eine Garantenpflicht wegfällt, nicht aber dann, wenn überhaupt gar keine Garantenstellung bestand (wie bei jedem Dritten), bleibt unerklärt.

Damit ist auch jedweder dogmatische Versuch, den vom BGH festgelegten Kreis der Abbruchberechtigten, zu erklären, gescheitert.

Letztlich muss man also *Wedlich* zustimmen, demzufolge nicht ausschlaggebend sein kann, ob die handelnde Person medizinischer Laie ist oder nicht: Es kommt einzig darauf an, dass ein irreversibler pathologischer Zustand vorliegt, der Wille des Patienten einen Abbruch legitimiert, mithin das (verlöschende) Leben einer menschlichen und medizinischen Verfügung entzogen ist und der Abbrechende gerade in der Akzeptanz dessen handelt, um ein menschenwürdiges Sterben zu ermöglichen.[483] Ähnlich urteilte auch das LG Ravensburg 1986, als es zwar zugestand, dass ein „Abschalten eines Beatmungsgerätes in einem Krankenhaus durch einen Dritten unter Ausnützen der Abwesenheit des Pflegepersonals und der im Krankenhaus beschäftigten Ärzte [...] aus Gründen der Ordnung und Sicherheit des Krankenhausbetriebes untragbar gewesen sein [mag].“ Jedoch im Hinblick auf die Frage der Strafbarkeit des Behandlungsabbruches komme es auf das Wer nicht an: Im Vordergrund stünden einzig das Selbstbestimmungsrecht und die Menschenwürde des Patienten, die von jedermann zu achten seien.[484]

Wollte man Dritte gleichwohl für zum Beenden der Maßnahme unbefugt erklären, so ist das nur auf Grundlage eines Gesetzes de lege ferenda möglich. Obgleich

480 *Küpper*, Grenzen der normativierenden Strafrechtsdogmatik, S. 82.

481 Vgl. oben 3. Kapitel, 1. Abschnitt, F. I. 3. a) bb) (S. 61 ff.).

482 *Stoffers*, Schwerpunkt der Vorwerfbarkeit, S. 464.

483 *Wedlich*, MERkblatt 2/2010, 32, 34.

484 LG Ravensburg NStZ 1987, 229. Zustimmend auch *Kubiciel*, ZJS 5/2010, 656, 661, der aber eben aus Gründen der Ordnung und Sicherheit des Krankenhausbetriebes für zusätzliche Form- und Verfahrensvorschriften, „die Missbrauch und unsachgemäße Handlungen durch medizinische Laien verhindern“, plädiert.

der BGH also den Kreis der Abbruchberechtigten expressis verbis einschränkt, sprechen die besseren Argumente gegen eine solche Restriktion.

2. Unterlassen/Abbruch der Behandlung oder leidmindernde (palliative) Maßnahme

Erlaubt ist namentlich, eine lebenserhaltende Behandlung zu unterlassen (also passive Sterbehilfe), sie abzubrechen (mithin im Regelfall der technische Behandlungsabbruch) „sowie Handlungen in der Form der so genannten ‚indirekten Sterbehilfe', die unter Inkaufnahme eines möglichen vorzeitigen Todeseintritts als Nebenfolge einer medizinisch indizierten palliativen Maßnahme erfolgen."[485] Als die relevante Abbruchhandlung, auf die sich die folgende Prüfung unter 3. bezieht, ist das Einleiten der Perfusionslösung zu sehen. Dadurch, dass unmittelbar der Blutkreislauf der Mutter unterbrochen wird, wird mittelbar auch die Behandlung zu Gunsten des Ungeborenen beendet. Somit liegt ein Abbruch im engeren Sinne vor (keine palliative Maßnahme).

3. Koppelung Krankheitsprozess – Beendigung des Lebens

Innerhalb des Rahmens, der durch die Sterbehilfesituation im Zusammenspiel mit der Einwilligung gezogen ist, setzt eine gerechtfertigte Sterbehilfehandlung ferner voraus, „dass sie objektiv und subjektiv unmittelbar auf eine medizinische Behandlung im oben genannten Sinn bezogen ist."[486] Objektiv wie subjektiv[487] muss es darum gehen, durch den Abbruch einer Behandlung einem bereits begonnenen Krankheitsprozess seinen natürlichen Lauf zu lassen und den status quo ante (wieder-) herzustellen, „so dass der Patient letztlich dem Sterben überlassen wird."[488]

Verboten sind somit alle Fälle, in denen die Beendigung des Lebens vom Krankheitsprozess entkoppelt ist:[489] Wird also unabhängig von der Krankheit eine neue Todesursache gesetzt (bspw. durch „Gift, Stich oder Schnitt"[490] oder die „Entnahme eines lebenswichtigen Organs"[491]), liegt ein Fall der erlaubten Sterbehilfe nicht vor. Hierbei würde eine Diskrepanz vorherrschen zwischen dem hypothetischen Grund des Todes vor Beginn der objektiv zwecklosen Behandlung und der wirklichen Todesursache. Den Unterschied zwischen erlaubter Sterbehilfe und einer verbotenen Tötung verdeutlicht folgende Erwägung: Während eine Giftspritze tödlich sowohl für einen Gesunden als auch einen Kranken wirkt, kann ein Behandlungsabbruch einem gesunden Menschen nichts anhaben; nur dann, wenn schon eine lebensbedrohliche Krankheit vorliegt, vermag ein Abbruch der Behand-

---

485 BGH, Urteil vom 25. Juni 2010 - 2 StR 454/09 Rn. 34.

486 BGH, Urteil vom 25. Juni 2010 - 2 StR 454/09 Rn. 34.

487 Zum subjektiven Moment siehe unten V. (S. 138 f.).

488 BGH, Urteil vom 25. Juni 2010 - 2 StR 454/09 Rn. 35.

489 BGH, Urteil vom 25. Juni 2010 - 2 StR 454/09 Rn. 35; mit Verweis auf *Höfling*, JuS 2000, 111, 113.

490 *Roxin*, Engisch-FS, S. 380, 398, verweisend auf *Bockelmann*, Strafrecht des Arztes, S. 112.

491 *Bockelmann*, Strafrecht des Arztes, S. 112.

lung zum Tode zu führen. Mithin ist der Behandlungsabbruch von anderer Qualität als eine Handlung, die eine von der Krankheit losgelöste neue Todesursache setzt.[492] Was ehedem unter dem Terminus der aktiven direkten Sterbehilfe firmierte, bleibt demgemäß auch weiterhin strafbewehrt.

Gerade angesichts dieses Punktes indes erheben sich Zweifel, ob auch das Einleiten der Perfusion zur Organentnahme in die Kategorie des erlaubten Behandlungsabbruchs hinsichtlich des Ungeborenen eingeordnet werden kann. Die Frage stellt sich, ob der status quo ante durch die Perfusion tatsächlich wiederhergestellt oder doch eine abweichende, neue Todesursache gesetzt wird. Immerhin, lässt sich zu bedenken geben, ist der status quo ante, dass der Embryo/Fötus ohne die Apparaturen der Mutter stirbt, weil nur mit der Versorgung der Mutter die Mutter-Kind-Symbiose aufrechterhalten wird. Wirkliche Todesursache aber ist schließlich nicht das Abstellen eben jener die Mutter versorgenden Geräte, sondern die Perfusion. Auf den ersten Blick handelt es sich also um zwei verschiedene Todesursachen.

Die dunklen Zweifel hieran lichten sich jedoch, ruft man sich die medizinische Situation und mithin ein Charakteristikum in Erinnerung, das jedwedem (tätigen) Behandlungsabbruch innewohnt. Charakteristisch nämlich bei all solchen Fallgestaltungen ist eine gewisse Vergleichbarkeit der realen mit einer hypothetischen Behandlung dergestalt, dass die Apparatur (zumeist das Beatmungsgerät, die PEG-Sonde zur künstlichen Ernährung o. Ä.) für den Arzt quasi sein „verlängerter Arm" ist.[493] Vergleichbar sind im „Schulfall" des Respirators beispielsweise das Unterlassen einer „durch Massagebewegungen begonnene[n] künstliche[n] Beatmung" (hypothetische, manuelle Behandlung) und das Abschalten eines automatisierten Beatmungsgeräts (reale, technische Behandlung).[494] Das Beatmungsgerät ist des Arztes „verlängerter Arm".[495]

Konkret auf den Fall bezogen, bedeutet dies: Das ungeborene Kind wächst im mütterlichen Körper auf, ist mit diesem über Plazenta und Nabelschnur verbunden, und schluckt Fruchtwasser.[496] Auch wenn das in der Presse oft negativ gebrauchte Bild von der Mutter als „Brutkasten" moralisch anstößig ist, so kommt man bei rationaler Betrachtung nicht umhin, dem dahinter stehenden Gedanken doch beizupflichten.[497] Genau genommen ist der mütterliche Körper, so inhuman das klingen mag, bildlich gesprochen der „verlängerte Arm" des Arztes bei der Lebensrettung

492 *Callahan*, The Hastings Center Report, Vol. 22, No. 2 (1992), 52 ff., insbes. S. 53.

493 *Geilen*, JZ 1968, 145, 151.

494 *Geilen*, a. a. O.

495 Nicht gesagt ist damit freilich, dass die Maschine nur verlängerter Arm desjenigen ist, der sie in Gang gesetzt hat. Auch hieraus lässt sich damit kein Argument ziehen, Dritten den Abbruch zu verbieten; so auch *Samson*, Welzel-FS, S. 579, 603 (Fn. 92).

496 *Beckmann*, MedR 1993, 121, 123.

497 *Heinemann*, Frau und Fötus, S. 276, spricht gar davon, der Körper der Frau werde „durch Maschinen wie eine Maschine in seinen für das Leben des Fötus notwendigen Funktionen erhalten."

des Kindes. Die Apparaturen, die den Blutkreislauf der Mutter aufrechterhalten, sind somit nur mittelbare „Werkzeuge“; unmittelbare Lebensverlängerungshandlung ist ganz allgemein die Aufrechterhaltung des Blutkreislaufes der Mutter und damit der Mutter-Kind-Symbiose. Und hierin liegt gleichsam der relevante juristische Anknüpfungspunkt.

Status quo ante also ist, dass der Embryo/Fötus stirbt, wenn der Blutkreislauf der Mutter nicht aufrechterhalten wird. Indem die Perfusion gestartet wird, geschieht aber nichts anderes als die Beendigung der mütterlichen Versorgung. Der status quo ante ist somit wieder hergestellt. Ein Vergleich mit dem Schulfall des unrettbar Verlorenen[498], der an den Respirator angeschlossen ist, soll dies zusammenfassend noch einmal verdeutlichen.

Unmittelbarer „verlängerter Arm“ des Arztes ist im Schulfall der Respirator. Mittelbares Hilfsmittel ist der Strom, der den Respirator funktionieren lässt. Status quo ante: Der ohnehin unrettbar Verlorene stirbt schon jetzt, wenn er gar nicht erst an den Respirator angeschlossen wird. Werden gleichwohl Lebensverlängerungsmaßnahmen ergriffen, die sich später als objektiv zwecklos oder auf Grund eines entgegenstehenden Willens als nicht geboten erweisen, wird der status quo ante wiederhergestellt, indem der Respirator ausgeschaltet wird. Ob dies geschieht, indem die Stromzufuhr des Respirators gekappt wird oder dieser ausgestellt oder unbrauchbar gemacht wird, ist irrelevant.

Beim Fall der hirntoten Schwangeren wird noch ein Glied in diese Kette eingefügt. Unmittelbarer „verlängerter Arm“ des Arztes ist nunmehr der mütterliche Körper. Mittelbares Hilfsmittel ist der Respirator[499], der den mütterlichen Körper „funktionieren“ lässt. Status quo ante: Das unrettbar verlorene Ungeborene stirbt schon jetzt, wenn der Herz-Lungen-Kreislauf der Mutter schon bei Eintritt ihres Hirntodes unterbrochen wird. Werden gleichwohl Lebensverlängerungsmaßnahmen zu Gunsten des Ungeborenen ergriffen, die sich später als objektiv zwecklos erweisen, wird der status quo ante wiederhergestellt, indem der Blutkreislauf der Mutter zu diesem Zeitpunkt unterbrochen wird. Ob dies geschieht, indem der Respirator ausgeschaltet wird oder der mütterliche Herz-Lungen-Kreislauf durch die Perfusion unterbrochen wird, ist abermals irrelevant.

Tatsächlich lässt sich auch eine Parallele zum „gewöhnlichen“ Brutkasten für Frühgeborene ziehen. Auch dort muss es den Ärzten erlaubt sein, eine objektiv erfolglose Behandlung abzubrechen. Wie die Versorgung im Brutkasten unterbrochen wird, kann dann keine Rolle spielen, wenn nur zusätzliche Leiden des Kindes vermieden werden. Dem ist aber auch im vorliegenden Fall so, denn durch das Einleiten der Perfusion kommt es genauso zum Herzstillstand der Mutter und damit

498 Schulfall: unrettbar verlorener Patient, ohne dass eine Schwangerschaft vorliegt.

499 Der Einfachheit halber sei hier nur der Respirator erwähnt; in Wirklichkeit ist eine Vielzahl weiterer Maßnahmen wie Medikamente, Maßnahmen zur Regulierung der Körpertemperatur etc. notwendig.

zum Absterben der Zellen, wie wenn schlicht die Beatmungsmaschinen abgestellt würden.

Eine neue Todesursache wird also nicht gesetzt. Damit ist der Behandlungsabbruch nicht vom Krankheitsprozess entkoppelt.

4. Zwischenergebnis

Objektiv sind alle Voraussetzungen, die an die Sterbehilfehandlung (wie auch an die Sterbehilfesituation und die Einwilligung) zu stellen sind, erfüllt.

V. Subjektives Element

Neben jenen objektiven Kriterien verlangt der BGH obendrein die subjektive Zielsetzung des Handelnden, eine medizinische Behandlungsmaßnahme gemäß dem Patientenwillen abzubrechen oder zu reduzieren.[500] Überdies muss sie subjektiv unmittelbar auf eine medizinische Behandlung, die im Rahmen einer lebensbedrohlichen Krankheit lebensverlängernd oder -erhaltend eingesetzt wird, bezogen sein.[501] Das bedeutet, dass der die Behandlung Abbrechende in Kenntnis sowohl der Einwilligung als auch der Sterbehilfesituation handeln muss.

Dies ist auch dahingehend konsequent, als der BGH ja eine rechtfertigende Einwilligung annimmt und das subjektive Rechtfertigungselement für alle Rechtfertigungsgründe eine notwendige Voraussetzung ist.[502] Wie oben schon gezeigt,[503] bedarf es nach der Tatbestandslösung der positiven Feststellung eines solchen subjektiven Elements jedoch nicht; liegen vielmehr die objektiven Voraussetzungen des erlaubten Behandlungsabbruchs vor, ist der Tatbestand des vollendeten Delikts (hier: Schwangerschaftsabbruch nach § 218 Abs. 1 StGB) automatisch nicht gegeben. Gleichwohl bleibt eine Bestrafung wegen Versuchs möglich, zumal der Versuch des Schwangerschaftsabbruchs strafbar ist (§ 218 Abs. 4 S. 1 StGB). Vorgreiflich einer dann anzustellenden Versuchsprüfung soll deshalb schon hier näher auf die subjektive Seite eingegangen werden.

Mag es den Transplantationsmedizinern primär auch auf die Organentnahme ankommen, so kann doch nicht zweifelhaft sein, dass sie in Kenntnis aller Sterbehilfevoraussetzungen handeln. Mehr noch: Sie übernehmen die Verantwortung derer, die andernfalls (wenn eine Organentnahme aus rechtlichen, medizinischen oder sonstigen Gründen nicht möglich wäre) die Behandlung abbrächen. Das Unterbrechen des mütterlichen Blutkreislaufs und damit der Mutter-Kind-Symbiose zum Zwecke der Organentnahme geschieht zumindest in der Gewissheit, dass damit gleichsam eine Sterbehilfe hinsichtlich des Ungeborenen einhergeht, ist also we-

---

500 BGH, Urteil vom 25. Juni 2010 - 2 StR 454/09 Rn. 31.

501 BGH, Urteil vom 25. Juni 2010 - 2 StR 454/09 Rn. 34.

502 Eine a. A. wurde nur vereinzelt vertreten; so gegen die Relevanz einer subjektiven Komponente bei der Rechtfertigung generell bspw. *Spendel*, Oehler-FS, S. 197 ff.

503 3. Kapitel, 1. Abschnitt F. I. 5 b) (S. 66 ff.).

nigstens von dolus directus zweiten Grades getragen. Das aber genügt schon dafür, auch eine Strafbarkeit wegen Versuchs späterhin ausscheiden zu lassen.

Geht man hingegen mit dem BGH von der Rechtfertigungslösung aus, so genügt direkter Vorsatz auch hier;[504] schließlich lassen sich Transplantationsmediziner nur dann dazu motivieren,[505] die Behandlung des Ungeborenen zu Gunsten organprotektiver Maßnahmen abzubrechen, wenn tatsächlich die Sterbehilfevoraussetzungen zweifelsfrei vorliegen – alles andere schadete, käme es an die Öffentlichkeit, nicht zuletzt dem deutschen Organspendewesen in Gänze.

2. Abschnitt: Der subjektive Tatbestand

Ein Schwangerschaftsabbruch ist nur strafbar, wenn er vorsätzlich begangen wurde. Entnehmen die Transplantationsmediziner die Organe, handeln sie in dem sicheren Wissen, damit die tatbestandlichen Voraussetzungen eines Schwangerschaftsabbruchs zu erfüllen, mithin jedenfalls mit dolus directus zweiten Grades. Der subjektive Tatbestand ist deshalb in allen Fällen, in denen nicht schon der objektive Tatbestand entfällt, gegeben.

3. Abschnitt: Ergebnis für die Ebene des Tatbestandes

Ein Tatbestandsausschluss ist einzig dann möglich, wenn mit der Organentnahme die Behandlung zu Gunsten der Leibesfrucht abgebrochen wird und auch abgebrochen werden darf. Liegt kein erlaubter Behandlungsabbruch vor, ist der Tatbestand erfüllt.

---

504 Vgl. nur Schönke/Schröder/*Lenckner*, StGB, Vorbem §§ 32 ff., Rn. 14, m. w. N. auch hinsichtlich anderer Meinungen.

505 Zu diesem gesteigerten Erfordernis, nicht nur im Bewusstsein der rechtfertigenden Sachlage zu handeln, sondern sich von ihr motivieren zu lassen, siehe bspw. *Wessels/Beulke*, AT, Rn. 277.

4. Kapitel: Die Strafbarkeit der Organentnahme nach § 218 Abs. 1 S. 1 StGB – *Die Rechtswidrigkeit*

Der Schwangerschaftsabbruch ist dann nicht rechtswidrig, wenn ein Rechtfertigungsgrund eingreift. In Betracht kommen hier § 218a Abs. 2 StGB als spezieller und § 34 StGB als allgemeiner Rechtfertigungsgrund.

Dass ein etwaig noch zu Lebezeiten von der Schwangeren geäußerter Wille, die Schwangerschaft im Falle ihres Hirntodes abzubrechen, über ihren Tod hinaus keine Bedeutung hat, also auch nicht im Rahmen einer rechtfertigenden Einwilligung in Ansatz gebracht werden kann, wurde oben schon im Rahmen der Sterbehilfediskussion gezeigt und gilt unverändert hier.[506] Es wäre auch unlogisch, eine bloße Einwilligung zu Lebzeiten nicht genügen zu lassen (sondern sie an die engen Voraussetzungen des § 218a StGB zu knüpfen), sie nach dem Tod der Schwangeren hingegen als ausreichend anzusehen. Ebenso auf eine mutmaßliche Einwilligung kann aus selbigen Gründen nicht zurückgegriffen werden.

Überdies brauchen die §§ 3, 4 TPG nicht als mögliche Rechtfertigungsgründe vertiefend angesprochen zu werden, da sie ausschließlich die Einwilligung in eine Organentnahme, nicht aber zugleich auch in einen Schwangerschaftsabbruch regeln. Zwar ist das Kind symbiotisch mit dem Körper der Mutter verbunden; der Nasciturus ist indes mit eigenen (Grund-) Rechten ausgestattet und deshalb von der Entscheidung der Mutter zur Organspende nicht tangiert.

Gleichsam § 4a TPG, der die Organ- und Gewebeentnahme bei toten Embryonen und Föten regelt, also den genau umgekehrten Fall betrifft (die Schwangere lebt, aber die Leibesfrucht ist tot), führt nicht weiter. Diese aus der EG-Geweberichtlinie resultierende Norm ist auch genau aus diesem Grunde, eben weil ein gänzlich anderer Fall geregelt ist, nicht direkt anwendbar, aber ebenso eine Analogie verbietet sich. Es fehlt schon an einer planwidrigen Regelungslücke, da zu vermuten steht, dass der Gesetzgeber bei Schaffung des TPGs um diese Fälle der hirntoten Schwangeren wusste und von einer Regelung bewusst abgesehen hat. Eine solche Regelung würde überdies auch gar nicht ins TPG passen, wäre mithin ein Fremdkörper, denn dem TPG sind andere Regelungen, unter welchen Umständen ein Leben beendet werden darf, nicht zu entnehmen. Das gilt für den Organspender selbst – das TPG trifft keine Aussage darüber, wann dessen Leben beendet werden darf; es sagt nur, er muss schon tot sein – und muss dann auch für jedes andere Leben gelten. Im Übrigen ist die Interessenlage in beiden Fällen auch eine andere, denn im Fall der hirntoten Schwangeren ist das Lebensrecht des Nasciturus betroffen, wohingegen das Rechtsgut Leben bei der toten Leibesfrucht überhaupt keine Rolle, auch nicht bei der Mutter, spielt.

---

506 Vgl. 3. Kapitel, 1. Abschnitt, F. III. 1. a) aa) (S. 79 ff.).

Es bleibt also bei § 218a Abs. 2 StGB und § 34 StGB als den einzig möglichen Rechtfertigungsgründen.

1. Abschnitt: Rechtfertigung nach § 218a Abs. 2 StGB

A. Direkte Anwendung

Schon dem Wortlaut nach ist eine direkte Anwendung der sozial-medizinischen Indikation nach § 218a Abs. 2 StGB von vornherein ausgeschlossen: Zwar ist das Arzterfordernis (wie schon bei § 218a Abs. 1 StGB)[507] gleichsam eingehalten; die Norm aber spricht durchweg von der Schwangeren als der maßgeblichen Person, deren gegenwärtige und zukünftige Lebensverhältnisse zu berücksichtigen sind und um deren Leben oder deren körperlichen oder seelischen Gesundheitszustand es zu gehen hat. Da sie tot ist, können die benannten Rechtsgüter bei ihr durch eine Fortsetzung der Schwangerschaft nicht mehr beeinträchtigt werden. Folglich ist § 218a Abs. 2 StGB nicht direkt einschlägig.

B. Analoge Anwendung

Eine analoge Anwendung bleibt gleichwohl möglich, da sie zugunsten des Täters ausfallen würde und somit nicht Art. 103 Abs. 2 GG, § 1 StGB zuwiderliefe. Denkbar ist eine Analogie dergestalt, dass auch nach dem Tod der Mutter ein Schwangerschaftsabbruch nach § 218a Abs. 2 StGB gerechtfertigt werden könnte, wenn nur die dort festgeschriebenen Voraussetzungen in einer (noch näher zu bestimmenden) anderen Peron (ggf. als Teil einer Personenmehrheit) vorliegen. Um eine Analogie annehmen zu können, müssen freilich deren Voraussetzungen vorliegen, namentlich eine planwidrige Regelungslücke und eine vergleichbare Interessenlage, ehe eine Subsumtion des Falles unter die analog anzuwendende Norm möglich ist.

I. Analogievoraussetzungen

Sucht man die Frage zu beantworten, ob eine planwidrige Regelungslücke besteht oder nicht besteht, genügt die schlichte Mutmaßung nicht, der Gesetzgeber habe Fälle hirntoter Schwangerer nicht vor Augen gehabt. Vielmehr muss man zunächst der Frage nachgehen, warum überhaupt eine rechtliche Verpflichtung zur Aufrechterhaltung der Schwangerschaft unter den in § 218a Abs. 2 StGB genannten Voraussetzungen nicht besteht.

507 Vgl. 3. Kapitel, 1. Abschnitt, E. II. (S. 54).

Der Gesetzgeber hat in seiner Begründung kurz und knapp ausgeführt, die „Rechtfertigung des Abbruchs [beruhe] darauf, daß [...] eine Situation festgestellt werden kann, in der die Fortsetzung der Schwangerschaft eine für die Schwangere unzumutbare Belastung darstellen würde."[508] Worauf sich diese Belastung im Detail gründet und warum deshalb nur Schwangeren eine die Rechtswidrigkeit ausschließende Einwilligung gestattet wird, bleibt indes offen. Mithin ist zu hinterfragen, ob der Grund für diese „Privilegierung" mit dem Tod der Schwangeren unwiederbringlich entfällt (dann liegt keine planwidrige Regelungslücke vor) oder ob nicht der Gesetzgeber bei der Gesetzesfassung schlicht vom Normalfall der *lebenden* Schwangeren ausgegangen ist, der hinter der Privilegierung stehende Grund aber auch nach dem Tod der Mutter in einer anderen Person ent- oder nunmehr dominant fortbestehen kann (dann ist von einer planwidrigen Regelungslücke auszugehen).

Hanack wird von *Merkel* so zitiert, dass der Grund für die Beschränkung der Indikation auf die Schwangere darin liege, das Lebensrecht des Kindes nicht von externen Interessen abhängig zu machen.[509] Damit ist also nach *Hanack* die Mutter konsequenterweise nicht als Außenstehende im Sinne des Normzwecks zu verstehen; ihre Interessen wären mithin keine externen nach dieser Begründung.

Warum die Mutter (und nur die Mutter) nun dermaßen privilegiert – weil im besonderen Maße involviert – sein soll, erklärt *Heinemann* dann mit der engen physischen biologischen Verbindung von Frau und Fötus, die eben einmalig sei, sowie dem Grundsatz, der einer Mutter im Regelfall den Abbruch einer Schwangerschaft verbietet und nur dann endet, wenn dies für sie nicht mehr zumutbar ist. Aus der Tatsache, dass eine entsprechende Pflicht zur Fortsetzung der Schwangerschaft aber nur für die Mutter, nicht auch für den Vater oder sonst einen Sorgeberechtigten bestehe, folge deshalb, dass mit dem Tod der Mutter kein planwidrig ungeregelter Zustand eintrete. Vielmehr können dann, wenn die Mutter stirbt, schlicht die originär nur sie betreffenden Voraussetzungen nicht mehr erfüllt werden, was aber auch unschädlich sei, weil überdies die Interessenlage (bspw. für den Vater) eine andere wäre.[510]

Diese Indikation nach § 218a Abs. 2 StGB beruhe eben auf der Erwägung, die Schwangere nicht in menschlich unzumutbarer Weise zur Austragung ihres Kindes zu verpflichten;[511] da sie aber die Einzige ist, die ihr Kind austrägt – so ließe sich argumentieren –, kann niemand anderes von § 218a Abs. 2 StGB betroffen sein und das Recht zur Abbruchentscheidung nicht auf andere übergehen.[512]

---

508 BT-Drs. 13/1850, S. 25.

509 NK-*Merkel*, StGB, § 218, Rn. 122, mit Verweis auf BT-Drs. 7/1311.

510 *Heinemann*, Frau und Fötus, S. 282.

511 Schönke/Schröder/*Eser*, StGB, § 218a, Rn. 26.

512 Im Ergebnis ebenso, wenn auch ohne Begründung, *Laufs*, Arztrecht[5], Rn. 289.

Gegen dieses vermeintlich schlüssige Vorgehen lassen sich jedoch Argumente anführen, die ihrerseits genügend Überzeugungskraft aufweisen, um das eben Gesagte wieder in Frage zu stellen. *Heinemann* nämlich übersieht, dass mit dem Tod der Mutter die Pflicht zur Fortsetzung der Schwangerschaft nicht automatisch entfällt. Bis auf die oben erörterten Fälle, in denen eine Sterbehilfe erlaubt ist und deshalb eine Behandlungspflicht nicht mehr besteht,[513] bleibt eine Pflicht zur Austragung des Kindes also fortwährend da. Personeller Träger zur Durchsetzung dieser Pflicht aber ist nach dem Tod derjenige Letztentscheidungsträger, der oben[514] schon ausgemacht wurde und über den Fortgang oder den Abbruch der Behandlung des Nasciturus zu entscheiden hat. Dies wird in der Regel (wenn auch nicht zwingend) der Vater oder ein sonst Personensorgeberechtigter für das Kind, der als Pfleger bestellt wird, sein. In jedem Fall ist ein Pflichtenübergang (beim sonstigen Personensorgeberechtigten) oder eine Pflichtenerstarkung beim Vater (dazu sogleich) auszumachen, wobei die Pflicht darin besteht, den Interessen des Ungeborenen zur Durchsetzung zu verhelfen.

Vor dem Tod der Mutter nämlich hatten diese *und der Vater* (wenn er diese Rolle ausfüllte) über die Vorwirkungen der elterlichen Sorge grundsätzlich *gemeinsam* die Pflicht, zum Wohle des Kindes zu entscheiden.[515] Richtig ist freilich, dass die enge physische biologische Verbindung von Frau und Fötus, wie *Heinemann*[516] sie beschreibt, dazu führte, dass die unmittelbare Pflicht zur Austragung des Kindes nur die Mutter traf, ja treffen konnte, denn eine vergleichbare Vater-Kind-Symbiose existiert nun mal nicht. Richtig ist ferner, dass über die Betroffenheit ihres eigenen Körpers und damit die Grundrechte der Frau auch ein großes Ermessen zu Gunsten der Mutter entstand, wie sie mit der Schwangerschaft umgeht, was auch unter den engen Voraussetzungen des § 218a Abs. 2 StGB eben einen Schwangerschaftsabbruch zur Folge haben konnte. Denn mit der physischen Symbiose geht bei einer Schwangerschaft auch regelmäßig eine emotionale einher, die das eigene Wohlbefinden unter Umständen einzuschränken vermag. Das heißt aber nur, dass die Entscheidungsbefugnis des Vaters rezessiv war und hinter dem rechtlich dominanten Ermessensspielraum der Mutter zurückzutreten hatte. Eine etwaige Gefahr auf Seiten des Vaters nämlich, wie sie in § 218a Abs. 2 StGB beschrieben ist, ist nicht von solch einer rechtlich-qualitativen Bedeutung, dass sie über einen entgegenstehenden Willen der Mutter hin Geltung beanspruchen könnte. Einzig eine entsprechende Gefahr auf Seiten der Mutter ist von solch einer Tragweite, dass eine Verpflichtung zur Austragung einer Schwangerschaft entfällt. Fällt hingegen die emotionale Verflechtung und weitestgehend auch die Grundrechtsbetroffenheit der Mutter weg, so erstarken damit zugleich wieder das Entscheidungsrecht und gleich-

513 3. Kapitel, 1. Abschnitt, F., insbesondere die dort unter III. 3. aufgezählten Fallgruppen (S. 108 ff.).

514 3. Kapitel, 1. Abschnitt, F. III. 2. (S. 99 ff.).

515 3. Kapitel, 1. Abschnitt, F. III. 2. b) bb) (S. 102 f.).

516 *Heinemann*, Frau und Fötus, S. 282.

sam die -pflichtigkeit des Vaters. Ist kein Vater vorhanden, geht die ursprünglich bei der Mutter liegende Pflicht auf den Pfleger über.

Dass diese Pflicht beim Vater erstarken oder auf Dritte übergehen kann, liegt im Zweck von § 218a Abs. 2 StGB begründet. Denn indem wir soeben festgestellt haben, warum zu ihren Lebzeiten nur die Mutter zur Abbruchentscheidung berechtigt war, haben wir noch nichts darüber ausgesagt, warum eine solche Entscheidung überhaupt ermöglicht wird. So ist der Zustand des Schwangerseins zwar, wie eben gesehen, Grund dafür, einzig der Schwangeren zu ihren Lebzeiten das Ermessen zuzubilligen, eben weil ihre Grundrechte am stärksten mitbetroffen sind; das Schwangersein an sich aber kann nicht herangezogen werden als Grundlage der unzumutbaren Gefahr, die Voraussetzung ist für eine Rechtmäßigkeit des Schwangerschaftsabbruchs. Untersucht sei abermals die Aussage *Heinemanns*, dass der „Grund für die Indikation des § 218a StGB [...] in der engen physischen Verbindung von Frau und Fötus zu suchen [ist].“[517] Meinte sie damit das, was eben ausgeführt wurde, nämlich die Begründung, warum *nur* die Mutter zu ihren Lebzeiten zur Abbruchentscheidung berechtigt ist, ist diese Aussage richtig, sagt aber nichts über das Abbruchrecht nach dem Tode der Mutter aus. Den einzigen Grund für die Indikation selbst jedoch in der engen biologischen Verbundenheit zu sehen, wäre falsch. Da diese biologische Mutter-Kind-Symbiose nämlich auch nach dem Tod der Mutter noch fortbesteht, müsste auch ein noch zu Lebzeiten geäußerter Wille der Frau, die Schwangerschaft abzubrechen, nach dem Tod zu befolgen sein. Dass dem aber nicht so ist, ein solcher Wille überhaupt keine Bedeutung erlangt, wurde oben schon gezeigt.[518] Die für § 218a Abs. 2 StGB erforderliche unzumutbare Gefahr liegt vielmehr (jedenfalls auch) in der Unzumutbarkeit der antizipierten postnatalen Sorgepflicht, die beispielsweise gegenüber einem schwergeschädigten Kind entstehen kann.[519] Dies lässt sich unmittelbar aus § 218a Abs. 2 StGB ableiten, wonach auch die zukünftigen Lebensverhältnisse eine Rolle spielen, und ist ferner Konsens in (Verfassungs-) Rechtsprechung[520] und Literatur, wenn angenommen wird, dass „auch oder gerade in der nachgeburtlich fortwirkenden Dauerbelastung“ die gesundheitliche Überforderung liegen kann, namentlich „in Vorschau auf künftige Überforderungen durch Sorge- und Einstandspflichten im Falle einer Geburt“.[521] Eine solche Gefahr aber kann nach dem Tod der Mutter sehr wohl ebenso

517 *Heinemann*, Frau und Fötus, S. 282.

518 Vgl. 3. Kapitel, 1. Abschnitt, F. III. 1. a) aa) (S. 79 ff.). Zu diesem Argument, bezogen auf § 218a StGB (analog), siehe auch NK-*Merkel*, StGB, § 218, Rn. 122.

519 NK-*Merkel*, StGB, § 218, Rn. 122.

520 BVerfGE 88, 203, 256 f.

521 Schönke/Schröder/*Eser*, StGB, § 218a, Rn. 29, 34; ähnlich *Fischer*, StGB, § 218a, Rn. 26, der schreibt, dass „etwa die Summierung sozialer Belastungen im Zusammenhang mit voraussichtlichen Überforderungen durch die Fürsorgepflichten im Fall der Geburt des Kindes [...] zur Gefahr psychischer Dauerüberlastung mit psychosomatischer Symptomatik oder depressiver Fehlentwicklung führen [kann]“.

bei dem nun Sorgeberechtigten entstehen; bestand diese Gefahr schon vor dem Tod der Mutter beim Vater, so kann er diese für ihn unzumutbare Situation, wenn sie den Anforderungen des § 218a Abs. 2 StGB entspricht, nunmehr zum ersten Mal rechtsrelevant geltend machen. Die Interessenlage auf Seiten des neuen (zukünftig) Sorgeberechtigten ist die gleiche wie bei der Mutter, als diese noch lebte. Eine vergleichbare Interessenlage liegt also vor. Indem der Gesetzgeber aber übersehen hat, dass entgegen dem Normalfall ein solcher Interessen-, Pflichten- und Gefahrenübergang möglich ist (eben im Falle, dass die Schwangere stirbt und der Nasciturus weiterlebt), entstand eine planwidrige Regelungslücke, die durch eine Analogie geschlossen werden muss.[522]

Ein zweiter Begründungsstrang von *Heinemann* verfängt gleichsam nicht: Ihrer Ansicht nach würden dann, wenn § 218a Abs. 2 StGB analog auch auf Dritte Anwendung fände, derjenige Sorgeberechtigte, dessen Kind frühgeboren im Brutkasten liegt, und derjenige, dessen Kind in der hirntoten Frau heranreift, unterschiedlich behandelt, obgleich ihre Befindlichkeit die gleiche ist. Anders sei es jedoch bei der lebenden Schwangeren im Verhältnis zur Mutter des Frühgeborenen.[523]

Richtig hieran ist der zweite Punkt, dass also eine noch Schwangere, die gezwungen würde, trotz einer beispielsweise schon bestehenden schwerwiegenden psychischen Belastung die Schwangerschaft gegen ihren Willen noch Wochen oder Monate fortzuführen, von anderer Qualität ist, als wenn etwa das Kind schon als Frühchen auf die Welt käme. Im zweiten Falle nämlich könnte sich die Mutter der Situation entziehen, im ersten nicht. Bezweifelt werden muss aber die erste Aussage. Mit anzusehen, wie die bereits tote Mutter des ungeborenen Kindes noch mehrere Wochen intensivmedizinisch betreut werden muss, das Kind also nicht durch eine Glasscheibe zu sehen, sondern im Körper der toten Mutter nur zu erahnen, wird regelmäßig schwieriger zu verkraften sein, zumal wenn es die Mutter des eigenen Kindes oder die Frau eine nahe Angehörige war und ein Überleben des Kindes alles andere als sicher ist sowie schwere Behinderungen drohen. Pauschal davon zu sprechen, dass die Befindlichkeit in beiden Fällen identisch ist, überzeugt nicht.

Letztlich sei an dieser Stelle noch kurz begründet, warum hier eine Analogie angenommen, oben eine entsprechende Anwendung von § 218a Abs. 1 StGB aber noch nicht einmal angesprochen wird.[524] Der Unterschied ist der, dass es beim Tatbestandsausschluss nach § 218a Abs. 1 StGB um einen höchstpersönlichen Konflikt geht, der eine Abbruchentscheidung ohne die Angabe von Gründen ermöglicht, dafür aber nur innerhalb einer gesetzten Frist erlaubt ist. Es geht schlichtweg um einen *nicht*-indizierten Abbruch, wobei die Schwangerschaft selbst als ein indivi-

---

522 Im Ergebnis ebenso, wenn auch ohne nähere Begründung, *Kiesecker*, Die Schwangerschaft einer Toten, S. 263.

523 *Heinemann*, Frau und Fötus, S. 282.

524 Vgl. 3. Kapitel, 1. Abschnitt, E. (S. 53 ff.).

duell wahrgenommener Konflikt angesehen wird, wie der Konflikt auch immer aussieht. Nachprüfbar jedenfalls oder auch nur glaubhaft ist dieser Konflikt nicht zu machen. Einem Dritten diese Macht, ja damit auch eine gewisse Willkür zuzugestehen, verbietet sich angesichts des Grundrechts auf Leben seitens des Nasciturus.

Bei der Indikation nach § 218a Abs. 2 StGB allerdings sind mit der „Gefahr einer schwerwiegenden Beeinträchtigung" oder gar „Gefahr für das Leben", der ärztlichen Erkenntnis sowie der Frage, ob „die Gefahr nicht auf eine andere [...] zumutbare Weise abgewendet werden kann", genügend Voraussetzungen aufgestellt, die eine willkürliche oder auf sachfremden Argumenten basierende Entscheidung (Bequemlichkeit, Geiz etc.) verhindern. Mit dem engen und zwingenden Erfordernis der Indikation wird eine Analogie hier erst rechtsstaatlich vertretbar.

Im Ergebnis sind also alle Voraussetzungen einer Analogie erfüllt. Mithin sind im Einzelfall die folgenden Voraussetzungen zu prüfen.

II. Subsumtion unter § 218a Abs. 2 StGB

1. Allgemeine Voraussetzungen

Der von § 218a StGB in all seinen Straffreistellungen geforderte Arztvorbehalt ist erfüllt. Ferner muss der zum Abbruch Berechtigte in den Schwangerschaftsabbruch wirksam einwilligen. Grundsätzlich einwilligungsbefugt ist der zukünftig Sorgeberechtigte, da nur für ihn die antizipierte postnatale Sorgepflicht[525] unzumutbar sein kann. Zumeist wird das dieselbe Person sein, die auch bezüglich der Behandlung des Nasciturus die Letztentscheidung zu fällen hat.[526] Sie ist es auch, auf den die folgenden Voraussetzungen geprüft werden müssen.

2. Spezifische Voraussetzungen gemäß § 218a Abs. 2 StGB

Nach ärztlicher Erkenntnis muss der Schwangerschaftsabbruch angezeigt sein, um eine Lebens- oder schwerwiegende Gesundheitsgefahr abzuwenden. Angezeigt, das heißt indiziert, ist er, wenn er nach ärztlicher Erkenntnis ex ante geeignet und zugleich ein angemessenes Mittel, ja notwendig und erforderlich ist, um die beschriebene konkrete Gefahr abzuwenden.[527] Eine Gefahr muss dabei entweder für das Leben oder in schwerwiegendem Maße für den Gesundheitszustand bestehen.

a) Maßgebliche Person

Als derjenige, dessen Gesundheitszustand maßgeblich ist, kommt (wie oben schon gesagt) hier nur der zukünftig Sorgeberechtigte in Betracht; sonstige Angehörige, die von der Situation berührt sind und dadurch schwerwiegende psychische Prob-

---

525 Dazu NK-*Merkel*, StGB, § 218, Rn. 122; sowie oben 4. Kapitel, 1. Abschnitt, B. I. (insbesondere S. 143 ff.).

526 Vgl. 3. Kapitel, 1. Abschnitt, F. III. 2. (S. 99 ff.).

527 *Lackner/Kühl*, StGB, § 218a, Rn. 12; *Fischer*, StGB, § 218a, Rn. 24.

leme ereilen, sind vom Normzweck nicht erfasst. Ebenfalls wird § 218a Abs. 2 StGB in all den Fällen nicht anwendbar sein, in denen kein potentiell Sorgeberechtigter ermittelbar ist und deshalb im Falle einer Geburt eine Pflegefamilie die Sorge um das Kind übernehmen oder das Kind in einer sonstigen Pflegeeinrichtung unterkommen wird.

b) Konkrete Gefahr

Ob die Gefahr gegenwärtig sein muss, ist hinsichtlich der Terminologie umstritten,[528] inhaltlich jedoch höchstens von marginaler Bedeutung.[529] Konsens ist, dass die Gefahr konkret sein muss, vage, spekulative Anhaltspunkte oder bloße Vermutungen mithin nicht genügen, sondern eine erhebliche Wahrscheinlichkeit für den Eintritt des Schadens bestehen muss. Da nach dem Wortlaut der Norm neben den gegenwärtigen auch die zukünftigen Lebensverhältnisse berücksichtigt werden müssen, ist es ferner ohne Belang, ob der Schaden vor oder nach der Geburt droht, wenn er nur voraussichtlich unvermeidbar ist.[530] Der Grad der notwendigen Wahrscheinlichkeit für den Schadenseintritt hängt im Übrigen auch von der Schwere der drohenden Gefahr ab[531] (nicht jedoch von einer voraussichtlichen Schädigung des Kindes)[532]: Je schwerer also die drohende Beeinträchtigung wiegt, desto geringer muss die Wahrscheinlichkeit ihres Eintritts sein.

c) Lebensgefahr

Als Lebensgefahr werden einzig psychische Leiden in Betracht kommen, die gleichsam eine Suizidgefahr bedeuten.[533] Obzwar der drohende Schaden hoch, die Wahrscheinlichkeit für den Eintritt also gering sein muss, wird man indes dennoch erst nach einer psychiatrischen Einschätzung eine Entscheidung pro oder contra Schwangerschaftsabbruch fällen können.[534] Kommt man dann zu dem Ergebnis, dass nur der Tod der Frau, nicht aber der Umstand der Schwangerschaft die tragende Motivation für einen Selbstmordentschluss ist, wird man eine Entscheidung zum Abbruch wohl schwerlich treffen können, wenn und weil die auf der Trauer fußenden psychischen Leiden wahrscheinlich unabhängig von der Existenz oder Nichtexistenz des Kindes sind. Gewiss aber ist das eine Frage des Einzelfalls.

528 Gegen das Erfordernis der Gegenwärtigkeit Schönke/Schröder/*Eser*, StGB, § 218a, Rn. 31; *Lackner/Kühl*, StGB, § 218a, Rn. 12; SK-*Rudolphi/Rogall*, StGB, § 218a, Rn. 43 f.; *Fischer*, StGB, § 218a, Rn. 24; a. A. LK[11]-*Kröger*, StGB, § 218a, Rn. 33.

529 So schließlich auch LK[11]-*Kröger*, StGB, § 218a, Rn. 33.

530 Vgl. die Nachweise in Fn. 528.

531 SK-*Rudolphi/Rogall*, StGB, § 218a, Rn. 43; NK-*Merkel*, § 218a, Rn. 83.

532 *Fischer*, StGB, § 218a, Rn. 24

533 RGSt 61, 242, 257 f.; BGHSt 2, 111, 115; 3, 7; *Fischer*, StGB, § 218a, Rn. 25; *Lackner/Kühl*, StGB, § 218a, Rn. 12, m. w. N.

534 LK[11]-*Kröger*, StGB, § 218a, Rn. 36.

d) Gefahr einer schwerwiegenden Beeinträchtigung des Gesundheitszustandes

Einen Grad schwächer als die Lebensgefahr sind Beeinträchtigen des körperlichen oder seelischen Gesundheitszustandes, die jedoch durch den Zusatz „schwerwiegend“ nichtsdestoweniger nur unter engen Voraussetzungen bejaht werden können. Da physische Leiden höchstens als Folge psychischer Belastung auftreten können, sind hier vornehmlich seelische Leiden und Krankheiten denkbar. Da eine *schwerwiegende* Beeinträchtigung gefordert ist, scheiden alle die Belastungen aus, „deren Hinnahme bei einer Gesamtabwägung mit dem Lebensinteresse des Ungeborenen keine Überforderung“ bedeuten würde.[535] Die Arten von Beeinträchtigungen des seelischen Gesundheitszustandes – immer nicht nur unter Berücksichtigung der biologisch-medizinischen Bedingungen, sondern auch der sozialen, familiären und wirtschaftlichen Lebensumstände im Sinne einer ganzheitlichen Betrachtung –[536], die hier für den Sorgeberechtigten in Betracht kommen, sind keine anderen als die, die üblicherweise für die Mutter gefordert werden.[537] Vor allem ein Weniger an Restriktionen im Vergleich zur Mutter darf nicht verlangt werden.

Zu beachten ist indes, dass momentane Gefühle von Trauer über den Tod der Schwangeren allein nicht reichen; auch die plötzliche Erkenntnis, nach dem Tod der Mutter evtl. alleiniger Sorgeberechtigter für das Kind zu sein, darf eine spontane Überreaktion zum Abbruch der Schwangerschaft nicht rechtfertigen. Schließlich sind etwaige Behinderungen des Kindes kein einen Schwangerschaftsabbruch alleine rechtfertigender Faktor.[538] Kommen indes viele Faktoren zusammen – Tod der Mutter, die Sorge, ein vielleicht schwerstbehindertes Kind alleine großzuziehen, soziale und familiäre Probleme – und besteht aufgrund dessen die Gefahr für dauerhafte und schwere Depressionen oder Ängste, kann durchaus die Gefahr einer schwerwiegenden Beeinträchtigung des seelischen Gesundheitszustandes bestehen. Auch dann, wenn der Hirntod beispielsweise in der 17. Schwangerschaftswoche eintritt, der Herz-Blut-Kreislauf der Mutter also noch einige Wochen aufrechterhalten werden müsste, um auch nur eine sehr kleine Chance auf ein (möglicherweise behindertes) Frühgeborenes zu erhalten, das dann selbst wiederum viele Wochen intensivmedizinisch betreut werden muss, kann es zu schweren psychischen Beeinträchtigungen beim zukünftig Sorgeberechtigten kommen, die einen Abbruch zu rechtfertigen vermögen. Auch dies sind stets Fragen des Einzelfalls, die sich allerdings an den eben gemachten Ausführungen orientieren können. Bloße Beeinträch-

535 *Lackner/Kühl*, StGB, § 218a, Rn. 12.

536 Schönke/Schröder/*Eser*, StGB, § 218a, Rn. 29; *Fischer*, StGB, § 218a, Rn. 26.

537 LK[11]-*Kröger*, StGB, § 218a, Rn. 40; SK-*Rudolphi/Rogall*, StGB, § 218a, Rn. 41; jeweils m. w. N.

538 Das gilt insbesondere für Erkrankungen, die erst nach Vollendung des 18. Lebensjahres ausbrechen; auch insofern sind die Wertungen des § 15 II GenDG heranzuziehen (vgl. schon oben Fn. 252).

tigungen von Leistungsfähigkeit und Lebensfreunde, so viel sei abschließend gesagt, genügen aber nicht.[539] Vielmehr sind hohe Anforderungen zu stellen.[540]

e) Nicht auf andere zumutbare Weise abwendbar

Dass der Schwangerschaftsabbruch angesichts des Lebensrechts des Nasciturus stets nur ultima ratio sein kann, zeigt sich an dem Erfordernis, dass anderweitige Abwendungsmöglichkeiten unzumutbar sein müssen (Subsidiaritätsprinzip).[541] Namentlich in Betracht kommen schlichtweg Gespräche mit den behandelnden Ärzten, aber auch ambulante oder stationäre Therapien, eine Freigabe des dann geborenen Kindes zur Adoption, die (kurzfristige) Gabe von Medikamenten oder Psychopharmaka etc.[542]

An dieser Stelle ist *Merkel* Recht zu geben, der sagt, im Falle hirntoter Schwangerer sind grundsätzlich mehr Möglichkeiten zur Gefahrabwendung ins Auge zu fassen als gegenüber (lebenden) Schwangeren selbst; auch eine Adoption sei hier eher als zumutbare Lösung anzusehen.[543] Das heißt, die Zumutbarkeitsgrenze wird also etwas höher anzusiedeln sein. Das ist im Großen und Ganzen deshalb richtig, weil der zukünftig Sorgeberechtigte immerhin die Möglichkeit hat, sich schon räumlich von dem Ungeborenen zu distanzieren, um so vielleicht auch zu einer emotionalen Distanz zu gelangen, sei es durch eine Behandlung oder anderweitig (während eine Schwangere stets an den Grund ihres Leides erinnert wird). Mithin sind schon die Möglichkeiten auch größer, die Gefahr zu bannen. Was die Adoption anbelangt, zweifelt *Merkel* indes selber, wenn er konzediert, dass „bei schwergeschädigten Kindern diese Alternative oft de facto unrealistisch erscheint".[544] Und auch in dem Fall, in dem die Schwangere bspw. in der 17. Schwangerschaftswoche den Hirntod erlitten hat, wird man den sorgeberechtigten Vater oder Angehörigen nicht zumutbar vor die „Wahl" stellen können, er müsse einer wochenlangen Weiterbehandlung auch bei gänzlich ungewisser Prognose

539 *Gehrlein*, NJW 2002, 870.

540 Beispielgebend sei folgender Fall gebildet: Nachdem die Eltern in der 17. Schwangerschaftswoche erfahren, dass sie ein schwerstbehindertes Kind bekommen werden und sich darüber einig sind, dass sie dies beide aus emotionalen Gründen nicht zu schultern vermögen, stirbt die Frau, noch ehe die Schwangerschaft – gerechtfertigt – abgebrochen wird. Dem Mann nun alleinerziehend diese emotionale Bürde aufzuerlegen, ohne dass eine Adoption je praktikabel wird, kann vom Gesetzgeber unmöglich gewollt sein; dass er selbst nicht schwanger ist, wird durch das Wissen um seine tote, mit dem schwerstbehinderten Kind schwangere, im Krankenhaus liegende Frau kompensiert, was gleichermaßen eine stetige emotionale Last bedeutet, von der zu befreien § 218a Abs. 2 StGB ja gerade ultima ratio sein soll.

541 *Lackner/Kühl*, StGB, § 218a, Rn. 13; SK-*Rudolphi/Rogall*, StGB, § 218a, Rn. 46.

542 SK-*Rudolphi/Rogall*, StGB, § 218a, Rn. 46; Schönke/Schröder/*Eser*, StGB, § 218a, Rn. 34; *Fischer*, StGB, § 218a, Rn. 28; LK[11]-*Kröger*, StGB, § 218a, Rn. 42 ff.

543 NK-*Merkel*, StGB, § 218, Rn. 122.

544 NK-*Merkel*, StGB, § 218, Rn. 122.

und bei der Möglichkeit des Todes oder einer schweren Behinderung des Kindes zustimmen, sonst drohe die Adoption. Gleiches gilt, wenn die Wahrscheinlichkeit groß ist, dass durch eine Sauerstoffunterversorgung, die kausal für den Hirntod der Mutter war, auch das Kind schwer geschädigt worden ist. Hier wird man deshalb dann, wenn eine Heilung oder Linderung der seelischen Beeinträchtigung durch eine Therapie oder Ähnliches nicht möglich erscheint und sonst alle Voraussetzungen vorliegen, einen Schwangerschaftsabbruch für gerechtfertigt erklären müssen. Um eine Betrachtung eines jeden Einzelfalles aber kommt man nicht umhin.

III. Zusammenfassung

Eine analoge Anwendung von § 218a Abs. 2 StGB, bei der nicht die Schwangere, sondern der zukünftig Sorgeberechtigte im Mittelpunkt der Betrachtung steht, ist also möglich. Alles in allem gilt deshalb im übertragenen Sinne auch hier, was normalerweise für die Schwangere gilt, nämlich dass ein Ausnahmetatbestand vorausgesetzt wird, der „ein solches Maß an Aufopferung eigener Lebenswerte verlangt", dass eine Fortsetzung der Schwangerschaft unzumutbar ist.[545] Dieses Maß ist noch höher anzusiedeln, als es in der hier betrachteten Konstellation auch nicht um die Mutter geht, sondern einen Dritten, der sich theoretisch jedenfalls räumlich von der Quelle seiner seelischen Leiden entfernen kann, die Therapieaussichten also strukturell besser erscheinen. Gleichwohl kann es Fälle geben, in denen auch dem zukünftig Sorgeberechtigten nicht zugemutet werden kann, eine signifikante Verschlechterung seiner psychischen Verfassung hinzunehmen. Dies wird Fälle betreffen, in denen eine schwere Behinderung des Kindes zu erwarten ist, aber auch solche, in denen völlige Ungewissheit herrscht. Je länger also der Körper der hirntoten Schwangeren maximal weiterversorgt werden muss, je geringer damit die Chancen auf eine Lebendgeburt sind, desto eher wird eine Rechtfertigung vorliegen können, wenn alle Voraussetzungen der sozial-medizinischen Indikation erfüllt sind.

2. Abschnitt: Rechtfertigung nach § 34 StGB

Steht eine Organentnahme bei der hirntoten Schwangeren in Rede, sind nicht nur die Rechtsgüter und Interessen des Nasciturus, der Mutter sowie des zukünftig Sorgeberechtigten betroffen, sondern auch die Interessen der potentiellen Organempfänger. Ob diese Interessen auch rechtliche Auswirkungen dergestalt zeitigen, dass sie einen Schwangerschaftsabbruch zu rechtfertigen vermögen, soll Gegenstand der folgenden Untersuchung sein. Die Frage ist also, ob eine Notstandshilfe nach § 34 StGB zu Gunsten der Organempfänger und zu Lasten des Nasciturus rechtfer-

545 Vgl. BGH NJW 2002, 886, 887, mit Anm. *Gehrlein*, NJW 2002, 870, die beide auf BGHZ 129, 178, 183 verweisen.

tigend möglich ist. Zu klären ist freilich zunächst, ob neben der Anwendbarkeit des speziellen Rechtfertigungsgrundes § 218a Abs. 2 StGB auch der allgemeine nach § 34 StGB überhaupt eingreifen kann.

A. Anwendbarkeit von § 34 StGB neben § 218a Abs. 2 StGB

I. Vorbemerkung

Die Überschrift zu A. impliziert, dass § 218a Abs. 2 StGB analog auf den zukünftig Sorgeberechtigten nach dem Tod der Mutter angewendet werden kann. Für die Richtigkeit dieser Implikation sprechen die im 1. Abschnitt dieses Kapitels unter B. I.[546] angestellten Erwägungen. Wenn aber Anspruch dieser Arbeit sein soll, eine auch notfalls gerichtsfeste Orientierung für den Praktiker anzubieten, darf nicht verhohlen werden, dass bisher kein Gericht je über eine entsprechende Anwendung von § 218a Abs. 2 StGB in der Konstellation der hirntoten Schwangeren (oder in einer vergleichbaren Sachlage) entschieden hat. Ob also § 218a Abs. 2 StGB im Fall der Fälle tatsächlich auf den Sorgeberechtigten übertragen wird, ist trotz der guten Argumente dafür unsicher.

Die folgende Lösung bietet deshalb neben einer ersten Antwort auf die in der Überschrift gestellte Frage noch eine zweite, nämlich, ob wenigstens § 34 StGB anwendbar ist, wenn man eine analoge Anwendung von § 218a Abs. 2 StGB doch für unzulässig erklärt.

II. Anwendbarkeit neben § 218a Abs. 2 StGB

Konsens ist, dass § 218a Abs. 2 StGB grundsätzlich der allgemeinen Notstandsnorm des § 34 StGB im Wege eines lex specialis vorgeht (außer in Fällen, in denen ein indizierter Schwangerschaftsabbruch durch einen Nichtarzt durchgeführt wird, weil ärztliche Hilfe nicht rechtzeitig zu erreichen ist).[547] Dies gründe sich, neben dem gemeinsamen Ursprung der beiden Normen im übergesetzlichen Notstand, darauf, dass § 218a Abs. 2 StGB „eine gesetzliche Vorwegbewertung bestimmter Einzelfälle" enthalte, „wo für eine weitere individualisierende Interessenabwägung nur in den dort gezogenen Grenzen Raum ist".[548] Für die hier anzustellende Be-

546 S. 142 ff.

547 LK[12]-*Zieschang*, StGB, § 34, Rn. 85; Schönke/Schröder/*Perron*, StGB, § 34, Rn. 6; SK-*Günther*, StGB, § 34, Rn. 58; NK-*Neumann*, StGB, § 34, Rn. 123; MüKo-*Erb*, StGB, § 34, Rn. 20; differenzierend NK-*Merkel*, StGB, § 218, Rn. 136 ff.

548 Schönke/Schröder/*Perron*, StGB, § 34, Rn. 6. Gegen das Konstrukt der gesetzlichen Vorwegabwägung aber *Pawlik*, Der rechtfertigende Notstand, S. 328 ff.; *Dreier*, JZ 2007, 261, 269. Nach dem (österreichischen) Obersten Gerichtshof (OGH 1 Ob 91/99k v. 25.05.1999) darf die Interessenabwägung indes „nicht auf eine Gegenüberstellung von ‚Leben gegen

trachtung würde das bedeuten, dass auch im Falle einer analogen Anwendung von § 218a Abs. 2 StGB eine weiterführende Heranziehung von § 34 StGB ausschiede.

Zu beachten ist indes, dass § 218a Abs. 2 StGB nur dann abschließend gegenüber § 34 StGB sein kann, wenn der Gesetzgeber bei der Vorwegbewertung auch die jeweils zu betrachtende Konstellation tatsächlich mitbedacht hat. Ging der Gesetzgeber aber hauptsächlich vom Normalfall aus und weicht das Ausnahmeszenario beachtlich von diesem Normalfall ab (wie beim Abbruch durch einen Nichtarzt in der eben dargestellten Ausnahmesituation), so fragt sich, ob nicht doch § 34 StGB wieder herangezogen werden kann.[549] Freilich müsste dann § 34 StGB im Lichte der schon bei § 218a Abs. 2 StGB getroffenen Vorwegabwägung angewendet werden. Der Anwendungsbereich wäre aber erst einmal eröffnet.

Obgleich § 218a StGB in seiner jetzigen Form am 01.10.1995, also nach dem Erlanger Fall, in Kraft getreten ist, darf bezweifelt werden, dass die Konstellation der hirntoten Schwangeren in die Vorwegbewertung eingeflossen ist. Vielmehr ist der Gesetzgeber wohl eher vom Normalfall ausgegangen, in dem Drittinteressen außerhalb der mütterlichen Sphäre nur schwerlich denkbar sind, jedenfalls aber auf Grund des Gewichts der Interessen von Mutter *und* Nasciturus im Wege der Gesamtabwägung zurücktreten müssen. Diese vom Gesetzgeber getroffene Vorwegabwägung ist in diesem Fall auch nicht zu beanstanden. Im Fall indes, dass die Mutter während der Schwangerschaft den Hirntod erleidet, ergibt sich ein anderes Bild. Zum einen erstarken Entscheidungsrecht und -pflichtigkeit des Vaters, weshalb eine analoge Anwendung von § 218a Abs. 2 StGB möglich sein muss. Zum anderen wird in dieser Situation aber auch zum ersten Mal überhaupt denkbar, dass eine Schwangerschaft *zu Gunsten Dritter* abgebrochen werden kann, weshalb nicht auszuschließen ist, dass neben § 218a Abs. 2 StGB analog ferner § 34 StGB anwendbar ist. Welcher Dritte nämlich sollte bei einer „normalen“ Schwangerschaft von einem Abbruch (rechtserheblich) profitieren können? Da im Falle des Hirntodes der Mutter aber jedenfalls die potentiellen Organempfänger profitieren würden, jedoch bezweifelt werden muss, dass dies im Rahmen von § 218a Abs. 2 StGB im Vorhinein mit bedacht wurde, ist eine Anwendbarkeit von § 34 StGB jedenfalls nicht ganz ausgeschlossen. Zumal man eingestehen muss, dass zwar die Rechte und Rechtsgüter des zukünftig Sorgeberechtigten schwer wiegen (deshalb auch eine analoge Anwendung von § 218a Abs. 2 StGB), ein Schwangerschaftsabbruch aber immerhin nicht die körperliche Integrität in dem Maße verletzen würde wie bei einer noch lebenden Schwangeren höchst selbst, weshalb sich die in die Abwägung einzustellenden Interessen auch etwas ändern. Nicht zuletzt deshalb sollte eine Prü-

---

Leben‘ verkürzt werden, sondern hat neben den sonstigen individuellen Belastungen der Schwangeren auch das Interesse der Allgemeinheit an einer möglichst wenig gefährlichen, d. h. kunstgerechten Durchführung des Schwangerschaftsabbruchs durch einen Arzt in die Abwägung miteinzubeziehen. Dieses Ziel wäre nicht zu erreichen, wenn selbst in indizierten Fällen der Schwangerschaftsabbruch mit dem Makel des Illegalen behaftet wäre.“

549 *Hilgendorf*, JuS 1993, 97, 100, mit Verweis auf *Roxin*, AT I, § 14, Rn. 50.

fung von § 34 StGB zumindest möglich und nicht von vornherein verwehrt sein, auch wenn das Ergebnis vielleicht schon abzusehen sein mag.

§ 34 StGB ist also in Fällen hirntoter Schwangerer anwendbar auch neben § 218a Abs. 2 StGB (analog). Es ist jedoch zu bedenken, dass nur Drittinteressen, die mit denen in § 218a Abs. 2 (und auch 3) StGB vergleichbar sind (also eine Lebens- oder schwerwiegende Gesundheitsgefahr), überhaupt in die Abwägung eingestellt werden dürfen; insofern beeinflusst die gesetzgeberische Vorwegabwägung § 34 StGB doch wieder.

III. Anwendbarkeit anstelle von § 218a Abs. 2 StGB

Wird § 218a II StGB hingegen nicht (auch nicht analog) für anwendbar erklärt, geht die Meinung dahin, dann jedenfalls § 34 StGB anzuwenden. § 218a Abs. 2 StGB entfalte eine die allgemeinen Notstandsregeln ausschließende Wirkung nur in Fällen, in denen die Schwangere noch lebt. In allen anderen Fällen sei § 34 StGB anwendbar, sodass auch nach dieser Lösung einer weiteren Prüfung nichts im Wege steht.[550]

B. Notstandsfähiges Rechtsgut

Notstandsfähig ist grundsätzlich jedes Rechtsgut, wobei es vorwiegend um die Rettung von Individualinteressen geht, wie die Art der exemplarisch aufgezählten Rechtsgüter in § 34 S. 1 StGB verdeutlicht; ebenso Rechtsgüter der Allgemeinheit sind jedoch notstandsfähig, wenn sie klar erfass- und konkretisierbar sind.[551] § 34 StGB beinhaltet ferner die Notstandshilfe, weshalb das gefährdete Rechtsgut also nicht dem Täter zustehen muss („von sich oder einem Dritten abzuwenden“);[552] auch eine Pflicht zur Beseitigung des Notstandes braucht er nicht zu haben, um tätig werden zu dürfen.[553]

Mithin handelt es sich bei dem Leben oder der Gesundheit eines Patienten, der auf der Warteliste für ein Organ steht und dessen Lebensqualität beispielsweise durch die Dialyse beeinträchtigt ist, aber gerade ebenso bei Patienten, die bei der Gefahr des Todes dringend auf ein Spenderorgan warten, um ein notstandsfähiges Rechtsgut, wobei eben auch die handelnden Ärzte zur Notstandshilfe berechtigt sind.[554]

---

550 So ausdrücklich *Hilgendorf*, JuS 1993, 97, 100.

551 *Lackner/Kühl*, StGB, § 34, Rn. 4; LK[12]-*Zieschang*, StGB, § 34, Rn. 22 f.; Schönke/Schröder/*Perron*, StGB, § 34, Rn. 9 ff. Als ein Beispiel für nicht konkretisierbare Allgemeininteressen nennt *Kühl*, Strafrecht AT, § 8, Rn. 31, bspw. den medizinischen Fortschritt.

552 LK[12]-*Zieschang*, StGB, § 34, Rn. 25; *Fischer*, StGB, § 34, Rn. 5.

553 OLG Düsseldorf NJW 1970, 674.

554 *Diettrich*, Organentnahme und Rechtfertigung durch Notstand, S. 89.

C. Gegenwärtige Gefahr

Eine Gefahr im Sinne von § 34 StGB liegt vor, wenn auf Grund tatsächlicher und konkreter Umstände die Wahrscheinlichkeit besteht, dass ein schädigendes Ereignis eintritt, intensiviert wird oder fortdauert.[555] Gegenwärtig ist die Gefahr dann, wenn sie alsbald oder in allernächster Zeit, jedenfalls bei natürlicher Weiterentwicklung der Sachlage, in einen Schaden umschlagen kann, wenn nicht eine Abwehrmaßnahme ergriffen wird.[556] Streitig ist, ob auch angesichts des aktuellen Organmangels in Deutschland[557] bei Patienten auf der Warteliste für ein Organ von einer gegenwärtigen Gefahr gesprochen werden kann.

Virulent wird dieses Problem zumeist bei der Frage, ob auch gegen den Willen eines Verstorbenen oder durch einen Nichtarzt Organe zu Transplantationszwecken entnommen werden dürfen. Während beides zuweilen (wenn auch weitgehend ohne Begründung) in Ausnahmefällen für möglich gehalten wird,[558] verneinen andere gerade die Möglichkeit der Entnahme gegen den Willen mit Begründungen auf verschiedenen Argumentationsebenen.[559] *Krüger* beispielsweise sieht schon eine Gefahr nicht gegeben (wenngleich er anschließend trotzdem noch mit der Angemessenheit argumentiert, auf die es jedoch konsequenterweise gar nicht ankommt, wenn schon eine Notstandslage nicht vorliegt): Der „Mangel an Spenderorganen [sei] eher allgemeiner Natur [...], als dass er eine konkrete Gefahr für ein notstandsfähiges Rechtsgut zu begründen vermag".[560] Fraglich ist, wie konkret eine Gefahr im Sinne von § 34 StGB tatsächlich sein muss und ob nicht die Lage der potentiellen Organempfänger doch die notwendigen Voraussetzungen einer Gefahr erfüllt.

Der Verweis *Krügers* auf das Beispiel von *Lilie* zu § 123 StGB, demzufolge Missstände im Wohnungsbau nur allgemeiner Natur sind und keine konkrete Gefahr für ein notstandsfähiges Rechtsgut begründen (weshalb Hausbesetzungen nicht

---

555 BGHSt 18, 271, 272; 48, 255, 258; *Lackner/Kühl*, StGB, § 34, Rn. 2; LK[12]-*Zieschang*, StGB, § 34, Rn. 26; Schönke/Schröder/*Perron*, StGB, § 34, Rn. 12.

556 Schönke/Schröder/*Perron*, StGB, § 34, Rn. 17; SK-*Rudolphi*, StGB, § 35, Rn. 7.

557 Hierzu nur *Breyer/van den Daele/Engelhard/Gubernatis/Kliemt/Kopetzki/Schlitt/Taupitz*, Organmangel, S. 33 ff.

558 *Nickel/Schmidt-Preisigke/Sengler*, TPG, § 4, Rn. 9; *Lackner/Kühl*, StGB, § 168, Rn. 4a (wenn auch stark zweifelnd); *Kühl*, Strafrecht AT, § 8, Rn. 72; *Deutsch/Spickhoff*, Medizinrecht[6], Rn. 904.

559 Vgl. bspw. *Schreiber*, Wann darf ein Organ entnommen werden?, S. 199, 212 f.; Schönke/Schröder/*Lenckner*/*Bosch*, StGB, § 168, Rn. 8.

560 Miserok/Sasse/*Krüger*, TPG, § 4, Rn. 191. Ob *Fischer*, StGB, § 168, Rn. 15, mit seiner Formulierung – jedenfalls „ein *allgemeiner Bedarf* an Organen und Gewebe [wäre] nicht als ‚überwiegendes' Interesse anzusehen", weshalb „allenfalls eine *konkrete* Notlage" in Betracht käme (Hervorhebungen vom *Verf.* übernommen) – tatsächlich erst bei der Interessenabwägung ansetzt oder nicht vielmehr doch schon das Vorliegen einer Gefahr bezweifelt, ist überdenkenswert. – Bemerkenswert ist ferner, dass all die, die § 34 StGB aus anderen Gründen ablehnen (vgl. Fn. 559), ausdrücklich oder zumindest konkludent eine Gefahr annehmen.

über § 34 StGB gerechtfertigt werden können),[561] geht jedenfalls fehl: Während Missstände im Wohnungsbau für wahr zu allgemein sind, geht es bei den Organempfängern nicht um eine abstrakte Gruppe, sondern vielmehr um wenn nicht konkrete, so doch zumindest konkretisierbare Interessen. Immerhin ist über Eurotransplant das jeweilige Organ jederzeit an eine bestimmte bedürftige Person vermittelbar; der Organmangel im Eurotransplantbereich lässt es quasi als ausgeschlossen erscheinen, dass sich kein Organempfänger ausmachen lässt, der dieses Organs bedarf.[562] Die Frage ist bloß, ob dies ausreicht oder ob man nicht vielmehr fordert, dass eine unmittelbare Interessenkollision besteht.

So ließe sich anführen, dass durch die Größe des Eurotransplantbereichs eine unmittelbare und aktuelle Kollision verschiedener Interessen (hier zwischen dem Lebensinteresse der Organempfänger und dem Lebensrecht des Nasciturus) gar nicht bestehe, eben weil für jeden Empfänger auch ein anderes Organ gefunden werden könnte.[563] Genau andersherum argumentiert *Deutsch*, gleichsam noch vor Einführung des TPGs, der sagt, die mobile Gesellschaft lasse eine Güterabwägung bei unmittelbarer Interessenkollision auch bei entfernter liegenden Rechtsgütern zu, so auch bei noch zu vermittelnden Organen, die nicht im selben Krankenhaus, sondern irgendwo anders ex- und implantiert werden.[564] Genau genommen aber ist diese Diskussion mit Verweis auf das notstandsfähige Rechtsgut zu beantworten: Wenn schon Rechtsgüter der Allgemeinheit notstandsfähig sind, und wenn überdies nicht einmal eigene Interessen betroffen sein müssen (Stichwort: Notstandshilfe), dann müssen auch Individualinteressen, die erst noch von einem Dritten konkretisiert werden (eben durch Eurotransplant als Vermittlungsstelle), eine Gefahr begründen können. Dass der Notstandshelfer, also der Arzt, den bedürftigen Organempfänger nicht kennt, kann nicht darüber entscheiden, ob eine Gefahr besteht oder nicht, wenn doch unumstritten ist, dass auf jeden Fall ein Patient auf der Warteliste auf das konkrete Organ angewiesen ist. Denn die weiteren Voraussetzungen der Gefahrdefinition sind allesamt und zweifelsohne erfüllt: Nicht nur bei High-urgency-Patienten, also solchen, die bei der Gefahr des Todes dringend ein Organ benötigen, sondern auch bei Dialysepatienten besteht die Wahrscheinlichkeit, dass eine schwerwiegende Verschlechterung der Gesundheit oder gar der Tod, mithin ein schädigendes Ereignis, eintritt, intensiviert wird oder weiter fortdauert. Eine Gefahr ist also zu bejahen.

---

561 LK[12]-*Lilie*, StGB, § 123, Rn. 19.

562 *Diettrich*, Organentnahme und Rechtfertigung durch Notstand, S. 91.

563 So wohl *Schreiber*, Klug-FS II, S. 341, 352 (keine aktuelle und unmittelbare Kollision zwischen den Lebensinteressen der Organempfänger und dem Persönlichkeitsrecht desjenigen, dessen Organe ohne oder gegen seinen Willen entnommen werden sollen). Ähnlich *Samson*, NJW 1974, 2030, 2032, demzufolge die weiträumige Verteilung der Organe durch Eurotransplant die Kollisionslage verdünne, weshalb das „Bild krisenhafter Zuspitzung, das der Rechtfertigung aus Notstand zugrunde liegt“, nicht mehr vorliege.

564 *Deutsch*, Medizinrecht[3], Rn. 513.

Diese Gefahr ist ferner in vielen Fällen gegenwärtig: Bei akuten Lebererkrankungen, aber auch beim Ausfall anderer lebenswichtiger Organe, deren Funktion maschinell bestenfalls kurzfristig ersetzt werden kann, drohen bei ungehindertem Fortgang der Tod, jedenfalls irreparable Gesundheitsschäden. Aber auch dann, wenn noch die Möglichkeit der Dialyse oder einer Herz-Lungen-Maschine als mittelfristiger Ausweg bleibt, also keine sog. Augenblicksgefahr vorliegt, besteht jedenfalls eine Dauergefahr:[565] Eine solche ist dann gegeben, wenn zwar die Möglichkeit offen bleibt, dass der Schadenseintritt noch eine Zeitlang auf sich warten lässt, jedoch gleichwohl alsbald einzutreten vermag. Gegenwärtig ist sie, wenn sie so dringend ist, dass sie wirksam nur durch unverzügliches Handeln abgewendet werden kann,[566] was bei einer Organtransplantation als der vielfach einzig möglichen Therapie der Fall ist.

Dass man bei solchen Patienten, die gerade erst mit der Dialyse begonnen haben, gewiss nicht von einer Gefahr sprechen kann, ist richtig, aber für die hiesige Betrachtung unschädlich: Abgestellt wird nur auf diejenigen, denen die Organe der hirntoten Mutter zugeteilt werden (können), und bei diesem noch abstrakten, aber konkretisierbaren Personenkreis handelt es sich in aller Regel um Akutfälle, die dringend ein Organ benötigen und bei denen jeder Tag des Wartens fatale, ja letale Konsequenzen zeitigen kann.[567]

Von einer gegenwärtigen Gefahr ist also auszugehen.

D. Erforderlichkeit und Interessenabwägung

I. Nicht anders abwendbar

Nicht anders abwendbar und mithin erforderlich ist die Handlung dann, wenn sie geeignet ist, die Gefahr abzuwenden und das zu schützende Gut zu erhalten, und zugleich mit Blick auf das Eingriffsgut so schonend wie möglich ist.[568]

Ein effektives Mittel jedenfalls ist die mit dem Schwangerschaftsabbruch erreichbare Organentnahme, um Schaden von Wartelistenpatienten abzuwenden, indem ihnen die mütterlichen Organe implantiert werden. Die Überlebenschancen nämlich sind für den Organempfänger mit der Transplantation erhöht; seine Lebensqualität steigt.[569]

---

565 So *Diettrich*, Organentnahme und Rechtfertigung durch Notstand, S. 92 ff.

566 BGHSt 5, 371, 373; *Wessels/Beulke*, AT, Rn. 306, m. w. N.

567 Ausgenommen sind damit freilich auch Explantationen zur Vorratshaltung in Gewebebanken; auch hierbei kann nicht von einer gegenwärtigen Gefahr gesprochen werden. Vgl. *Diettrich*, Organentnahme und Rechtfertigung durch Notstand, S. 94; *Samson*, NJW 1974, 2030, 2032.

568 Statt vieler Schönke/Schröder/*Perron*, StGB, § 34, Rn. 18, m. w. N.

569 *Diettrich*, Organentnahme und Rechtfertigung durch Notstand, S. 96.

Die Handlung muss gleichsam aber eben auch das relativ mildeste Mittel darstellen, weshalb eine Rechtfertigung dann ausscheidet, wenn die Gefahrabwendung in der konkreten Situation mit weniger einschneidenden Maßnahmen ebenso aussichtsreich ist.[570] Die Möglichkeit, auf eine Organentnahme ganz zu verzichten und darauf zu hoffen, dass der Organbedarf anderweitig voll kompensiert wird, ist angesichts des Organmangels utopisch: Jedes verfügbare Organ wird schlichtweg benötigt; einen Überschuss an Organen gibt es nicht. Auch die Aussicht, den Ungeborenen so lange zu behandeln, bis entweder die Behandlung fehlschlägt oder sie glückt, um erst anschließend die Organe bei der Mutter zu entnehmen, ist nicht ebenso aussichtsreich: Zum einen kann es zu einem Organversagen bei der Mutter kommen, zum anderen sind die Organe nach einer mehrwöchigen Behandlung nicht mehr mit gleicher Qualität (wenn überhaupt) transplantabel – in beiden Fällen ist die Wahrscheinlichkeit einer erfolgreichen Transplantation minimiert, weshalb eine sofortige Transplantation das relativ mildeste aller vergleichbaren Mittel ist.

Die Erforderlichkeit der Handlung ist also zu bejahen.

II. Interessenabwägung

Bei Abwägung der widerstreitenden Interessen muss ferner das geschützte das beeinträchtigte Interesse wesentlich überwiegen. Problematisch ist hier indes, dass das Lebensrecht des Ungeborenen mit den Lebens- und Gesundheitsinteressen der Organempfänger kollidiert. Bei gleichartigen Interessen kann es ein wesentliches Überwiegen aber schon denknotwendig gar nicht geben. In Ansatz zu bringen ist auch nicht, dass durch den Schwangerschaftsabbruch *mehreren* Menschen geholfen werden kann: Einer quantitativen Abwägung ist das Leben nicht zugänglich.[571] Grundsätzlich gilt selbiges auch für eine qualitative Abwägung von Leben;[572] fraglich ist, ob sich jedoch daraus, dass der Gesetzgeber selbst es war, der beispielsweise in § 218 Abs. 1 StGB für die Tötung ungeborenen Lebens eine geringere Strafe vorgesehen hat als für die Tötung nach § 212 Abs. 1 StGB, auch Änderungen für die Interessenabwägung nach § 34 StGB ergeben.

Hilgendorf nämlich spricht „offen von einer gegenüber dem erwachsenen Menschen verminderten Schutzwürdigkeit des Embryos und auch noch des Fötus".[573] Und ebenso das Reichsgericht führte mit Blick auf die „zum Schutze der Rechtsgüter erlassenen Strafdrohungen des geltenden Rechts" aus, dass „regelmäßig sowohl der Verlust des Lebens als auch eine [...] schwere Gesundheitsschädigung des fertigen Menschen höher zu bewerten ist, als der Verlust des Lebens der Leibes-

570 LK[12]-*Zieschang*, StGB, § 34, Rn. 52.

571 BGHSt 35, 347, 350; *Lackner/Kühl*, StGB, § 34, Rn. 8; Schönke/Schröder/*Perron*, StGB, § 34, Rn. 23; *Kühl*, Strafrecht AT, § 8, Rn. 114; *Laber*, Der Schutz des Lebens im Strafrecht, S. 151 ff.; *Küper*, JuS 1981, 785 ff.

572 *Lackner/Kühl*, StGB, § 34, Rn. 7; *Kühl*, Strafrecht AT, § 8, Rn. 114.

573 *Hilgendorf*, NJW 1996, 758, 761.

frucht.“[574] Es sei, so *Hilgendorf*, dem Gesetzgeber vielmehr unbenommen, Zäsuren zu setzen in dem sonst biologisch so kontinuierlichen Prozess der Menschwerdung und des Menschseins; nur so sei es überhaupt erst möglich, dass vor der Geburt ein Schwangerschaftsabbruch mit Blick auf die Rechtsgüter der Mutter erlaubt sein kann oder auch ein fahrlässiger Schwangerschaftsabbruch nicht unter Strafe gestellt zu sein braucht. Der strafrechtliche Schutz darf abgestuft gewährt werden.[575]

Unabhängig aber davon, ob man wie *Hilgendorf* damit die qualitative Gleichwertigkeit zwischen geborenem und ungeborenem Leben verneint, man damit dem ungeborenen Leben im Laufe seiner Entfaltung eine „zunehmende Werthaftigkeit“ zuschreibt,[576] oder doch von Anfang an genau die gleiche Wertqualität wie dem geborenen Leben,[577] kommt man an einem Punkt nicht vorbei: Berufen dazu, den strafrechtlich zu schützenden Wert der Leibesfrucht zu bestimmen, ist nur der Gesetzgeber. Im Rahmen von § 218a StGB ist er dem nachgekommen; gleichsam ist die Entscheidung, keine den §§ 222, 223 ff. StGB entsprechenden Regeln für den Zeitraum vor der Geburt aufzustellen, eine bewusste. Daraus lässt sich aber nicht ableiten, wie eine Interessenabwägung im Rahmen von § 34 StGB ausfallen würde. Ob die Interessen der potentiellen Organempfänger das Lebensrecht des Nasciturus überwiegen, ja *wesentlich* überwiegen, muss bezweifelt und kann zumindest nicht vorausgesetzt werden. Dass der Gesetzgeber die Interessen der Schwangeren (als der zukünftig Sorgeberechtigten) unter gewissen engen Voraussetzungen als so schützenswert ansieht, dass er trotz des Lebensrechts des Nasciturus einen Schwangerschaftsabbruch erlaubt, lässt keine Rückschlüsse darauf zu, ob auch die Interessen Dritter, ja quasi Unbeteiligter die Rechte des Ungeborenen wesentlich überwiegen können. Jedenfalls ist ein abgestufter Lebensschutz beim noch ungeborenen Leben wenngleich möglich, so aber nicht richterrechtlich vorzunehmen. Von einem wesentlichen Überwiegen der Rechte der Organempfänger verglichen mit dem Lebensrecht des Nasciturus kann also nicht gesprochen werden.[578]

---

574 RGSt 61, 242, 255.

575 *Hilgendorf*, NJW 1996, 758, 761. So urteilte im Grundsatz auch das Bundesverfassungsgericht in seiner Entscheidung BVerfGE 88, 203, 254: „Art und Umfang des Schutzes im einzelnen zu bestimmen, ist Aufgabe des Gesetzgebers. Die Verfassung gibt den Schutz als Ziel vor, nicht aber seine Ausgestaltung im einzelnen.“ Zu beachten habe der Gesetzgeber allerdings das Untermaßverbot. – Der Unterschied zu *Hilgendorf* aber dürfte darin liegen, dass das BVerfG nicht davon spricht, geborenes und ungeborenes Leben seien qualitativ ungleichwertig.

576 *Eser/Koch*, Schwangerschaftsabbruch und Recht, S. 283 f. *Dreier*, ZRP 2002, 377; *ders.*, JZ 2007, 261, 270.

577 *Beckmann*, ZRP 2003, 97; Schönke/Schröder/*Eser*, StGB, Vorbem. §§ 218 ff., Rn. 9, m. w. N. für die beiden zuletzt genannten Ansichten.

578 Bemerkenswert ist aber in diesem Zusammenhang der Aufsatz von *Mitsch*, JR 2006, 450, 453, der die Tötung einer schwangeren Angreiferin (etwa einer schwangeren Terroristin) auch im Hinblick auf den Schwangerschaftsabbruch als durch Notstand (§ 34 StGB) gerechtfertigt ansieht, wenn nur die abzuwendende Gefahr von ähnlichem Gewicht wie die in

III. Ergebnis

Ließen sich die grundsätzliche Anwendbarkeit von § 34 StGB sowie das Vorliegen einer gegenwärtigen Gefahr noch mit einigem Begründungsaufwand bejahen, muss die Prüfung spätestens in diesem letzten Punkt der Interesseabwägung enden. Bei der Abwägung der widerstreitenden Interessen ist das Lebensrecht des Nasciturus eine unüberwindliche Hürde, sodass § 34 StGB den Schwangerschaftsabbruch durch eine Organentnahme unter keinen Umständen rechtfertigen kann.

3. Abschnitt: Ergebnis für die Ebene der Rechtswidrigkeit

Während eine analoge Anwendung von § 218a Abs. 2 StGB, bei der der zukünftig Sorgeberechtigte im Mittelpunkt der Betrachtung steht, möglich ist, scheidet § 34 StGB auf Ebene der Interessenabwägung aus. Mithin kann nicht in jedem Fall die Schwangerschaft zu Gunsten der potentiellen Organempfänger abgebrochen werden, sondern einzig dann, wenn die strengen Voraussetzungen nach § 218a Abs. 2 StGB in Person des Sorgeberechtigten vorliegen. Möglich ist ein Abbruch demnach nur, wenn dem zukünftig Sorgeberechtigten nicht zugemutet werden kann, eine signifikante Verschlechterung seiner psychischen Verfassung hinzunehmen. Somit kommt eine Rechtfertigung in Fällen in Betracht, in denen eine schwere Behinderung des Kindes zu erwarten ist, die der künftig Sorgeberechtigte zu ertragen nicht imstande ist, aber auch in solchen, in denen völlige Ungewissheit herrscht. Je länger also der Körper der hirntoten Schwangeren maximal weiterversorgt werden muss, je geringer damit die Chancen auf eine Lebendgeburt sind, desto eher wird eine Rechtfertigung vorliegen können, wenn alle Voraussetzungen der sozial-medizinischen Indikation erfüllt sind.

---

§ 218a II, III StGB vorausgesetzten Gefahren ist. Wenngleich also *Mitsch* eine Abwägung des ungeborenen Lebens mit den durch die Terroristin gefährdeten für grundsätzlich möglich erachtet – mit dem Ergebnis, dass das Lebensrecht des Ungeborenen überwogen werden kann –, so unterscheidet sich diese Konstellation aber doch erheblich von der hier betrachteten, eben weil dort von der Schwangeren eine Gefahr ausgeht. Selbst wenn man eben geschilderter Ansicht *Mitschs*, die er mit Blick auf § 14 III LuftSiG entwickelt hat, folgt, heißt dies also längst nicht, dass auch bei einer Abwägung mit den Interessen potentieller Organempfänger das Lebensrecht des Nasciturus zurücktreten muss oder kann.

5. Kapitel: Die Strafbarkeit der Organentnahme nach § 218 Abs. 1 S. 1 StGB – *Die Schuld*

Der Gesetzgeber verzichtet dann auf einen Schuldvorwurf, wenn der Unrechts- und Schuldgehalt der Tat auf Grund einer außergewöhnlichen Motivationslage so stark herabgesetzt ist, dass die untere Grenze der Strafwürdigkeit nicht mehr erreicht ist.[579]

Als ein solcher Entschuldigungsgrund kommt hier § 35 StGB in Betracht. Der entschuldigende Notstand setzt eine Notlage, namentlich eine gegenwärtige, nicht anders abwendbare Gefahr für Leben, Leib oder Freiheit des Täters selbst, eines Angehörigen (vgl. § 11 Abs. 1 Nr. 1 StGB) oder einer anderen ihm nahe stehenden Person, voraus. Dass eine Gefahr für Leib oder Leben der/des potentiellen Organempfänger/s vorliegt, wurde oben schon gezeigt. Ärzte und Organempfänger aber stehen in keinem von § 35 StGB vorausgesetzten Näheverhältnis, sodass schon keine Notlage gegeben ist und § 35 StGB als Entschuldigungsgrund ausscheidet.

Kiesecker wirft ferner die Frage auf, ob eine Fortsetzung der Schwangerschaft unter das die Schuld begrenzende Merkmal der Unzumutbarkeit normgemäßen Verhaltens fällt. Die Frage also sei, ob den Ärzten nicht zugemutet werden kann, die hirntote Schwangere – eigentlich den Fötus – überhaupt zu behandeln.[580]

Unabhängig von der Tatsache, dass ein allgemeiner übergesetzlicher Entschuldigungsgrund der Unzumutbarkeit nach verbreiteter Ansicht gar nicht existiert,[581] verneint *Kiesecker* jedenfalls im Ergebnis korrekt dessen Anwendbarkeit im konkreten Fall: Sowohl durch etwaige Anfeindungen gegen die Ärzte in den Medien (man denke nur an die negative Presse im Erlanger Fall)[582] als auch durch die ärztliche Behandlung an sich werden keine so starken Interessen der Mediziner (und auch nicht des Pflegepersonals) verletzt, als dass von ihnen etwas schlechthin Unzumutbares verlangt werden würde.[583]

Weitere Entschuldigungs- oder Schuldausschließungsgründe zu suchen, die einschlägig sind und einen bis hierhin rechtswidrigen Abbruch entschuldigen, wird keinen Erfolg bringen. Jedwedes rechtswidrige Handeln ist damit auch schuldhaft.

579 *Wessels/Beulke*, AT, Rn. 432.

580 *Kiesecker*, Die Schwangerschaft einer Toten, S. 269 f.

581 Vgl. statt vieler LK[12]-*Rönnau*, Vor § 32, Rn. 327, m. w. N.

582 Siehe die Zitate zu und Nachweise in den Fn. 3 ff.

583 *Kiesecker*, Die Schwangerschaft einer Toten, S. 269 f.

6. Kapitel: Zusammenfassung und Fazit

So komplex die Konstellation ist, die dieser Arbeit zugrunde liegt, so vielschichtig fallen auch die Zusammenfassung und das Fazit dieser Arbeit aus. So hat eine einzige Fallprüfung, die Prüfung eines singulären Delikts, nicht nur ein für die Praxis handhabbares Ergebnis zutage gebracht (A.), sondern es wurden zugleich noch theoretisch-dogmatische Ergebnisse erzielt (B.), die zum Teil auf ganz andere Konstellationen anwendbar sind.

A. Praktische Ergebnisse

Erinnert sei an den Ausgangspunkt dieser Arbeit, nämlich die Frage, ob und ggf. wann den Ärzten eine Organentnahme bei einer hirntoten Schwangeren erlaubt ist. Erlaubt, so lautete der Ansatz für die Antwort, ist die Entnahme dann, wenn sie nicht verboten ist. Entsprechend des Deliktsaufbaus ist also eine Strafbarkeit wegen Schwangerschaftsabbruchs nach § 218 Abs. 1 StGB nicht gegeben, wenn schon der Tatbestand entfällt, ein Rechtfertigungsgrund eingreift oder auf Schuldebene Gründe in Ansatz gebracht werden können, die eine Strafbarkeit ausschließen. Folgende Ergebnisse wurden erzielt:

1. Ein Tatbestandsausschluss wegen § 218a Abs. 1 StGB kommt nicht in Frage, da einzig die Mutter zum Abbruch berechtigt ist. Weder das (höchstpersönliche) Verlangen nach § 218a Abs. 1 Nr. 1 StGB noch die diesem Verlangen immanente Einwilligung können durch einen Dritten ersetzt werden.
2. Der Tatbestand aber kann dadurch ausgeschlossen sein, dass die Organentnahme als ein Behandlungsabbruch angesehen wird, der dann erlaubt ist, wenn die einschlägigen Voraussetzungen erfüllt sind. Um das zu verstehen, muss man sich nur Folgendes klar machen:

   > „Der Fet ist ein Patient. Er hat nach unserem Verständnis das gleiche Recht auf Behandlung wie jeder geborene Mensch. Wir alle müssen bemüht sein, auch dem Ungeborenen gemäß unserem Können zu helfen. Das darf aber nicht bedeuten, daß wir im Umgang mit ihm kritiklos alles versuchen was möglich scheint. ‚Der Mutige zaudert'."[584]

   Solche Grenzen ärztlicher Behandlungspflicht konnten im Rahmen der Sterbehilfediskussion nicht nur abstrakt, sondern auch anhand spezifischer Fallgruppen verdeutlicht werden. So ist eine pränatale Sterbehilfe dann erlaubt, wenn die Sterbensinteressen des Ungeborenen die Lebensinteressen überwiegen. Das gilt, grob gesagt, für jene Fälle, in denen für den Nasciturus mit hinreichender Sicherheit schon gar keine Aussicht besteht, überhaupt lebend geboren zu werden,

584 *Hansmann*, Arch Gynecol 238 (1985):1-4, 169-184 (Zitat entspricht der zusammenfassenden Schlussbemerkung auf S. 182).

sowie in all den Konstellationen, in denen er nur geboren werden würde, um in kürzester Zeit wieder zu sterben. Diese Grenzen indes sind sehr eng zu stecken. Wer die Behandlungsentscheidung zu treffen hat, wurde auch eruiert: Das Recht zur Letztentscheidung steht formal entweder dem Vater über § 1680 Abs. 1, 2 BGB oder einem Pfleger, der nach § 1912 Abs. 1 BGB bestellt wird, zu. In den Fällen des § 1680 Abs. 2 und des § 1912 Abs. 1 BGB ist das Familiengericht anzurufen. Die behandelnden Ärzte werden im Rahmen des Indikationsgesprächs in den Entscheidungsfindungsprozess involviert.

3. Da eine Sterbehilfe mithin nur bei letaler und infauster Prognose den Tatbestand entfallen lässt, in allen übrigen Fällen aber § 218 Abs. 1 StGB tatbestandlich verwirklicht ist, galt es, auf Rechtswidrigkeitsebene zu hinterfragen, ob nicht § 218a Abs. 2 StGB einschlägig sein kann. Dies war zu bejahen, namentlich im Rahmen einer Analogie. So sind eine Organentnahme und folglich ein Schwangerschaftsabbruch auch dann rechtmäßig, wenn beim zukünftig Sorgeberechtigten eine medizinisch-soziale Indikation gestellt werden kann, beispielsweise wenn die pränatale Prognose auf schwere geistige und körperliche Behinderungen schließen lässt und dies eine schwerwiegende Gefahr für den seelischen Gesundheitszustand des Sorgeberechtigten bedeutet. Anzusetzen ist aber ein strenger Maßstab.
4. Hingegen können die Interessen der Organempfänger, obwohl sie sich in einer gegenwärtigen, nicht anders abwendbaren Gefahr für Leben oder Leib befinden, einen Schwangerschaftsabbruch nicht über § 34 StGB rechtfertigen, da ihre Interessen die des Nasciturus nicht wesentlich überwiegen.
5. Jede Organentnahme, die kein erlaubter Behandlungsabbruch ist und nicht auf die Voraussetzungen des § 218a Abs. 2 StGB analog gestützt werden kann, verwirklicht § 218 StGB.

B. Theoretisch-dogmatisch Ergebnisse

Dieses praktische Resultat wird ergänzt um diverse theoretisch-dogmatische Ergebnisse. So konnte gezeigt werden, dass der BGH in seinem Grundsatzurteil zur Sterbehilfe den Behandlungsabbruch besser schon im Tatbestand denn erst in der Rechtswidrigkeit verortet hätte. Ferner ist zu kritisieren, dass der Kreis der zum Abbruch Berechtigten willkürlich eingeschränkt wurde. In beiden Fällen konnten hier dogmatisch konsistentere Wege beschritten werden.

Zum Zweiten wurde auf Ebene der Rechtswidrigkeit gezeigt, dass § 218a Abs. 2 StGB analog auch auf den zukünftig Sorgeberechtigten anzuwenden ist für den Fall, dass die Mutter den Hirntod erleidet.

C. Fazit

Insgesamt konnte dargelegt werden, dass sich Mediziner weder im rechtsfreien Raum befinden noch befürchten müssen, das scharfe Schwert des Strafrechts zu spüren, wenn sie bei einer hirntoten Schwangeren Organe entnehmen und es dadurch zum Tod der Leibesfrucht kommt. Wenn nämlich die aufgezeigten Voraussetzungen erfüllt sind, ist ihr Handeln tatbestandslos oder gerechtfertigt. Aber: Dass etwas rechtlich möglich ist, heißt nicht, dass es auch moralisch eine richtige Entscheidung sein muss. Das Recht ist in solchen Grenzsituationen zwischen Leben und Tod vielmehr bloß das ethische Minimum. Und so ist auch diese Arbeit kein Freibrief, sondern sie macht vielmehr Mut: Mut, den Nasciturus als Patienten wahrzunehmen; Mut, nicht jede technisch mögliche Behandlung auch tatsächlich durchzuführen; Mut zu zaudern[585].

585 Obgleich „zaudern“ z. T. auch mit der negativen Konnotation des Unschlüssigen behaftet ist, sei es, nicht nur weil es ein (deutsches und nicht etwa übersetztes) Originalzitat ist, hier unverändert übernommen. Gemeint also ist ein Zaudern im positiven, wohl überlegten Sinne.

Literaturverzeichnis

Achenbach, Hans: Beteiligung am Suizid und Sterbehilfe – Strukturen eines unübersichtlichen Problemfeldes, in: Jura 2002, 542

Albrecht, Dietlinde: Strafrechtliche Aspekte der ärztlich vorgenommenen Therapiebegrenzung, in: Festschrift für Hans-Ludwig Schreiber, hrsg. von Knut Amelung, Werner Beulke, Hans Lilie, Henning Rosenau, Hinrich Rüping, Gabriele Wolfslast, Heidelberg 2003, S. 551 (zit.: Schreiber-FS)

Alwart, Heiner: Der Begriff des Motivbündels im Strafrecht – am Beispiel der subjektiven Rechtfertigungselemente und des Mordmerkmals Habgier –, in: GA 1983, 433

Anstötz, Christoph: Should a brain-dead pregnant woman carry her child to full term? The case of the "Erlanger Baby", in: Bioethics 1993 (Vol. 7 Number 4), 340

Antonini, C.; Alleva, S.; Campailla, M. T.; Pelosi, G.; Valle, E.; Verrua, M.; Zamponi, E.; Blanda, A.; Gambaro, C.: Morte cerebrale e soppravvivenza fetale prolungata, in: Minerva Anestesiol 1992; 58: 1247-52

Arzt, Gunther; Weber, Ulrich; Heinrich, Bernd; Hilgendorf, Eric: Strafrecht, Besonderer Teil, Bielefeld 2009 (zit.: A/W-Bearbeiter, BT)

Baird, P. A.; Sadovnick, A. D.: Survival in Infants with Anencephaly, in: CLIN PEDIATR 1984 23: 268

Battles, Jan: Second brain dead mother 'kept alive', in: Sunday Times, 29.01.2006, abrufbar im Internet: http://www.timesonline.co.uk/tol/news/world/ireland/article722211.ece (Stand: 29.11.2010)

Bayertz, Kurt; Schmidt, Kurt: Die hirntote Schwangere und ihr lebender Fötus, in: Blätter für deutsche und internationale Politik 1992, 1495

Beca, Juan Pablo; Wells, W.; Rubio, R.: Muerte cerebral materna durante al embarazo, in: Rev Med Chil 1998, 126:450-455

Beckmann, Rainer: Die Behandlung hirntoter Schwangerer im Licht des Strafrechts, in: MedR 1993, 121

derselbe: Wachsendes Lebensrecht?, Erwiderung zu Dreier, ZRP 2002, 377, in: ZRP 2003, 97

Béguin, François: Introduction: La mort cérébrale maternelle, in: Arch Gynecol Obstet 1993; 253 (Suppl): S1-3

Bernat, James L.; et al.: Report of a National Conference on Donation after Cardiac Death, in: American Journal of Transplantation 2006; 6: 281-291

Bernstein, I. M.; Watson, M.; Simmons, G. M.; Catalano, P. M.; Davis, G.; Collins, R.: Maternal Brain Death and Prolonged Fetal Survival, in: Obstet Gynecol 1989, 74:434-437

Binding, Karl: Systematisches Handbuch der Deutschen Rechtswissenschaft, Siebente Abtheilung, erster Theil, erster Band, Handbuch des Strafrechts, Band I, Leipzig 1885

Blei, Hermann: Strafrecht II, Besonderer Teil, 12. Auflage, München 1983

Bockelmann, Paul: Strafrecht des Arztes, Stuttgart 1968

Bockenheimer-Lucius, Gisela; Seidler, Eduard (Hrsg.): Hirntod und Schwangerschaft, Dokumentation einer Diskussionsveranstaltung der Akademie für Ethik in der Medizin zum »Erlanger Fall«, Stuttgart 1993 (zit: Bearbeiter, in Bockenheimer-Lucius/Seidler, Hirntod und Schwangerschaft)

Borasio, Gian Domenico: Ohne Dialog gibt es keine Entscheidungen, in: DÄBl. 2007; 104(5): A-224

Bosch, Xavier: Pregnancy of brain-dead mother to continue, in: The Lancet, Vol. 354, No. 9196 (December 18/25, 1999), S. 2145

Breyer, Friedrich; Daele, Wolfgang van den; Engelhard, Margret; Gubernatis, Gundolf; Kliemt, Hartmut; Kopetzki, Christian; Schlitt, Hans Jürgen; Taupitz, Jochen: Organmangel, Ist der Tod auf der Warteliste unvermeidbar?, Berlin/Heidelberg 2006

Bush, Melissa C.; Nagy, Sandor; Berkowitz, Richard L.; Gaddipati, Sreedhar: Pregnancy in a Persistant Vegetative State: Case Report, Comparison to Brain Death, and Review of the Literature, in: Obstet Gynecol Surv. 2003 Nov;58(11):738-48

Callahan, Daniel: When Self-Determination Runs Amok, in: The Hastings Center Report, Vol. 22, No. 2 (1992), 52

Catanzarite, Val A.; Willms, David C.; Holdy, Kalman E.; Gardner, Steve E.; Ludwig, Diane M.; Cousins, Larry M.: Brain death during pregnancy: tocolytic therapy and aggressive maternal support on behalf of the fetus, in: Am J Perinatol 1997;7:431-434

Catlin, Anita J.; Volat, Deborah: When the Fetus is Alive but the Mother is Not: Critical Care Somatic Support as an Accepted Model of Care in the Twenty-First Century?, in: Crit Care Nurs Clin N Am 21 (2009) 267–276

Coester-Waltjen, Dagmar: Der nasciturus in der hirntoten Mutter, in: Festschrift für Joachim Gernhuber, hrsg. von Hermann Lange, Knut Wolfgang Nörr, Harm Peter Westermann, Tübingen 1993, S. 837 (zit.: Gernhuber-FS)

Debatin, Bernhard: Kontingenz und Ethik, Überlegungen zur ethischen Problematik postmortaler Schwangerschaften, in: Cognitio humana, Dynamik des Wissens und der Werte, Workshop-Beiträge, hrsg. von Christoph Hubig, Hans Poser, Leipzig 1996, S. 1402-1409 (zit.: Cognitio humana)

Dellinghausen, Ulrike Baronin von: Sterbehilfe und Grenzen der Lebenserhaltungspflicht des Arztes, Düsseldorf 1981 (zit.: Sterbehilfe)

Deutsch, Erwin: Medizinrecht, 3. Aufl., Berlin/Heidelberg/New York 1997 (zit.: Medizinrecht^3)

derselbe; Spickhoff, Andreas: Medizinrecht, 6. Aufl., Berlin/Heidelberg 2008 (zit.: Medizinrecht[6])

Diederichsen, Uwe: Zustimmungsersetzungen bei der Behandlung bösartiger Erkrankungen von Kindern und Jugendlichen, in: Therapieverweigerung bei Kindern und Jugendlichen, Medizinrechtliche Aspekte, hrsg. von Christian Dierks, Toni Graf-Baumann, Hans-Gerd Lenard, Berlin/Heidelberg 1995, S. 97 (zit.: Zustimmungsersetzungen)

Dillon, William P.; Lee, Richard V.; Tronolone, Michael J.; Buckwald, Sharon; Foote, Ronald J.: Life Support and Maternal Brain Death During Pregnancy, in: JAMA 1982:248(9):1089-1091

Dölling, Dieter: Zulässigkeit und Grenzen der Sterbehilfe, in: MedR 1987, 6

Dreier, Horst (Hrsg.): Grundgesetz Kommentar, Band I, 2. Aufl., Tübingen 2004 (zit.: Dreier/Bearbeiter, GG)

derselbe: Grenzen des Tötungsverbotes – Teil 1, in: JZ 2007, 261

Drowatzky, Jens Uwe: Die Wertbegründung des Rechts innerhalb der Lebenswirklichkeit am Beispiel der strafrechtlichen Bewertung der Sterbehilfe, Berlin 2005 (zit.: Die Wertbegründung des Rechts)

Duttge, Gunnar: Lebensschutz und Selbstbestimmung am Lebensende, in: ZfL 2004, 30

derselbe: Rezension von: Markus Glöckner (2007), Ärztliche Handlungen bei extrem unreifen Frühgeborenen - Rechtliche und ethische Aspekte, in: Ethik Med 2008, 71

derselbe: Menschenwürdiges Sterben – Typologie des Rechts und normative Grundlagen, in: BIOMEDICAL LAW & ETHICS 3(1), 81-115, Mar. 2009 (zit.: Biomedical Law & Ethics 1/2009, S. 81)

Dyke, Don C. van; Allen, Malinda: Clinical Management Considerations in Long-Term Survivors With Trisomy 18, in: Pediatrics 1990;85;753-759

Ebert, Udo: Strafrecht Allgemeiner Teil, 3. Aufl., Heidelberg 2001 (zit.: Strafrecht AT)

Eder, Florian: Als das Baby geboren war, ließen die Ärzte die Mutter sterben, in: Welt Online, 18.06.2006, abrufbar im Internet: http://www.welt.de/print-wams/article143903/Als_das_Baby_geboren_war_liessen_die_Aerzte_die_Mutter_sterben.html (Stand: 29.11.2010)

Engisch, Karl: Tun und Unterlassen, in: Festschrift für Wilhelm Gallas, hrsg. von Karl Lackner, Heinz Leferenz, Eberhard Schmidt, Jürgen Welpe, Ernst Amadeus Wolff, Berlin/New York 1973, S. 163 (zit.: Gallas-FS)

derselbe: Einführung in das juristische Denken, 10. Auflage, Stuttgart 2005

Entezami, Michael; Albig, Matthias; Gasiorek-Wiens, Adam; Becker, Rolf: Sonographische Fehlbildungsdiagnostik, Lehratlas der fetalen Ultraschalluntersuchung, Stuttgart/New York 2002

Ertelt, Steven: Brain Dead Woman Susan Torres Gives Birth to Baby Girl, LifeNews.com, 03.08.2005, abrufbar im Internet: http://www.lifenews.com/2005/08/03/nat-1507/ (Stand: 29.11.2010)

Eser, Albin: Ziel und Grenzen der Intensivpädiatrie aus rechtlicher Sicht, in: Festschrift für Helmut Narr, hrsg. von Hans Kamps, Adolf Laufs, Heidelberg 1988, S. 47 (zit.: Narr-FS)

derselbe; Koch, Hans-Georg: Schwangerschaftsabbruch und Recht, Vom internationalen Vergleich zur Rechtspolitik, Baden-Baden 2003

Esmaeilzadeh, Majid; Dictus, Christine; Kayvanpour, Elham; Sedaghat-Hamedani, Farbod; Eichbaum, Michael; Hofer, Stefan; Engelmann, Guido; Fonouni, Hamidreza; Golriz, Mohammad; Schmidt, Jan; Unterberg, Andreas; Mehrabi, Arianeb; Ahmadi, Rezvan: One life ends, another begins: Management of a brain-dead pregnant mother-A systematic review-, in: BMC Medicine 2010: 8:74

Farragher, Rachel A.; Laffey, John G.: Maternal Brain Death and Somatic Support, in: Neurocrit. Care 2005;3:99-106

Farragher, Rachel A.; Marsh, Brian; Laffey, John G.: Maternal brain death – an Irish perspective, in: Ir J Med Sci. 2005 Oct-Dec;174(4):55-9

Feldman, Deborah M.; Borgida, Adam F.; Rodis, John F.; Campbell, Winston A.: Irreversible Maternal Brain Injury During Pregnancy: A Case Report and Review of the Literature, in: Obstet Gynecol Surv. 2000 Nov;55(11):708-14

Field, David J.; Dorling, Jon S.; Manktelow, Bradley N.; Draper, Elizabeth S.: Survival of extremely premature babies in a geographically defined population: prospective cohort study of 1994-9 compared with 2000-5, in: BMJ 2008;336;1221-1223

Field, David R.; Gates, Elena A.; Creasy, Robert K.; Jonsen, Albert R.; Laros, Russell K.: Maternal Brain Death During Pregnancy, Medical and Ethical Issues, in: JAMA 1988;260(6):816-822

Fink, Udo: Der Schutz des menschlichen Lebens im Grundgesetz – zugleich ein Beitrag zum Verhältnis des Lebensrechts zur Menschenwürdegarantie, in: Jura 2000, 210

Fischer, Thomas: Strafgesetzbuch und Nebengesetze, 59. Auflage, München 2012 (zit.: Fischer, StGB)

Frommel, Monika: Das moralische Problem der Entscheidungskompetenz, in: Blätter für deutsche und internationale Politik 1993, 739

Furger, Franz: Christliche Sozialethik in pluraler Gesellschaft, posthum hrsg. von Marianne Heimbach-Steins, Andreas Lienkamp und Joachim Wiemeyer (Schriften des Instituts für Christliche Sozialwissenschaften Bd. 38), Münster 1997

Gehrlein, Markus: Anmerkung zum Urteil BGH NJW 2002, 886, in: NJW 2002, 870

Geiger, Willi: Anmerkung zum Beschluss des AG Celle vom 09.02.1987 – 25 VII K 3470 SH, abgedruckt in FamRZ 1987, 738, in: FamRZ 1987, 1177

Geilen, Gerd: Neue juristisch-medizinische Grenzprobleme, in: JZ 1968, 145

Gescher, Susanne: Rechtsprobleme des Schwangerschaftsabbruchs bei Anenzephalen, Frankfurt a. M. 1994 (zit.: Anenzephale)

Giesen, Dieter; Poll, Jens: Recht der Frucht / Recht der Mutter in der embryonalen und fetalen Phase aus juristischer Sicht, in: JR 1993, 177

Glöckner, Markus: Ärztliche Handlungen bei extrem unreifen Frühgeborenen, Rechtliche und ethische Aspekte, Berlin/Heidelberg 2007 (zit.: Ärztliche Handlungen)

Gropp, Walter: Das Abschalten des Respirators – ein Unterlassen durch Tun? Zur Grenze der Normativität bei der Abgrenzung von Tun und Unterlassen, in: Gedächtnisschrift für Ellen Schlüchter, hrsg. von Gunnar Duttge, Gerd Geilen, Lutz Meyer-Goßner, Günter Warda, Köln/Berlin/Bonn/München 2002, S. 173 (zit.: Schlüchter-GS)

Gruber, Monika: Die strafrechtliche Problematik des „Erlanger-Baby-Falls", S. 175, in: Medizinstrafrecht, hrsg. von Claus Roxin, Ulrich Schroth, 2. Auflage, Stuttgart/München/Hannover/Berlin/Weimar/Dresden 2001 (zit.: Medizinstrafrecht)

Habicht, Annekatrin: Sterbehilfe – Wandel in der Terminologie, Eine integrative Betrachtung aus der Sicht von Medizin, Ethik und Recht, Frankfurt a. M. 2009 (zit.: Sterbehilfe)

Hahnemann, Johanne M. D.; Nir, Marta; Friberg, M.; Engel, Ulla; Bugge, Merete: Trisomy 10 Mosaicism and Maternal Uniparental Disomy 10 in a Liveborn Infant With Severe Congenital Malformations, in: American Journal of Medical Genetics Part A, 138A:150–154 (2005)

Hanack, Ernst-Walter: Grenzen ärztlicher Behandlungspflicht bei schwerstgeschädigten Neugeborenen aus juristischer Sicht, in: MedR 1985, 33

Hansmann, Manfred: Ultraschallkontrollierte Therapie des Feten, in: Arch Gynecol 238 (1985):l-4, 169-184

Heikkinen, J. E.; Rinne, R. I.; Alahuhta, S. M.; Lumme, J. A. J.; Koivisto, M. E.; Kirkinen, P. P.; Sotaniemi, K. A.; Nuutinen, L. S.; Järvinen, P. A.: Life support for 10 weeks with successful fetal outcome after fatal maternal brain damage, in: BMJ 1985;290:1237–1238

Heinemann, Nicola: Frau und Fötus in der Prä- und Perinatalmedizin aus strafrechtlicher Sicht, Baden-Baden 2000 (zit.: Frau und Fötus)

Heinrich, Bernd: Strafrecht, Allgemeiner Teil II, Besondere Erscheinungsformen der Straftat, Unterlassungs- und Fahrlässigkeitsdelikt, Irrtums-, Beteiligungs- und Konkurrenzlehre, 2. Aufl., Stuttgart 2010

Heuermann, Paul: Verfassungsrechtliche Probleme der Schwangerschaft einer hirntoten Frau, in: JZ 1994, 133

Hiersche, Hans-Dieter; Hirsch, Günter; Graf-Baumann, Toni (Hrsg.): Grenzen ärztlicher Behandlungspflicht bei schwerstgeschädigten Neugeborenen, Berlin/Heidelberg/New York/London/Paris/Tokyo 1987 (zit.: Bearbeiter, in: Hiersche/Hirsch/Graf-Baumann)

Hilgendorf, Eric: Forum: Zwischen Humanexperiment und Rettung ungeborenen Lebens – Der Erlanger Schwangerschaftsfall, in: JuS 1993, 97

derselbe: Scheinargumente in der Abtreibungsdiskussion – am Beispiel des Erlanger Schwangerschaftsfalls, in: NJW 1996, 758

Hirsch, Hans Joachim: Behandlungsabbruch und Sterbehilfe, in: Festschrift für Karl Lackner, hrsg. von Wilfried Küper in Verbindung mit Ingeborg Puppe und Jörg Tenckhoff, Berlin/New York 1987, S. 597 (zit.: Lackner-FS)

Hoerster, Norbert: Hat der Nasciturus ein Interesse am Überleben?, in: ARSP 1990, 255

derselbe: Haben Föten ein Lebensinteresse?, in: ARSP 1991, 385

Höfling, Wolfram: Forum: „Sterbehilfe" zwischen Selbstbestimmung und Integritätsschutz, in: JuS 2000, 111

derselbe (Hrsg.): Kommentar zum Transplantationsgesetz (TPG), Berlin 2003 (zit.: Höfling/Bearbeiter)

derselbe; Rixen, Stephan: Vormundschaftsgerichtliche Sterbehilfe?, in: JZ 2003, 884

Howson, Christopher; Kinney, Mary; Lawn, Joy E. (Hrsg.): Born Too Soon: The Global Action Report on Preterm Births, World Health Organization, Genf 2012 (zit.: Born Too Soon)

Hurtado Torres, Gilberto Fabián; Zarazúa Juárez, Marisol; Sandoval Munro, René David; Mendoza Huerta, Manuel: Apoyo nutricio en una mujer embarazada y con muerte cerebral. Informe de un caso y revisión de la literatura, in: Nutr Hosp. 2007;22(4):503-6

Hussein, I. Y.; Govenden, V.; Grant, J. M.; Said, M. R.: Prolongation of pregnancy in a woman who sustained brain death at 26 weeks of gestation, in: BJOG 2006; 113:120-122

Iriye, Brian K.; Asrat, Tamerou; Adashek, Joseph A.; Carr, Margaret H.: Intraventricular haemorrhage and maternal brain death associated with antepartum cocaine abuse, in: Br J Obstet Gynaecol. 1995 Jan;102(1):68-9

Isemer, Friedrich-Eckart; Lilie, Hans: Rechtsprobleme bei Anencephalen, in: MedR 1988, 66

Isensee, Josef; Kirchhof, Paul (Hrsg.): Handbuch des Staatsrechts der Bundesrepublik Deutschland, Bd. VI, 1. Aufl., Heidelberg 1989; (zit.: HStR[1] VI; zit. nach Bearbeiter)

dieselben: Handbuch des Staatsrechts der Bundesrepublik Deutschland, Bd. VI, VII, 3. Aufl. Heidelberg 2008 bzw. 2009 (zit.: HStR[3] VI; HStR[3] VII; zit. nach Bearbeiter)

Jähnke, Burkhard; Laufhütte, Heinrich Wilhelm; Odersky, Walter: Strafgesetzbuch, Leipziger Kommentar, Fünfter Band, 11. Auflage, Berlin 2005 (zit.: LK[11]-Bearbeiter)
Jescheck, Hans-Heinrich: Anmerkung zum Urteil des BGH vom 04. 10. 1957 – 2 StR 330/57, in: JZ 1958, 749
Joecks, Wolfgang; Miebach, Klaus (Hrsg.): Münchener Kommentar zum Strafgesetzbuch, Band 1, Band 3, München 2003 (zit.: MüKo-Bearbeiter, StGB)
Kaiser, Dagmar; Schnitzler, Klaus; Friederici, Peter (Hrsg.) Anwaltkommentar, BGB, Band 4: Familienrecht, Bonn 2005 (zit.: AnwK-BGB/Bearbeiter)
Kern, Bernd-Rüdiger: Zum Todeszeitpunkt des BGB, in: MedR 1993, 112
derselbe: Fremdbestimmung bei der Einwilligung in ärztliche Eingriffe, in: NJW 1994, 753
Kiesecker, Regine: Die Schwangerschaft einer Toten, Frankfurt a. M. 1996
Kindhäuser, Urs; Neumann, Ulfrid; Paeffgen, Hans-Ullrich (Hrsg.): Nomos Kommentar, Strafgesetzbuch, Band 2, 3. Auflage, Baden-Baden 2010 (zit.: NK-Bearbeiter, StGB)
Knauf, Christian: Mutmaßliche Einwilligung und Stellvertretung bei ärztlichen Eingriffen an Einwilligungsunfähigen, Zugleich ein Beitrag zur Patientenverfügung, Baden-Baden 2005 (zit.: Mutmaßliche Einwilligung)
Koch, Christof: When does consciousness arise—in the womb, at birth or during early childhood?, in: Scientific American Mind, September/October 2009: 20-21
Koch, Hans-Georg: Hirntod und Schwangerschaft: Überlegungen aus rechtlicher Sicht, in: Festschrift für Jan Štěpán, hrsg. von Jarmila Bednaříková, Frank C. Chapman, II, Zürich 1994, S. 187 (zit.: Štěpán-FS)
Koch, Hans-Joachim; Rüßmann, Helmut: Juristische Begründungslehre, Eine Einführung in Grundprobleme der Rechtswissenschaft, München 1982
Koh, Maria L.; Lipkin, Edward W.: Nutrition Support of a Pregnant Comatose Patient via Percutaneous Endoscopic Gastrostomy, in: JPEN 1993;17:384–387
Krey, Volker: Strafrecht, Allgemeiner Teil, Band 1, 3. Aufl., Stuttgart 2008 (zit.: Strafrecht AT 1)
derselbe; Heinrich, Manfred: Strafrecht, Besonderer Teil, Band 1, Besonderer Teil ohne Vermögensdelikte, 14. Auflage, Stuttgart 2008 (zit.: Strafrecht BT 1)
Krüger, Matthias: Die Entmaterialisierungstendenz beim Rechtsgutsbegriff, Berlin 2000
Kubiciel, Michael: Entscheidungsbesprechung zu BGH, Urt. v. 25.6.2010 - 2 StR 454/09, in: ZJS 5/2010, 656, abrufbar im Internet: http://www.zjs-online.com/dat/artikel/2010_5_382.pdf (Stand: 22.12.2010)
Kühl, Kristian: Strafrecht, Allgemeiner Teil, 6. Auflage, München 2008 (zit.: Strafrecht AT)
derselbe: Strafgesetzbuch, Kommentar, 27. Auflage, München 2011 (zit.: Lackner/Kühl, StGB)

Küper, Wilfried: Tötungsverbot und Lebensnotstand, Zur Problematik der Kollision „Leben gegen Leben“, in: JuS 1981, 785
Küpper, Georg: Grenzen der normativierenden Strafrechtsdogmatik, Berlin 1990
Laber, Jörg: Der Schutz des Lebens im Strafrecht, Frankfurt a. M. 1997
Lane, Alan; Westbrook, Andrew; Grady, Deirdre; O'Connor, Rory; Counihan, Timothy J.; Marsh, Brian; Laffey, John G.: Maternal brain death: medical, ethical and legal issues, in: Intensive Care Med 2004, 30:1484-1486
Larenz, Karl; Canaris, Claus-Wilhelm: Methodenlehre der Rechtswissenschaft, 4. Auflage, Berlin 2008
Laufhütte, Heinrich Wilhelm; Rissing-van Saan, Ruth; Tiedemann, Klaus: Strafgesetzbuch, Leipziger Kommentar, Zweiter Band, 12. Auflage, Berlin 2006; Fünfter Band, 12. Auflage, Berlin 2008 (zit.: LK[12]-Bearbeiter, StGB)
Laufs, Adolf: Arztrecht, 5. Aufl., München 1993 (zit.: Arztrecht[5])
Lautenschläger, Dunja; Der Status ausländischer Personen im deutschen Transplantationssystem, Frankfurt a. M. 2009 (zit.: Status ausländischer Personen)
Lawn, Joy E.; Mwansa-Kambafwile, Judith; Horta, Bernardo L.; Barros, Fernando C.; Cousens, Simon: 'Kangaroo mother care' to prevent neonatal deaths due to preterm birth complications, in: International Journal of Epidemiology, 39(Suppl 1), i144-154
Lee, Seok-Bae: Formen der straflosen Sterbehilfe in Deutschland und Korea, Halle/Saale 2006 (zit.: Straflose Sterbehilfe)
Lewis, David D.; Vidovich, Robin R.: Organ recovery following childbirth by a brain-dead mother: a case report, in: J Transpl Coord 1997, 7:103-105
Lilie, Hans: Hilfe zum Sterben, in: Festschrift für Erich Steffen, hrsg. von Erwin Deutsch, Ernst Klingmüller, Hans Josef Kullmann, Berlin/New York 1995, S. 273 (zit.: Steffen-FS)
derselbe: Strafrechtliche Gesichtspunkte, in: Der Wille des Menschen zwischen Leben und Sterben – Patientenverfügung und Vorsorgevollmacht, hrsg. von Albrecht Wienke, Hans-Dieter Lippert, Berlin/Heidelberg 2001, S. 75 (zit.: Strafrechtliche Gesichtspunkte)
Loewenich, Volker von: Grenzen der ärztlichen Behandlungspflicht bei schwergeschädigten Neugeborenen aus ärztlicher Sicht, in: MedR 1985, 30
Lüttger, Hans: Der Beginn des Lebens und das Strafrecht, in: JR 1969, 445
MacDonald, Hugh: Perinatal Care at the Threshold of Viability, in: Pediatrics 2002;110:1024-1027
Maršál, Karel: One-Year Survival of Extremely Preterm Infants After Active Perinatal Care in Sweden, in: JAMA 2009; 301: 2225-2233
Mattisseck-Neef, Maria: Schwangerschaftsabbrüche kranker/geschädigter Föten und Neugeboreneneuthanasie, Frankfurt a. M. 2006 (zit.: Schwangerschaftsabbrüche und Neugeboreneneuthanasie)

Mejía, Raúl; Badariotti, Gustavo; de Diego, Bernardo; Ridruejo, Ovidio; O'Flaherty, Enrique: Muerte cerebral en una embarazada y sobrevida del feto, in: MEDICINA (Buenos Aires) 2008; 68: 447-452

Merati, Roberto: Cerebral maternal death during pregnancy does not worsen neonatal outcome: a case report, in: Journal of Medicine and The Person, 2007; 5(4): 178-180

Mercurio, Mark R.: Physicians' Refusal to Resuscitate at Borderline Gestational Age, in: Journal of Perinatology (2005) 25, 685-689

Merkel, Reinhard: Tödlicher Behandlungsabbruch und mutmaßliche Einwilligung bei Patienten im apallischen Syndrom, Zugleich eine Besprechung von BGH NJW 1995, 204, in: ZStW 107 (1995), 545

derselbe: Früheuthanasie, Rechtsethische und strafrechtliche Grundlagen ärztlicher Entscheidungen über Leben und Tod in der Neonatalmedizin, Baden-Baden 2001

Milliez, Jacques; Cayol, Venonique: Palliative care with pregnant women, in: Best Pract Res Clin Obstet Gynaecol 2001;15(2):323-31

Miserok, Karl; Sasse, Ralf; Krüger, Matthias: Transplantationsrecht des Bundes und der Länder, mit Transfusionsgesetz, Kommentare, 3. Lieferung, Wiesbaden August 2006 (zit.: Miserok/Sasse/Krüger [Bearbeiter kursiv], TPG)

Mitsch, Wolfgang: Notwehr gegen Schwangere, in: JR 2006, 450

Möllering, Jürgen: Schutz des Lebens – Recht auf Sterben, Zur rechtlichen Problematik der Euthanasie, Stuttgart 1977

Morse, Steven B.; Haywood, James L.; Goldenberg, Robert L.; Bronstein, Janet; Nelson, Kathleen G.; Carlo, Waldemar A.: Estimation of Neonatal Outcome and Perinatal Therapy Use, in: Pediatr 2000; 105: 1046-1050

Müller-Busch, Christof: Therapiebegrenzung bei Patienten mit infauster Prognose, Gedanken aus palliativmedizinischer Sicht, in: Ärztliche Behandlungen am Lebensende, hrsg. von Gunnar Duttge, Göttingen 2008, S. 47

Münch, Ingo von; Kunig, Philip (Hrsg.): Grundgesetz-Kommentar, Band 1, 5. Aufl., München 2000 (zit.: von Münch/Kunig/Bearbeiter, GG)

Murrer, Andrea: Der Behandlungsabbruch aus der Sicht des Pflegepersonals, in: Intensivmedizin als Herausforderung für Recht und Ethik, hrsg. von Erwin Bernat, Wolfgang Kröll, Wien 1999, S. 20 (zit.: Behandlungsabbruch)

Murswiek, Dietrich: Die staatliche Verantwortung für die Risiken der Technik, Berlin 1985

Nagel, Michael Benedikt: Die ärztliche Behandlung Neugeborener – Früheuthanasie, Frankfurt a. M. 2006 (zit.: Früheuthanasie)

Nettina, M.; Santos, E.; Ascioti, K. J.; Barber, M. A.: Sheila's death created many rings of life, in: Nursing 1993, 23:44-48

Nickel, Lars Christoph; Schmidt-Preisigke, Angelika; Sengler, Helmut: Transplantationsgesetz, Kommentar, Stuttgart/Berlin/Köln 2001 (zit.: TPG)

Opderbecke, Hans Wolfgang: Grenzen der Intensivmedizin, in: MedR 1985, 23
Otto, Harro: Grundkurs Strafrecht, Die einzelnen Delikte, 7. Auflage, Berlin 2005
Overbeck, Alfred Freiherr von: Unterlassung durch Begehung, in: Der Gerichtssaal, Bd. 88, 1922, S. 319
Palandt, Otto (Begr.): Bürgerliches Gesetzbuch, 69. Aufl., München 2010 (zit.: Palandt/Bearbeiter, BGB)
Pawlik, Michael: Der rechtfertigende Notstand, Berlin/New York 2002
Peart, Nicola S.; Campbell, Alastair V.; Manara, Alex R.; Renowden, Shelley A.; Stirrat, Gordon M.: Maintaining a Pregnancy Following Loss of Capacity, in: Med.L.Rev., 8, Autumn 2000, pp. 275-299
Pfeifer, Wolfgang: Etymologisches Wörterbuch des Deutschen, 8. Auflage, München 2005
Powner, David J.; Bernstein, Ira M.: Extended somatic support for pregnant women after brain death, in: Crit Care Med 2003; 31:1241–1249
Prütting, Hanns; *Wegen*, Gerhard; *Weinreich*, Gerd (Hrsg.): BGB, Kommentar, 4. Aufl., Köln 2009 (zit.: PWW/*Bearbeiter*, BGB)
Pschyrembel, Willibald: Klinisches Wörterbuch, 261. Aufl., Berlin/New York 2007
Puppe, Ingeborg: Kleine Schule des juristischen Denkens, Göttingen 2008
Ranft, Otfried: Rechtsprechungsbericht zu den Unterlassungsdelikten – Teil 1, in: JZ 1987, 859
Rengier, Rudolf: Strafrecht, Allgemeiner Teil, 2. Auflage, München 2010
Reus, Katharina: Die neue gesetzliche Regelung der Patientenverfügung und die Strafbarkeit des Arztes, in: JZ 2010, 80
Rey, Johannes; *Hesse*, Alexandra: Ablauf einer Organentnahme, Krankenhaus-Newsletter DSO-Region Nordrhein-Westfalen, Sonderausgabe 09/2008, abrufbar im Internet: http://www.dso.de/diedso/standorte/pdf/dso_nrw_newsletter_sonderausgabe.pdf (Stand: 29.11.2010)
Rieger, Gregor: Die mutmaßliche Einwilligung in den Behandlungsabbruch, Frankfurt a. M. 1998 (zit.: Mutmaßliche Einwilligung)
Rosenbusch, Bernd: Welche Mechanismen führen zur Triploidie? Erkenntnisse aus der zytogenetischen Analyse in vitro entstandener, abnormer Vorkernstadien; in: Reproduktionsmedizin 2003;19: 290-293
Roxin, Claus: An der Grenze von Begehung und Unterlassung, in: Festschrift für Karl Engisch, hrsg. von Paul Bockelmann, Arthur Kaufmann, Ulrich Klug, Frankfurt a. M. 1969, S. 380 (zit.: Engisch-FS)
derselbe: Strafrecht, Allgemeiner Teil, Band II, Besondere Erscheinungsformen der Straftat, München 2003 (zit.: AT II)
derselbe: Strafrecht, Allgemeiner Teil, Band I, Grundlagen, Der Aufbau der Verbrechenslehre, 4. Auflage, München 2006 (zit.: AT I)

derselbe; Schroth, Ulrich (Hrsg.): Handbuch des Medizinstrafrechts, 4. Auflage, Stuttgart/München/Hannover/Berlin/Weimar/Dresden 2010 (zit.: Roxin/ Schroth-Bearbeiter)

Rudolphi, Hans-Joachim; Wolter, Jürgen: Systematischer Kommentar zum Strafgesetzbuch, 120. Lieferung, München November 2009 (zit.: SK-Bearbeiter, StGB)

Rüping, Hinrich: Individual- und Gemeinschaftsinteressen im Recht der Organtransplantation, in: GA 1978, 129

Russel, Cristine: Doctors keep brain-dead pregnant woman alive to save baby, in: St. Petersburg Times, 03.09.1982, abrufbar im Internet: http://news.google.com/newspapers?nid=888&dat=19820903&id=Yh8MAAAAIBAJ&sjid=0l0DAAAAIBAJ&pg=4471,1922839 (Stand: 08.01.2010)

Rydhstroem, Hakan; Heraib, Fayez: Gestational Duration, and Fetal and Infant Mortality for Twins vs Singletons, in: Twin Res 2001; 4: 227–31

Saati, Miriam Ina: Früheuthanasie, Frankfurt a. M. 2002

Sachs, Michael (Hrsg.): Grundgesetz, Kommentar, 5. Aufl. München 2009 (zit.: Sachs/Bearbeiter, GG)

Säcker, Franz Jürgen; Rixecker, Roland (Hrsg.): Münchener Kommentar zum Bürgerlichen Gesetzbuch, Band 8, Familienrecht II, 5. Aufl., München 2008 (zit.: MüKo-Bearbeiter, BGB)

Samson, Erich: Begehung und Unterlassung, in: Festschrift für Hans Welzel, hrsg. von Günter Stratenwerth, Armin Kaufmann, Gerd Geilen, Hans-Joachim Hirsch, Hans-Ludwig Schreiber, Günther Jakobs, Fritz Loos, Berlin/ New York 1974, S. 579 (zit.: Welzel-FS)

derselbe: Legislatorische Erwägungen zur Rechtfertigung der Explantation von Leichenteilen, in: NJW 1974, 2030

Satzger, Helmut; Schmitt, Bertram; Widmaier, Gunter: StGB, Strafgesetzbuch, Kommentar, 1. Auflage, Köln 2009 (zit.: SSW-StGB/Bearbeiter)

Sauermost, Rolf; Freudig, Doris (Hrsg.): Lexikon der Biologie, Band 12, Heidelberg 2003

Sax, Walter: Zur rechtlichen Problematik der Sterbehilfe durch vorzeitigen Abbruch einer Intensivbehandlung, in: JZ 1975, 137

Schlichter, Juliane: Hirntote Mutter bringt gesundes Kind zur Welt, in: Südkurier, 14.01.2009

Schlund, Gerhard H.: Schwerstgeschädigte Neugeborene, Grenzen ärztlicher Behandlungspflicht, in: Gynäkologe 32 (1999) 7, 579-581

Schmidt, Caroline: Schlimmer als der Tod, in: Spiegel 42/2007, 44, abrufbar im Internet: http://www.spiegel.de/spiegel/print/d-53278176.html (Stand: 02.12.2010)

Schönke, Adolf; Schröder, Horst: Strafgesetzbuch, Kommentar, 28. Auflage, München 2010 (zit.: Schönke/Schröder/Bearbeiter, StGB)

Schreiber, Hans-Ludwig: Vorüberlegungen für ein künftiges Transplantationsgesetz, in: Festschrift für Ulrich Klug, Band II, hrsg. von Günter Kohlmann, Köln 1983 (zit.: Klug-FS II)

derselbe: Wann darf ein Organ entnommen werden?, Recht und Ethik der Transplantation, in: Hirntod und Organverpflanzung, Ethische, medizinische, psychologische und rechtliche Aspekte der Transplantationsmedizin, hrsg. von Johann S. Ach, Michael Quante, Stuttgart-Bad Cannstatt 1997, S. 199

Schwab, Dieter: Anmerkung zum Beschluss des AG Hersbruck vom 16.10.1992 – XVII 1556/92, abgedruckt in FamRZ 1992, 1471, in: FamRZ 1992, 1471

Shermon, D. Alan: Chronic "brain death", Meta-analysis and conceptual consequences, in: Neurology 1998;51;1538-1545

Shrader, Douglas: On Dying More Than One Death, in: The Hastings Center Report, Vol. 16, No. 1 (Feb. 1986), S. 12-17

Sim, Ki-Bum: Maternal Persistent Vegetative State with Successful Fetal Outcome, in: J Korean Med Sci 2001; 16: 669-72

Slattery, Michael M.; Morrison, John J.: Preterm delivery, in: Lancet 2002; 360: 1489–97

Souza, João P.; Oliveira-Neto, Antonio; Surita, Fernanda Garanhani; Cecatti, José G.; Amaral, Eliana; Pinto e Silva, João L.: The prolongation of somatic support in a pregnant woman with brain-death: a case report, in: Reproductive Health 2006, 3:3

Spendel, Günter: Notwehr und »Verteidigungswille«, objektiver Zweck und subjektive Absicht, in: Festschrift für Dietrich Oehler, hrsg. von Rolf Dietrich Herzberg, Köln/Berlin/Bonn/München 1985, S. 197 (zit.: Oehler-FS)

Sperling, Daniel: Maternal Brain Death, in: American Journal of Law & Medicine, 30 (2004): 453-500

Spike, Jeffrey: Brain death, pregnancy and posthumous motherhood, in: J Clin Ethics 1999, 10:57-65

Stoffers, Kristian F.: Die Formel „Schwerpunkt der Vorwerfbarkeit" bei der Abgrenzung von Tun und Unterlassen?, Berlin 1992 (zit.: Schwerpunkt der Vorwerfbarkeit)

Storr, Stefan: Der rechtliche Rahmen für die Entscheidung zum Therapieabbruch, in: MedR 2002, 436

derselbe: Die Rechtsfigur „Unterlassen durch Tun", in: JA 1992, 138 (Teil 1) und 177 (Teil 2)

Stratenwerth, Günter: Zum Behandlungsabbruch bei zerebral schwerst geschädigten Langzeitpatienten, in: Festschrift für Hans-Ludwig Schreiber, hrsg. von Knut Amelung, Werner Beulke, Hans Lilie, Henning Rosenau, Hinrich Rüping, Gabriele Wolfslast, Heidelberg 2003, S. 893 (zit.: Schreiber-FS)

Ulsenheimer, Klaus: Therapieabbruch beim schwerstgeschädigten Neugeborenen, in: MedR 1994, 425 derselbe: Therapieverweigerung bei Kindern. Strafrechtliche Aspekte, in: Therapieverweigerung bei Kindern und Jugendlichen, Medizinrechtliche Aspekte, hrsg. von Christian Dierks, Toni Graf-Baumann, Hans-Gerd Lenard, Berlin/Heidelberg 1995, S. 65 (zit.: Therapieverweigerung)

Verrel, Torsten: Konsequenzen aus den Ergebnissen des Deutschen Juristentages, in: Ärztliche Behandlungen am Lebensende, hrsg. von Gunnar Duttge, Göttingen 2008, S. 9

Vives, A.; Carmona, F.; Zabala, E.; Fernández, C.; Cararach, V.; Iglesias, X.: Maternal brain death during pregnancy, in: Int J Gynaecol Obstet. 1996 Jan;52(1):67-69

Vogel, Sebastian T.: Kommentar I zum Fall: „Gibt es eine Pflicht zum pränatalen Nichtwissen?", in: Ethik Med 2009, 325

Wardrop, Murray: Husband of woman who gave birth after death tells of heartbreak, Telegraph.co.uk, 13.01.2009, abrufbar im Internet: http://www.telegraph.co.uk/health/healthnews/4225685/Husband-of-woman-who-gave-birth-after-death-tells-of-heartbreak.html (Stand: 29.11.2010)

Wedemeyer, Georg: Das darf nie wieder passieren, in: Stern, 26.11.1992

Wedlich, Sven: Erlaubte Sterbehilfe durch aktives Tun, Entscheidung des BGH vom 25. Juni 2010 - 2 StR 454/09, in: MERkblatt 2/2010, 32, abrufbar im Internet: http://wcms.uzi.uni-halle.de/download.php?down=18258&elem=2427922 (Stand: 12.01.2011)

Weigend, Thomas: Über die Begründung der Straflosigkeit bei Einwilligung des Betroffenen, in: ZStW 98 (1986), 44

Wenzel, Frank (Hrsg.): Handbuch des Fachanwalts Medizinrecht, 2. Auflage, Köln 2009 (zit.: Wenzel – FA Medizinrecht/Bearbeiter)

Wermke, Matthias; Kunkel-Razum, Kathrin; Scholze-Stubenrecht, Werner (Hrsg.): Duden, Band 10: Das Bedeutungswörterbuch, 4. Auflage, Mannheim/Leipzig/Wien/Zürich 2010

Wessels, Johannes; Beulke, Werner: Strafrecht, Allgemeiner Teil, 40. Auflage, Heidelberg/München/Landsberg/Frechen/Hamburg 2010 (zit.: AT)

Wüsthof, Achim: Viva España, in: Die Zeit, 3/2000, Ausgabe vom 12.01.2000, abrufbar im Internet: http://www.zeit.de/2000/03/200003.glosse_wissen_3_.xml (Stand: 29.11.2010)

Yeung Jr., Patrick; McManus, Christopher; Tchabo, Jean-Gilles: Extended somatic support for a pregnant woman with brain death from metastatic malignant melanoma: A case report, in: The Journal of Maternal-Fetal and Neonatal Medicine, Volume 21, Issue 7 2008, S. 509 – 511 (July 2008; 21(7): 509–511)

Zeising, Michael E.: Der Nasciturus im Zivilverfahren, Göttingen 2004

Die Reihe RECHT UND MEDIZIN wird von den Professoren Deutsch (Göttingen), Kern (Leipzig), Laufs (Heidelberg), Lilie (Halle a.d. Saale), Schreiber (Göttingen) und Spickhoff (Göttingen) herausgegeben. Ihre Aufgabe ist es, Monographien und Dissertationen auf dem Gebiet des Medizinrechts zu veröffentlichen. Dieses Gebiet, das an Bedeutung noch zunehmen wird, umfaßt auf der juristischen Seite sowohl zivilrechtliche als auch straf- und öffentlich-rechtliche Fragestellungen. Die Fragen können von der juristischen oder von der medizinischen Seite aus untersucht werden. Übergreifendes Ziel ist es, den medizinrechtlichen Fragen nicht etwa ein gängiges juristisches Denkschema überzuwerfen, sondern die besonderen Probleme der Regelung medizinischer Sachverhalte eigenständig aufzufassen und darzustellen.

Manuskriptzusendungen an die Herausgeber bitte per Brief- bzw. Paketpost. Die Adressen der Herausgeber sind:

Prof. Dr. Dr. h.c. Erwin Deutsch (Zivilrecht und Rechtsvergleichung)
Höltystraße 8
37085 Göttingen

Prof. Dr. Bernd-Rüdiger Kern (Zivilrecht, Rechtsgeschichte und Arztrecht)
Universität Leipzig
Juristenfakultät / Lehrstuhl für Bürgerliches Recht, Rechtsgeschichte
und Arztrecht
Burgstraße 27
04109 Leipzig

Prof. Dr. Dr. h.c. Adolf Laufs (Zivilrecht, Medizinrecht und Rechtsgeschichte)
Kohlackerweg 12
69151 Neckargemünd

Prof. Dr. Hans Lilie (Strafrecht, Strafprozessrecht und Medizinrecht;
federführender Reihenherausgeber)
Martin-Luther-Universität Halle-Wittenberg
Juristische Fakultät: Strafrecht
Universitätsplatz 6
06108 Halle a.d. Saale
hans.lilie@jura.uni-halle.de

Prof. Dr. Dr. h.c. Hans-Ludwig Schreiber (Strafrecht und Rechtstheorie)
Grazer Str. 14
30519 Hannover

Prof. Dr. Andreas Spickhoff (Zivil- und Zivilprozessrecht, Internationales und
Vergleichendes Medizinrecht)
Georg-August Universität Göttingen
Juristische Fakultät
Platz der Göttinger Sieben 6
37073 Göttingen

RECHT UND MEDIZIN

Band 1 Erwin Deutsch: Das Recht der klinischen Forschung am Menschen. Zulässigkeit und Folgen der Versuche am Menschen, dargestellt im Vergleich zu dem amerikanischen Beispiel und den internationalen Regelungen. 1979.

Band 2 Thomas Carstens: Das Recht der Organtransplantation. Stand und Tendenzen des deutschen Rechts im Vergleich zu ausländischen Gesetzen. 1979.

Band 3 Moritz Linzbach: Informed Consent. Die Aufklärungspflicht des Arztes im amerikanischen und im deutschen Recht. 1980.

Band 4 Volker Henschel: Aufgabe und Tätigkeit der Schlichtungs- und Gutachterstellen für Arzthaftpflichtstreitigkeiten. 1980.

Band 5 Hans Lilie: Ärztliche Dokumentation und Informationsrechte des Patienten. Eine arztrechtliche Studie zum deutschen und amerikanischen Recht. 1980.

Band 6 Peter Mengert: Rechtsmedizinische Probleme in der Psychotherapie. 1981.

Band 7 Hazel G.S. Marinero: Arzneimittelhaftung in den USA und Deutschland. 1982.

Band 8 Wolfram Eberbach. Die zivilrechtliche Beurteilung der *Humanforschung*. 1982.

Band 9 Wolfgang Deuchler: Die Haftung des Arztes für die unerwünschte Geburt eines Kindes ("wrongful birth"). Eine rechtsvergleichende Darstellung des amerikanischen und deutschen Rechts. 1984.

Band 10 Hermann Schünemann: Die Rechte am menschlichen Körper. 1985.

Band 11 Joachim Sick: Beweisrecht im Arzthaftpflichtprozeß. 1986.

Band 12 Michael Pap: Extrakorporale Befruchtung und Embryotransfer aus arztrechtlicher Sicht; insbesondere: Der Schutz des werdenden Lebens in vitro. 1987.

Band 13 Sabine Rickmann: Zur Wirksamkeit von Patiententestamenten im Bereich des Strafrechts. 1987.

Band 14 Joachim Czwalinna: Ethik-Kommissionen - Forschungslegitimation durch Verfahren. 1987.

Band 15 Günter Schirmer: Status und Schutz des frühen Embryos bei der *In-vitro*-Fertilisation. Rechtslage und Diskussionsstand in Deutschland im Vergleich zu den Ländern des angloamerikanischen Rechtskreises. 1987.

Band 16 Sabine Dönicke: Strafrechtliche Aspekte der Katastrophenmedizin. 1987.

Band 17 Erwin Bernat: Rechtsfragen medizinisch assistierter Zeugung. 1989.

Band 18 Hartmut Schulz: Haftung für Infektionen. 1988.

Band 19 Herbert Harrer: Zivilrechtliche Haftung bei durchkreuzter Familienplanung. 1989.

Band 20 Reiner Füllmich: Der Tod im Krankenhaus und das Selbstbestimmungsrecht des Patienten. Über das Recht des nicht entscheidungsfähigen Patienten, künstlich lebensverlängernde Maßnahmen abzulehnen. 1990.

Band 21 Franziska Knothe: Staatshaftung bei der Zulassung von Arzneimitteln. 1990.

Band 22 Bettina Merz: Die medizinische, ethische und juristische Problematik artifizieller menschlicher Fortpflanzung. Artifizielle Insemination, In-vitro-Fertilisation mit Embryotransfer und die Forschung an frühen menschlichen Embryonen. 1991.

Band 23 Ferdinand van Oosten: The Doctrine of Informed Consent in Medical Law. 1991.

Band 24 Stephan Cramer: Genom- und Genanalyse. Rechtliche Implikationen einer "Prädiktiven Medizin". 1991.

Band 25 Knut Schulte: Das standesrechtliche Werbeverbot für Ärzte unter Berücksichtigung wettbewerbs- und kartellrechtlicher Bestimmungen. 1992.

Band 26 Young-Kyu Park: Das System des Arzthaftungsrechts. Zur dogmatischen Klarstellung und sachgerechten Verteilung des Haftungsrisikos. 1992.

Band 27 Angela Könning-Feil: Das Internationale Arzthaftungsrecht. Eine kollisionsrechtliche Darstellung auf sachrechtsvergleichender Grundlage. 1992.

Band 28 Jutta Krüger: Der Hamburger Barmbek/Bernbeck-Fall. Rechtstatsächliche Abwicklung und haftungsrechtliche Aspekte eines medizinischen Serienschadens. 1993.

Band 29 Alexandra Goeldel: Leihmutterschaft – eine rechtsvergleichende Studie. 1994.

Band 30 Thomas Brandes: Die Haftung für Organisationspflichtverletzung. 1994.

Band 31 Winfried Grabsch: Die Strafbarkeit der Offenbarung höchstpersönlicher Daten des ungeborenen Menschen. 1994.

Band 32 Jochen Markus: Die Einwilligungsfähigkeit im amerikanischen Recht. Mit einem einleitenden Überblick über den deutschen Diskussionsstand. 1995.

Band 33 Meltem Göben: Arzneimittelhaftung und Gentechnikhaftung als Beispiele modernen Risikoausgleichs mit rechtsvergleichenden Ausblicken zum türkischen und schweizerischen Recht. 1995.

Band 34 Regine Kiesecker: Die Schwangerschaft einer Toten. Strafrecht an der Grenze von Leben und Tod – Der Erlanger und der Stuttgarter Baby-Fall. 1996.

Band 35 Doris Voll: Die Einwilligung im Arztrecht. Eine Untersuchung zu den straf-, zivil- und verfassungsrechtlichen Grundlagen, insbesondere bei Sterilisation und Transplantation unter Berücksichtigung des Betreuungsgesetzes. 1996.

Band 36 Jens-M. Kuhlmann: Einwilligung in die Heilbehandlung alter Menschen. 1996.

Band 37 Hans-Jürgen Grambow: Die Haftung bei Gesundheitsschäden infolge medizinischer Betreuung in der DDR. 1997.

Band 38 Julia Röver: Einflußmöglichkeiten des Patienten im Vorfeld einer medizinischen Behandlung. Antezipierte Erklärung und Stellvertretung in Gesundheitsangelegenheiten. 1997.

Band 39 Jens Göben: Das Mitverschulden des Patienten im Arzthaftungsrecht. 1998.

Band 40 Hans-Jürgen Roßner: Begrenzung der Aufklärungspflicht des Arztes bei Kollision mit anderen ärztlichen Pflichten. Eine medizinrechtliche Studie mit vergleichenden Betrachtungen des nordamerikanischen Rechts. 1998.

Band 41 Meike Stock: Der Probandenschutz bei der medizinischen Forschung am Menschen. Unter besonderer Berücksichtigung der gesetzlich nicht geregelten Bereiche. 1998.

Band 42 Susanne Marian: Die Rechtsstellung des Samenspenders bei der Insemination / IVF. 1998.

Band 43 Maria Kasche: Verlust von Heilungschancen. Eine rechtsvergleichende Untersuchung. 1999.

Band 44 Almut Wilkening: Der Hamburger Sonderweg im System der öffentlich-rechtlichen Ethik-Kommissionen Deutschlands. 2000.

Band 45 Jonela Hoxhaj: Quo vadis Medizintechnikhaftung? Arzt-, Krankenhaus- und Herstellerhaftung für den Einsatz von Medizinprodukten. 2000.

Band 46 Birgit Reuter: Die gesetzliche Regelung der aktiven ärztlichen Sterbehilfe des Königreichs der Niederlande – ein Modell für die Bundesrepublik Deutschland? 2001. 2. durchgesehene Auflage 2002.

Band 47 Klaus Vosteen: Rationierung im Gesundheitswesen und Patientenschutz. Zu den rechtlichen Grenzen von Rationierungsmaßnahmen und den rechtlichen Anforderungen an staatliche Vorhaltung und Steuerung im Gesundheitswesen. 2001.

Band 48 Bong-Seok Kang: Haftungsprobleme in der Gentechnologie. Zum sachgerechten Schadensausgleich. 2001.

Band 49 Heike Wachenhausen: Medizinische Versuche und klinische Prüfung an Einwilligungsunfähigen. 2001.

Band 50 Thomas Hasenbein: Einziehung privatärztlicher Honorarforderungen durch Inkassounternehmen. 2002.

Band 51 Oliver Nowak: Leitlinien in der Medizin. Eine haftungsrechtliche Betrachtung. 2002.

Band 52 Christina Herrig: Die Gewebetransplantation nach dem Transplantationsgesetz. Entnahme – Lagerung – Verwendung unter besonderer Berücksichtigung der Hornhauttransplantation. 2002.

Band 53 Matthias Nagel: Passive Euthanasie. Probleme beim Behandlungsabbruch bei Patienten mit apallischem Syndrom. 2002.

Band 54 Miriam Ina Saati: Früheuthanasie. 2002.

Band 55 Susanne Schneider: Rechtliche Aspekte der Präimplantations- und Präfertilisationsdiagnostik. 2002.

Band 56 Uta Oelert: Allokation von Organen in der Transplantationsmedizin. 2002.

Band 57 Jens Muschner: Die haftungsrechtliche Stellung ausländischer Patienten und Medizinalpersonen in Fällen sprachbedingter Mißverständnisse. 2002.

Band 58 Rüdiger Wolfrum / Peter-Tobias Stoll / Stephanie Franck: Die Gewährleistung freier Forschung an und mit Genen und das Interesse an der wirtschaftlichen Nutzung ihrer Ergebnisse. 2002.

Band 59 Frank Hiersche: Die rechtliche Position der Hebamme bei der Geburt. Vertikale oder horizontale Arbeitsteilung. 2003.

Band 60 Hartmut Schädlich: Grenzüberschreitende Telemedizin-Anwendungen: Ärztliche Berufserlaubnis und Internationales Arzthaftungsrecht. Eine vergleichende Darstellung des deutschen und US-amerikanischen Rechts. 2003.

Band 61 Stefanie Diettrich: Organentnahme und Rechtfertigung durch Notstand? Zugleich eine Untersuchung zum Konkurrenzverhältnis von speziellen Rechtfertigungsgründen und rechtfertigendem Notstand gem. § 34 StGB. 2003.

Band 62 Anne Elisabeth Stange: Gibt es psychiatrische Diagnostikansätze, um den Begriff der schweren anderen seelischen Abartigkeit in §§ 20, 21 StGB auszufüllen? 2003.

Band 63 Christiane Schief: Die Zulässigkeit postnataler prädiktiver Gentests. Die Biomedizin-Konvention des Europarats und die deutsche Rechtslage. 2003.

Band 64 Maike C. Erbsen: Praxisnetze und das Berufsrecht der Ärzte. Der Praxisverbund als neue Kooperationsform in der ärztlichen Berufsordnung. 2003.

Band 65 Markus Schreiber: Die gesetzliche Regelung der Lebendspende von Organen in der Bundesrepublik Deutschland. 2004.

Band 66 Thela Wernstedt: Sterbehilfe in Europa. 2002.

Band 67 Axel Thias: Möglichkeiten und Grenzen eines selbstbestimmten Sterbens durch Einschränkung und Abbruch medizinischer Behandlung. Eine Untersuchung aus straf- und betreuungsrechtlicher Perspektive unter besonderer Berücksichtigung der Problematik des apallischen Syndroms. 2004.

Band 68 Jutta Müller: Ärzte und Pflegende, die keine Organe spenden wollen. Transplantatmangel muss nicht sein. 2004.

Band 69 Ihna Link: Schwangerschaftsabbruch bei Minderjährigen. Eine vergleichende Untersuchung des deutschen und englischen Rechts. 2004.

Band 70 Susann Tiebe: Strafrechtlicher Patientenschutz. Die Bedeutung des Strafrechts für die individuellen Patientenrechte. 2005.

Band 71 Jörg Gstöttner: Der Schutz von Patientenrechten durch verfahrensmäßige und institutionelle Vorkehrungen sowie den Erlass einer Charta der Patientenrechte. 2005.

Band 72 Oliver Jürgens: Die Beschränkung der strafrechtlichen Haftung für ärztliche Behandlungsfehler. 2005.

Band 73 Stephanie Gropp: Schutzkonzepte des werdenden Lebens. 2005.

Band 74 Clemens Winter: Robotik in der Medizin. Eine strafrechtliche Untersuchung. 2005.

Band 75 Barbara Eck: Die Zulässigkeit medizinischer Forschung mit einwilligungsunfähigen Personen und ihre verfassungsrechtlichen Grenzen. Eine Untersuchung der Rechtslage in Deutschland und rechtsvergleichenden Elementen. 2005.

Band 76 Anastassios Kantianis: Palliativmedizin als Sterbebegleitung nach deutschem und griechischem Recht. 2005.

Band 77 Ulrike Morr: Zulässigkeit von Biobanken aus verfassungsrechtlicher Sicht. 2005.

Band 78 Nora Markus: Die Zulässigkeit der Sectio auf Wunsch. Eine medizinische, ethische und rechtliche Betrachtung. 2006.

Band 79 Michael Benedikt Nagel: Die ärztliche Behandlung Neugeborener – Früheuthanasie. 2006.

Band 80 Regina Leitner: Sterbehilfe im deutsch-spanischen Rechtsvergleich. 2006.

Band 81 Martin Berger: Embryonenschutz und Klonen beim Menschen – Neuartige Therapiekonzepte zwischen Ethik und Recht. Ansätze zur Entwicklung eines neuen Regelungsmodells für die Bundesrepublik Deutschland. 2007.

Band 82 Amelia Kuschel: Der ärztlich assistierte Suizid. Straftat oder Akt der Nächstenliebe? 2007.

Band 83 Hans-Ludwig Schreiber / Hans Lilie / Henning Rosenau / Makoto Tadaki / Un Jong Pak (Hrsg.): Globalisierung der Biopolitik, des Biorechts und der Bioethik? Das Leben an seinem Anfang und an seinem Ende. 2007.

Band 84 Ralf Clement: Der Rechtsschutz der potentiellen Organempfänger nach dem Transplantationsgesetz. Zur rechtlichen Einordnung der verteilungsrelevanten Regelungen zwischen öffentlichem und privatem Recht. 2007.

Band 85 Sabine Lebert: Humanes Überschußgewebe – Möglichkeit der Verwendung für die Forschung? Analyse der rechtlichen, ethischen und biomedizinischen Voraussetzungen im Ländervergleich. 2007.

Band 86 Dietrich Wagner: Der gentechnische Eingriff in die menschliche Keimbahn. Rechtlich-ethische Bewertung. Nationale und internationale Regelungen im Vergleich. 2007.

Band 87 Britta Vogt: Methoden der künstlichen Befruchtung: „Dreierregel" versus „Single Embryo Transfer". Konflikt zwischen Rechtslage und Fortschritt der Reproduktionsmedizin in Deutschland im Vergleich mit sieben europäischen Ländern. 2008.

Band 88 Sebastian Rosenberg: Die postmortale Organtransplantation. Eine „gemeinschaftliche Aufgabe" nach § 11 Abs. 1 S. 1 Transplantationsgesetz. Kompetenzen und Haftungsrisiken im Rahmen der Organspende. 2008.

Band 89 Julia Susanne Sundmacher: Die unterlassene Befunderhebung des Arztes. Eine Auseinandersetzung mit der Rechtsprechung des BGH. 2008.

Band 90 Martin Schwee: Die zulassungsüberschreitende Verordnung von Fertigarzneimitteln (Off-Label-Use). Eine Untersuchung vorwiegend im Bereich des Rechts der Gesetzlichen Krankenversicherung unter besonderer Berücksichtigung der sozialgerichtlichen Rechtsprechung. 2008.

Band 91 Jorge Guerra González: Xenotransplantation: Prävention des xenogenen Infektionsrisikos. Eine Untersuchung zum deutschen und spanischen Recht. 2008.

Band 92 Ulrike Beitz: Zur Reformbedürftigkeit des Embryonenschutzgesetzes. Eine medizinisch-ethisch-rechtliche Analyse anhand moderner Fortpflanzungstechniken. 2009.

Band 93 Dunja Lautenschläger: Der Status ausländischer Personen im deutschen Transplantationssystem. 2009.

Band 94 Annekatrin Habicht: Sterbehilfe – Wandel in der Terminologie. Eine integrative Betrachtung aus der Sicht von Medizin, Ethik und Recht. 2009.

Band 95 Ann-Kathrin Hirschmüller: Internationales Verbot des Humanklonens. Die Verhandlungen in der UNO. 2009.

Band 96 Henrike John: Die genetische Veränderung des Erbgutes menschlicher Embryonen. Chancen und Grenzen im deutschen und amerikanischen Recht. 2009.

Band 97 Christof Stock: Die Indikation in der Wunschmedizin. Ein medizinrechtlicher Beitrag zur ethischen Diskussion über „Enhancement". 2009.

Band 98 Jochen Böning: Kontrolle im Transplantationsgesetz. Aufgaben und Grenzen der Überwachungs- und der Prüfungskommission nach den §§ 11 und 12 TPG. 2009.

Band 99 Stefanie Schulte: Die Rechtsgüter des strafbewehrten Organhandelsverbotes. Zum Spannungsfeld von Selbstbestimmungsrecht und staatlichem Paternalismus. 2009.

Band 100 Dorothea Maria Tachezy: Mutmaßliche Einwilligung und Notkompetenz in der präklinischen Notfallmedizin. Rechtfertigungsfragen und Haftungsfolgen im Notarzt- und Rettungsdienst. 2009.

Band 101 Annette Hergeth: Rechtliche Anforderungen an das IT-Outsourcing im Gesundheitswesen. 2009.

Band 102 Jussi Raafael Mameghani: Der mutmaßliche Wille als Kriterium für den ärztlichen Behandlungsabbruch bei entscheidungsunfähigen Patienten und sein Verhältnis zum Betreuungsrecht. 2009.

Band 103 Ocka Anna Böhnke: Die Kommerzialisierung der Gewebespende. Eine Erörterung des Resourcenmangels in der Transplantationsmedizin unter besonderer Berücksichtigung der Widerspruchslösung. 2010.

Band 104 Bernd-Rüdiger Kern / Hans Lilie (Hrsg.): Jurisprudenz zwischen Medizin und Kultur. Festschrift zum 70. Geburtstag von Gerfried Fischer. 2010.

Band 105 Ehsan Mohammadi-Kangarani: Die Richtlinien der Organverteilung im Transplantationsgesetz – verfassungsgemäß? 2011.

Band 106 Leonie Hübner: Umfang und Grenzen des strafrechtlichen Schutzes des Arztgeheimnisses nach § 203 StGB. 2011.

Band 107 Dörte Busch: Eigentum und Verfügungsbefugnisse am menschlichen Körper und seinen Teilen. 2012.

Band 108 Kathrin Decker: Der Abbruch intensivmedizinischer Maßnahmen in den Ländern Österreich und Deutschland. 2012.

Band 109 Sung-Ku Yoon: Der Unterhalt für ein Kind als Schaden. Eine rechtsvergleichende Darstellung zur deutschen und südkoreanischen Rechtslage hinsichtlich der Arzthaftung für neugeborenes Leben. 2012.

Band 110 Kerstin Bohne: Delegation ärztlicher Tätigkeiten. 2012.

Band 111 Moritz Ulrich: Durchbrechungen der Allokationskriterien des § 12 Abs. 3 TPG. Das „old for old"-Programm. 2012.

Band 112 Chonghan Oh: Die Strafbarkeit der Erforschung des menschlichen Embryos durch Klontechniken. 2013.

Band 113 Sebastian T. Vogel: Organentnahmen bei hirntoten Schwangeren. Oder: Sterbehilfe am Lebensanfang? 2013.

www.peterlang.de

www.ingramcontent.com/pod-product-compliance
Ingram Content Group UK Ltd.
Pitfield, Milton Keynes, MK11 3LW, UK
UKHW021852290926
8980IPUK00005B/794

9 783631 638989